古代歷史文化_{研究輯刊}

七 編

古代歷史文化 研究輯刊

七 編

王明蓀 主編

第11冊

元朝中葉中央權力結構與政治生態（上）

傅光森 著

國家圖書館出版品預行編目資料

元朝中葉中央權力結構與政治生態（上）／傅光森 著—初版
— 新北市：花木蘭文化出版社，2012〔民101〕
目 4+156 面；19×26 公分
（古代歷史文化研究輯刊 七編；第11冊）
ISBN：978-986-254-821-9（精裝）
1. 中國政治制度　2. 元代
618　　　　　　　　　　　　　　　　101002881

ISBN-978-986-254-821-9

9 789862 548219

古代歷史文化研究輯刊
七　編　第十一冊　　　　　　ISBN：978-986-254-821-9

元朝中葉中央權力結構與政治生態（上）

作　　者　傅光森
主　　編　王明蓀
總 編 輯　杜潔祥
出　　版　花木蘭文化出版社
發 行 所　花木蘭文化出版社
發 行 人　高小娟
聯絡地址　新北市永和區中正路五九五號七樓
　　　　　電話：02-2923-1455／傳眞：02-2923-1452
網　　址　http://www.huamulan.tw 信箱 sut81518@gmail.com
印　　刷　普羅文化出版廣告事業
初　　版　2012 年 3 月
定　　價　七編 24 冊（精裝）新台幣 38,000 元

元朝中葉中央權力結構與政治生態（上）

傅光森　著

作者簡介

傅光森，1958 年出生於臺灣南投，淡江大學歷史學系學士，東海大學歷史研究所碩士，中興大學歷史學博士。現為中國醫藥大學、朝陽科技大學、中臺科技大學、勤益科技大學、弘光科技大學兼任助理教授。曾擔任教育部助理秘書、臺灣高等法院臺中分院科員、臺南藝術大學秘書、國立臺灣美術館股長、臺灣省文獻委員會組長、國史館臺灣文獻館編纂等公職。自幼即對史地有著濃厚興趣，追隨東海大學古鴻廷教授研讀清代官制，並在其指導下，完成碩士論文《清代總督制度》，後師事中興大學王明蓀教授攻讀蒙元史專業，以《元朝中葉中央權力結構與政治生態》取得博士學位。近年來研究方向，主要集中在蒙古語直譯體史料《元典章》及波斯語伊兒汗國史料《瓦薩夫書》的解讀。

提　要

　　元朝中葉是觀察邊疆民族統治全中國的最佳時期，因為這個時期蒙古人已逐漸停止征伐，而維持帝國和平與鞏固中央政權成為首要國策。但是忽必烈的繼承者，元朝中葉諸帝的更替頻繁，加上此時期史料殘缺不全，因而較少獲得學者關注，撰者乃基於這個研究背景而探索此時期中央政府的權力鬥爭與政治作用。

　　蒙古與色目、漢人勳貴，也就是所謂「大根腳」家族，與蒙元皇室構成統治階層，他們分成二個系統，一個是代表蒙古傳統以征戰為主的怯薛系統；另一個是代表政府管理的官僚系統。在這兩個系統的分合之下，首相逐步掌握了財政權與禁衛軍，造成相權的突出，首相從官僚首腦演進為軍閥權臣，這也是元朝中葉中央權力結構的最大特色。

　　元朝中葉中央政治生態的最大變化是色目勳貴地位的提升，色目人在忽必烈時期原以怯薛系統的畏吾兒人，官僚系統的回回人最為重要，武宗海山之後，康里、阿速、欽察等色目軍閥成立侍衛親軍，成為中央基本武力，也是最重要的隱形力量。南坡之變後，中央蒙古統治階層幾乎全面瓦解，泰定帝也孫鐵木兒以漠北外藩繼統，回回人再度掌控官僚系統。天曆政變後，欽察軍官燕鐵木兒則利用其軍事專業擊潰上都政權，擁立文宗圖帖睦爾，並掌控怯薛與官僚系統，元朝也進入軍閥權臣時代。

目

次

上　冊

緒　論 ………………………………………………………………… 1

第一章　元貞體制與守成政治 ……………………………………… 19

　第一節　官僚首腦相權的確立 …………………………………… 20

　　一、完澤首相在新舊體制中地位權責的比較 … 21

　　二、蒙古世勳位列三公 …………………………………… 29

　第二節　君權的限制與突破 ……………………………………… 41

　　一、闊闊眞隆福宮勢力的擴張 …………………………… 41

　　二、鐵穆耳的君權展開 …………………………………… 53

　第三節　官僚的崛興 ……………………………………………… 64

　　一、中書省已無不忽木 …………………………………… 64

　　二、大德二年的珍寶欺詐案 ……………………………… 69

　　三、賽梁秉政與朱清張瑄賄賂案 ………………………… 80

第二章　大德更政與至大新政 ……………………………………… 91

　第一節　相權的獨立與擴張 ……………………………………… 92

　　一、哈剌哈孫與儒治政府 ………………………………… 92

　　二、相權與后權的結合與分裂 …………………………… 101

　第二節　海山的大蒙古國世界 …………………………………… 118

　　一、兩個不同的世界觀 …………………………………… 118

　　二、權力重編與統治勢力構成 …………………………… 123

　第三節　尙書省與創治改法 ……………………………………… 140

一、尚書省的籌設與挫折 ……………………… 141
二、尚書省的大政府功能 ……………………… 146

下　冊

第三章　延祐儒治與至治專制 ……………………… 157

第一節　法制整備下君權的擴張 …………………… 159
一、愛育黎拔力八達與君權的提昇 …………… 159
二、專制君主碩德八剌的獨裁統治 …………… 171

第二節　相權的變革 ………………………………… 181
一、鐵木迭兒權勢之演進與衰退 ……………… 183
二、拜住與至治新政 …………………………… 193

第三節　統治危機與體制崩解 ……………………… 201
一、中書省官僚集團儒治化的演進 …………… 202
二、宣徽院怯薛集團的弒君行動 ……………… 209

第四章　泰定體制與漠北政權 …………………… 225

第一節　君權的繼承與延續 ………………………… 225
一、晉王稱帝的正統性與合法性 ……………… 226
二、泰定皇帝漢法統御之術與威權政治 ……… 236

第二節　君臣一體下的相權發展 …………………… 243
一、左右丞相新權力模式 ……………………… 244
二、新權力結構中三公與相權關係之演進 …… 258

第三節　新統治集團權力系統之建構 ……………… 264
一、晉邸集團在宿衛系統的安排與展開 ……… 264
二、回回大臣主導下的中書省 ………………… 272

第五章　天曆政變與權臣擅政 …………………… 279

第一節　權臣時代的開展 …………………………… 280
一、海山系統的機會 …………………………… 280
二、明文禪替中的權臣 ………………………… 296

第二節　君權的分享 ………………………………… 304
一、明文禪替中君權的考察 …………………… 305
二、軍政府下的文治作為 ……………………… 311

第三節　天曆政變集團的擴張與演變 ……………… 318
一、怯薛官僚的崛起與衰落 …………………… 318

　　　二、權臣家族勢力的興起與取代 ……………… 330

結　論 ……………………………………………… 337

參考書目 …………………………………………… 345

圖表目次

　　表 1-1　忽必烈時期的四大蒙古勳臣重要怯薛暨
　　　　　　官僚職務 ………………………………… 34

　　表 1-2　元朝君臣對遠征八百媳婦國之意見 …… 59

　　表 1-3　遠征八百媳婦國過程表 ………………… 60

　　表 1-4　太子舊臣集團成員經歷 ………………… 68

　　表 1-5　蒙元各時期任用怯薛概略統計 ………… 75

　　表 2-1　朝廷更政重要詔書條畫 ………………… 96

　　表 2-2　大德七年奉使宣撫地區及特使 ………… 97

　　表 2-3　《元史·成宗本紀》所載山西大地震朝廷
　　　　　　救濟政策 ………………………………… 105

　　表 2-4　大德中期政府改組中書省大臣變動狀況 … 107

　　表 2-5　大德年間幾個重要勢力集團的瓦解 …… 117

　　表 2-6　脫虎脫重要史事紀錄 …………………… 152

　　表 2-7　三寶奴重要史事紀錄 …………………… 152

　　表 2-8　樂實重要史事紀錄 ……………………… 153

　　表 2-9　保八重要史事紀錄 ……………………… 154

　　表 2-10　尚書省臣綜合言事 …………………… 154

　　表 3-1　至大四年新舊中書省大臣遷轉異動情況 … 167

　　表 3-2　延祐七年懷孟集團重要成員動態 ……… 174

　　表 3-3　延祐七年正月至五月原任中書省大臣離
　　　　　　職動態 ………………………………… 177

　　表 3-4　延祐七年元月至五月新任中書省大臣就
　　　　　　職動態 ………………………………… 178

　　表 3-5　延祐七年元月至五月院臺等機構官員動
　　　　　　態 ……………………………………… 179

　　表 3-6　至大元年至延祐三年太師重要記事 …… 184

　　表 3-7　仁宗愛育黎拔力八達政權的中書右丞相 … 190

　　表 3-8　禿忽魯、合散、伯答沙等首相之施政理念
　　　　　　比較 …………………………………… 192

表 3-9　拜住與也先鐵木兒家族世代表⋯⋯⋯⋯⋯ 193
表 3-10　武宗朝至英宗朝怯薛長輪值史料⋯⋯⋯⋯ 194
表 3-11　拜住新政集團成員英宗朝動態⋯⋯⋯⋯⋯ 200
表 3-12　仁宗朝懷孟集團重要人物之仕途發展⋯⋯ 203
表 3-13　英宗朝期宰相層一覽⋯⋯⋯⋯⋯⋯⋯⋯⋯ 207
表 3-14　仁宗、英宗朝重要知樞密院事⋯⋯⋯⋯⋯ 210
表 3-15　南坡之變參與謀弒集團人員背景表⋯⋯⋯ 215
表 4-1　也孫鐵木兒時期「王號授與」情況⋯⋯⋯ 234
表 4-2　也孫鐵木兒時期「宗王出鎮」情況⋯⋯⋯ 235
表 4-3　至治三年旭邁傑與倒刺沙之比較⋯⋯⋯⋯ 248
表 4-4　泰定元年旭邁傑與倒刺沙之史料⋯⋯⋯⋯ 248
表 4-5　倒刺沙與塔失帖木兒任職史料⋯⋯⋯⋯⋯ 256
表 4-6　泰定朝任三公三師之蒙古世勳⋯⋯⋯⋯⋯ 259
表 5-1　《元史・文宗本紀》致和元年八月迎接兩
　　　　王紀錄⋯⋯⋯⋯⋯⋯⋯⋯⋯⋯⋯⋯⋯⋯ 285
表 5-2　兩都之戰中大都集團的蒙古色目將領⋯⋯ 294
表 5-3　天曆二年和世㻋與圖帖睦爾會面所經路
　　　　線⋯⋯⋯⋯⋯⋯⋯⋯⋯⋯⋯⋯⋯⋯⋯⋯ 298
表 5-4　燕鐵木兒君父兄長之例⋯⋯⋯⋯⋯⋯⋯⋯ 302
表 5-5　燕鐵木兒政變大都新舊政權名單⋯⋯⋯⋯ 318
表 5-6　天曆政變集團省院臺重要大臣動態⋯⋯⋯ 319
表 5-7　文宗圖帖睦爾朝謀反案件一覽⋯⋯⋯⋯⋯ 330

緒　論

　　蕭師啓慶曾撰〈元中期政治〉一文，在「書目介紹」中，提出學術界對元中期政治史的研究遠比對蒙古人的元朝其他時期的研究薄弱的看法，蕭師認為，歷史學家之所以忽視這段歷史，部分因為這個時期夾在朝代創建者忽必烈光輝的歷史時期，和妥懽貼睦爾的末代亂世之間，似乎缺乏歷史意義。另外，還有一個次要的原因，就是與此有關的資料和各種原始史料的短缺。而在「時代的回顧」論述中，蕭師認為，頻繁的帝位爭奪削弱了皇權，對希望奪得帝位的人來說，官僚的支持亦遠比依靠諸王的支持重要，官僚的權力因此而更加膨脹。結果不僅是更多的權力集中在各官僚派系的首腦手中，權臣與君主的關係也發生了變化。〔註1〕

　　從蕭師的此點論述，可知在這個時期官僚首腦演進為權臣，而為了支持或反對權臣，亦為了控制皇帝，在官僚中形成了派系，並且經常與諸王集團聯盟。對於元朝中葉權臣的探討，來觀察君權與相權的消長，以進一步討論元朝中葉權力結構的演進，這是本論文研究的動機之一。

　　王師明蓀撰有《元代的士人與政治》一文，文中有關元代統治階層之構成與政治結構的特色，王師將之分為五期進行分析。其中第四期包括元代中葉的幾朝，始於成宗的大德元年，歷經武宗、仁宗、英宗、泰定帝、天順帝、明宗、文宗、寧宗等。王師認為，在第四期，蒙古宗室所占比例最高，因在本期中帝位歷經變亂，宗室多參與其間，故而在統治階層內顯得較以往突出

〔註 1〕蕭啓慶，〈元中期政治〉，收入傅海波（Herbert Franks）、崔瑞德（Denis Twitchett）編《劍橋中國遼西夏金元史》中譯本（北京：中國社會科學出版社，1998年），書目介紹在 817 頁；時代的回顧在 639 頁。

些，這與西域人相似，由於政權核心的變故，兩者的聯盟更爲加緊，適而漢人在本期中則趨於最低時期。〔註2〕

從王師的此點論述，可知這個階段是觀察蒙古、色目等北亞民族如何相互結合統治中國的最佳時期，並可更進一步討論元朝中葉政治生態的變化，此爲本論文研究的動機之二。

爲研究上述兩個問題，基本上先行探討成宗鐵穆耳即位之前的中央權力結構與政治生態的演進與發展，並略述學者研究論點，以找出研究方向與方法，得以有系統的進行討論。

關於蒙古父權社會，大陸學者亦鄰眞撰有〈成吉思汗與蒙古民族共同體的形成〉一文。該文回溯了早期蒙古父權制部落制的歷史，和成吉思汗爲建立蒙古國的鬥爭。他認爲西元1206年成吉思汗實際確立的是父權制軍事封建主義秩序，蒙古興起後所建立的國家乃是父權制軍事封建國家。〔註3〕

大蒙古國有兩大政治傳統，即「家產制」與「氏族公產制」，其中大汗對於諸王、功臣的分封，就源於此傳統，進而發展爲投下分封制度。由忽必烈所建立的元朝，卻是歷史上第一個由邊疆民族所建而統治全中國，而以蒙古人的公產和私產觀念爲核心，加上中原中央集權官僚體制爲外表之國家。洪師金富認爲，蒙古帝王分封諸王、功臣，成立投下，既非迫於形勢，也非爲了屛藩王室，而是蒙古人的公產和私產觀念在國家組織型態上的反映。而在窩闊台時代，由耶律楚材所倡導，而忽必烈所遵循的投下食邑化政策，根本違背了私產私治的原則，其不能貫徹始終，自是理所當然。〔註4〕

關於北亞民族在中國建立國家的過程，陶師晉生認爲，所有的「征服王朝」都面臨兩個基本的問題。第一，怎樣提高部落酋長的權威，以建立中央政府的領導權力，來充分利用人力和資源，從事征服和安撫的工作。第二，在征服部分或全部中國之後，怎樣建立一個新的國家，而在這個新的國家裏異族的政權能夠鞏固和維持。〔註5〕

〔註2〕 王明蓀，《元代的士人與政治》（台北：學生書局，1992年），頁95之論述。

〔註3〕 亦鄰眞，〈成吉思汗與蒙古民族共同體的形成〉，載於《內蒙古大學學報》1962年1期。

〔註4〕 洪金富，〈從「投下」分封制度看元朝政權的性質〉，載於《中央研究院歷史語言研究所集刊》第58本第4分（台北：中央研究院歷史語言研究所，1987年），頁843～907之論述。

〔註5〕 陶晉生，〈金代的政治結構〉，載於《中央研究院歷史語言研究所集刊》第41本第4分（台北：中央研究院歷史語言研究所，1969年），頁567之論述。

　　秦漢之後，中國已逐漸脫離封建制度的型態，而朝向以中央集權官僚制
爲國家組織的常規。宋朝爲近世中國的開始，君權大爲提高，中央集權的官
僚體制已告確立。但在宋朝之後，由蒙古人所建立的元朝，是歷史上第一個
由邊疆民族所建而統治全中國的「征服王朝」。蕭師啓慶認爲，由於成吉思汗
所創建的「大蒙古國」是建構於游牧封建制之上，與發展已趨成熟的中國中
央集權官僚體制可謂南轅北轍。這兩種性質不同的體制相遇後，自不免相互
激盪。因而忽必烈及其子孫從未能將元朝的政制完全官僚化與中央化，封建
制與官僚制的並存便是蒙漢兩種政治涵化的結果。而蒙古人的征服遂在中原
造成「超層化」的現象，元朝政府及社會的最上層有一羣爲數不多的蒙古、
色目及漢人家族。〔註6〕

　　以「征服王朝」來論述北亞民族在中國地區建立政權，是著眼於朝廷建
立的方式。如果就其性質而論，王師明蓀以「複合皇朝」稱呼這二種不同體
制揉合成的國家，朝廷之建立與統治終極之權力皆在蒙古人手中，惟在統治
階層之中，漢族佔有相當的比例，但在大部分時間裏，皆可看到外族是享有
特權者。〔註7〕

　　從成吉思汗到忽必烈，蒙古統治集團基本上是以武力征伐爲能事，因而
擴展並鞏固新征服的領土，就成爲這個統治集團者唯一的要務。但如何經營
治理這些新領土，尤其是城市，這就不是這些蒙古貴族的專長了，所以歸附
的西域色目人與漢人就成爲他們的助手。蒙古統治階層、西域色目人與漢人
組成了蒙古帝國的權力結構，蒙古統治者是這個結構的核心，其他兩個則是
左輔與右弼。其中西域色目人的特殊地位，在中國歷史上有著特別的意義。

　　漠北四大汗時代，征服鄰國與擴大佔領地是唯一的國家策略，諸王與大
臣主要任務在征伐，中央政府組織較爲簡單。忽必烈定都中原、建立元朝以
後，除了征伐國策外，鞏固政權成爲更重要的問題，所以恢復漢地傳統的中
央集權官僚制的組織和君主專制的政體是必然的趨勢。但是忽必烈不僅是元
朝的皇帝，而且也是大蒙古國的可汗，征伐仍是國家重要戰略，完全揚棄祖
制，順從漢制，政權的合法性便會發生問題而受到蒙古貴族的抵制。因而忽
必烈採用封建制與官僚制並存的方式，將這兩種精神截然不同的制度硬生生

〔註6〕 蕭啓慶，〈元代四大蒙古家族〉收錄於氏著《元代史新探》（台北：新文豐出
　　　　版公司，1983年），頁141～142之論述。
〔註7〕 王明蓀，《元代的士人與政治》（台北：學生書局，1992年），頁3之論述。

的鑲嵌在一起，成為特殊的複合政體。表現在國家體制上，就是代表蒙古家產制的怯薛制度與代表中原傳統的官僚制度兩者並行，而忽必烈將此蒙漢雜揉制度運用的恰到好處，征伐與鞏固政權都持續進行。然而忽必烈之後的元朝中葉，征伐擴張已經逐漸停止，維護中央政權與蒙古人之利益成為最重要的國家策略，而保持中央權力結構的穩定，進而維持政治生態的平衡，則是達成國家策略必須努力的方向。

忽必烈遷都中原、採行漢制，將以草原為重心的大蒙古國改建為以中原為重心的元朝，乃是蒙古帝國史上一大轉捩。姚從吾表揚忽必烈溝通文化、統一中國及推行儒學的貢獻，並討論其所遭遇之種種困難。認為忽必烈的功績不在臣服中國，而在統一後使之安定。〔註8〕

有關蒙元政府的形成，唐長孺發表了〈蒙古前期漢文人進用之途徑及其中樞組織〉一文。文中指出，窩闊台時期的所謂中書省、尚書省，實際上都是漢人以必闍赤、札魯忽赤的職習比照漢地官制的習慣稱呼。中書省長官為必闍赤，主要負責漢回文書等工作。尚書省長官是札魯忽赤，主要掌管漢地財賦政刑。而必闍赤與札魯忽赤又都是怯薛執事官，當時的怯薛實即蒙古初期的政府。〔註9〕李涵補充發表〈蒙古前期的斷事官、必闍赤、中書省和燕京行省〉一文。李涵對蒙古前期斷事官、必闍赤的來龍去脈、地位、作用，做了進一步探討。李涵認為，蒙古帝國政權中央政務的首腦是大斷事官（也可札魯花赤），而必闍赤（中書省）是協助大斷事官處理一般國務的班子，兩者共同組成了蒙古游牧帝國的中樞機構。當時的所謂中書省與元朝集權下的中書省具有完全不同的性質。李涵澄清了中央大斷事官和三行省大斷事官的區別與聯繫，還提出了札魯花赤不屬於怯薛執事官系統等獨到見解。另外，當時必闍赤的民族成分，大多為外族人。〔註10〕

蒙古草原時代是指成吉思汗及其前後時期，這時候的政治組織與權力結構幾乎全顯示了北亞色彩，也就是以蒙古本身為主的一套，即使參與了非蒙

〔註 8〕 姚從吾，〈元世祖忽必烈汗：他的家世、他的時代與他在位期間重要設施〉收錄於氏著《姚從吾先生全集》第 6 冊（台北：正中書局，1982 年），頁 399～416 之論述。

〔註 9〕 唐長孺，〈蒙古前期漢文人進用之途徑及其中樞組織〉載於《學原》2 卷 7 期，1948 年。

〔註 10〕李涵，〈蒙古前期的斷事官、必闍赤、中書省和燕京行省〉載於《武漢大學學報》1963 年 3 期。

古式的成分，仍大多爲北亞的胡式。成吉思汗以北亞傳統的「萬戶」統軍旅，另以「斷事官」治政刑。加上後來形成的「怯薛制度」，在成吉思汗前後的草原時期，雖有向西方及南方的發展，但仍以蒙古本土爲重心而偏向西方，也就是在建立北亞的大帝國，其政治的結構與組織是蒙古本位的，綜言之，是以「怯薛」爲中心建構的游牧朝廷，其中「札魯忽赤」很快地脫離「怯薛」而成中央最高首長，與「必闍赤」之長配合爲正、副宰相，其成員以蒙古人與北亞民族爲多，漢人極少且地位不如。基本上，札魯忽赤與必闍赤可以視爲蒙元官僚系統的萌芽階段，雖然在後來這兩個職務又回到怯薛系統。〔註11〕

　　這個起源乃是北亞蒙古家產制的傳統，蘇聯學者符拉基米爾佐夫的《蒙古社會制度史》，在研究蒙古人的游牧方式、氏族構成、土地所有、兀納罕‧孛斡勒的封建隸屬性質諸問題的基礎上，提出 11～13 世紀的蒙古社會屬於一種獨特的游牧封建制度的重要論點。文中提到：蒙古人的絕大多數留在蒙古本土和大汗（皇帝）治理下的中國。他並指出認爲元朝即蒙古人統治中國的時代，住在中國的任何蒙古人都處於主人的地位，這是完全錯誤的。他認爲處於主人地位只是蒙古領主，包括百戶長在內的各級那顏、貴族護衛以至諸王。〔註12〕

　　草原時代的政治結構仍然在統治華北時期大體可以適用，以蒙古本位制度加之以擴充，配合因地制宜之策用於佔領地區，而權力集於蒙古人手中，西域人其次，漢人則淪爲第三。太宗窩闊台時期中央的大斷事官（也可札魯忽赤）仍是失吉忽禿忽，憲宗時則爲忙哥撒兒。太宗時鎮海爲右丞相（必闍赤之長），掌有公文的簽押權，以及掌有「宣命之寶」的封押大印。在太宗時期，燕京行省的權力的確是有一定範圍，戶籍、賦役、分封等是沒有交給行省來獨立行使，而是由中央的失吉忽禿忽（中央大斷事官）與野里朮（四環衛必闍赤之長）來行使。

　　憲宗蒙哥時候，三大行省燕京、河中、波斯，擴張的迅速絕非蒙古本土

〔註11〕札奇斯欽，〈說元史中的札魯忽赤並兼論元初的尚書省〉載於《政大邊政所年報》第 1 期（台北：政治大學邊政研究所，1970 年）；〈說元史中的必闍赤並兼論元初的中書令〉載於《政大邊政所年報》第 2 期（台北：政治大學邊政研究所，1971 年）。

〔註12〕〔俄〕符拉基米爾佐夫原著，劉榮焌中譯，《蒙古社會制度史》（北京：中國社會科學出版社，1980 年），本書原名《蒙古人的社會制度——蒙古游牧封建制》，頁 127 之論述。

之法可以治理者。不論是西域色目人、金源漢人，在蒙古本位主義之下都視作有治理城市行政能力的官僚，只要不涉及中央權力的核心，朝廷更替仍要借重這批官僚的。三大行省顯示西域人勢力之不墜，而中央大員全在蒙古人本身手中，出任大斷事官的是忙哥撒兒，必闍赤之長是孛魯合，還有其他重要權力單位都在蒙古本位主義之下而作安排。

關於蒙哥與忽必烈之間的宮廷內鬨，大陸學者陳得芝、王頲撰〈忽必烈與蒙哥的一場鬥爭〉，論述了蒙哥時期漢地的混亂狀況，蒙哥的漠北本位政策，忽必烈掌管漠南的漢法新政，以及由此而來的阿蘭答兒鉤考。指出，鉤考事件既是蒙哥汗與忽必烈爭奪漢地統治權的衝突，也是蒙古貴族統治漢地兩種政策分歧的反映。〔註13〕這時期蒙古中央的政策，至少在華北佔領區是以軍、民分至為原則，軍事上以元帥、萬戶等歸於蒙古將領節制，政事上則是由可汗以行省直接差遣，行使部分治權。中央還沒有明顯的漢式制度，若有則配合蒙古制而行，中書省正宜從此角度來看。蒙哥死後，忽必烈與阿里不哥展開了爭奪汗位的戰爭，這又是蒙古帝國向元王朝過渡的一個重要環節。孟繁清發表〈試論忽必烈與阿里不哥之爭〉一文，認為忽必烈之所以能戰勝阿里不哥，是因為蒙古諸王的較廣泛的支持，漠南和地的財賦優勢，忽必烈調和蒙漢上層利益的民族政策，與較豐富的政治軍事鬥爭的經驗。還指出，這場鬥爭既是蒙古皇室內傳統的汗位之爭，又是具有革新與守舊兩種統治方針鬥爭的性質。〔註14〕

忽必烈政權的建立，基本上是蒙古游牧帝國向以中原農業區為重心的封建王朝的轉折，對於忽必烈政權的官僚骨幹，蕭師啓慶曾撰〈忽必烈潛邸舊侶考〉一文，對忽必烈藩邸舊臣進行分類定性分析，以探討忽必烈政權揚棄蒙古傳統傾向漢化的來龍去脈。蕭師認為：忽必烈的藩邸舊臣約略可分為邢臺、正統儒士、金源遺士、西域、蒙古五大集團。這些人的來源、學派、數量及與忽必烈的關係雖有差異，但多數竭力主張或附和行漢法。這些人無論在忽必烈總領漠南軍事，或是在創建和鞏固元朝中，都充當了重要角色。〔註15〕

〔註13〕陳得芝、王頲，〈忽必烈與蒙哥的一場鬥爭〉載於《元史論叢》第 1 輯（北京：中華書局，1982 年）。

〔註14〕孟繁清，〈試論忽必烈與阿里不哥之爭〉載於《元史論叢》第 2 輯（北京：中華書局，1983 年）。

〔註15〕蕭啓慶，〈忽必烈潛邸舊侶考〉載於《大陸雜誌》25 卷 1、2、3（台北：1962 年）。

　　忽必烈政權與東道諸王的關係，日本學者海老澤哲雄發表〈關於蒙古帝國東方三王家的諸問題〉一文，他認為，忽必烈在開平選汗聚會、戰勝阿里不哥，以及對阿里不哥黨羽的審判中，均得到了東道三宗王的有力支持。忽必烈政權曾長期把東道三宗王當作宗藩中的支柱，在政治軍事上給予種種優撫，後雖因爭奪對東北地區的統治權，爆發了乃顏之亂，元廷對其處置也不甚嚴厲。〔註16〕關於忽必烈與東方宗王的研究，另一位日本學者杉山正明也發表〈忽必烈政權與東方三王家〉一文，他從蒙哥汗死後大漠南北蒙古軍的分布，及政治向背的剖析入手，論證了以塔察兒爲首的東道諸王，在忽必烈即汗位和戰勝阿里不哥的過程中，有著舉足輕重的作用。〔註17〕

　　忽必烈初期經營華北的官僚研究，日本學者植松正發表〈關於元初法制的一個考察〉一文。他考察了元初燕京行省漢族官員的來歷，還有任職的情況。他指出，這批漢族官員對以後元朝政治的作用不可輕視。他們在元政權內的大量存在，正是元王朝在政治法律方面多承金制的原因之一。〔註18〕

　　關於忽必烈政權建立的作用，日本學者池內功發表了〈忽必烈政權的建立及其麾下的漢軍〉一文。指出，在擁戴忽必烈即位時，蒙古諸王貴族的態度並不堅決，從漢軍中挑選組成的直屬衛軍，就成爲忽必烈爭位戰爭的主力及其政權確立的基礎，元朝建立之初的國家體制和權力結構的確是大大依賴於漢軍勢力的。〔註19〕

　　中統所立中書省蓋爲元代之定制，亦即全國中央大政所在，故而出任中書省者必爲全國之高官重臣，而從前的札魯花赤與必闍赤之權力地位已大有改變。中統元年，所公布的中央宰執是以「官僚系統」爲主，如王文統、張文謙、禡禡與趙璧、張啓元等，只有廉希憲是屬於怯薛系統。中統二年，中央以漢族士人爲基礎，增加了四位蒙古人不花、忽魯不花、塔察兒、闊闊，他們都是屬於怯薛系統的。而漢人核心領導人物爲史天澤與王文統二人，此

〔註16〕海老澤哲雄，〈モンゴル帝国の東方三王家に関する諸問題〉載於《埼玉大學紀要》21卷，1972年。

〔註17〕杉山正明，〈クビライ政權と東方三王家──鄂州の役再論〉載於《東方學報》54號（京都：1982年）。

〔註18〕植松正，〈元初の法制に関する一考察──とくに金制との關連について〉載於《東洋史研究》40卷1號（京都：1981年）。

〔註19〕池內功，〈フビライ政權の成立とフビライ麾下の漢軍〉載於《東洋史研究》43卷3號，1984年。

時是漢人「官僚系統」最盛之時。王文統猶有理財之能。忽必烈這時的政策明顯是建立以蒙古人爲怯薛系統，而以漢族士人爲官僚系統的平衡政策。但這個權力結構仍受到李璮之亂的影響，西域色目人取代了漢族士人成爲官僚系統的重要角色。

關於忽必烈行漢法，日本學者愛宕松男撰有〈李璮之亂及其政治意義〉一文。他認爲，李璮之亂後，忽必烈削平漢軍世侯，實施路府州縣官遷轉等集權政策等問題。〔註20〕周良霄發表〈李璮之亂與元初政治〉一文，認爲李璮之亂是與史天澤等漢軍世侯有牽連的事件。其前，忽必烈政權的實權在漢人長官手中。民族界限並不那麼強調，色目人不佔甚麼比重。其後，漢人長官或是被殺，或被排擠，對史天澤等漢軍世侯也採取了軍民分治、遷轉易將等措施，削奪其權力。與此相應，阿合馬等色目人受重用，以牽制監視漢官。〔註21〕

漢地文臣對於阿合馬無力反擊，只有借重蒙古宗親權貴來壓制他，皇太子眞金便是他們擁護的第一個對象。丁國範發表了〈眞金與權臣的鬥爭〉一文，認爲至元中期以後曾出現忽必烈、阿合馬路線與接受儒學反對無限制剝削的眞金路線的政治鬥爭。〔註22〕

忽必烈的「中統體制」，是依國家的擴展設計而成，中書省大臣時常要帶兵出征，可見機動性強的怯薛系統大臣，在權力結構中的地位，仍舊強過穩定性高的官僚系統。正如王師明蓀所提到的：「以忽必烈爲首的蒙古統治階層，還沒有發展出一套治理中國的方法與理論，至少還沒有完整而成熟的計畫，不是靠西域人就是靠漢人，因此在這兩大集團間依違徘徊。」〔註23〕

忽必烈的政權核心集團仍是蒙古世勳怯薛大臣，像安童、玉昔帖木兒、伯顏與月赤察兒等；而其對立面則是色目官僚集團，基本上由懂得理財的西域色目精英所掌控，如阿合馬、桑哥等尚書省大臣。但在忽必烈時期的怯薛與官僚之權力鬥爭中，尚看不出嚴重之衝突，主要是忽必烈乾綱獨斷，不管是蒙古怯

〔註20〕愛宕松男，〈李璮の叛乱とその意義——蒙古朝治下における漢地の封建制とその州県制への展開〉載於《東洋史研究》6卷4號，1941年。

〔註21〕周良霄，〈李璮之亂與元初政治〉，載於《元史及北方民族史研究集刊》第4輯（南京：南京大學元史研究室，1980年）。

〔註22〕丁國範，〈眞金與權臣的鬥爭〉載於《元史及北方民族史研究集刊》第8輯，1984年。

〔註23〕王明蓀，《元代的士人與政治》（台北：學生書局，1992年），頁77之論述。

薛大臣或是色目官僚首腦，都只是皇帝的奴僕而已，都在他的掌控之中。

> 五年，廷臣密議立尚書省，以阿合馬領之，乃先奏以安童宜位三公。
> 事下諸儒議，商挺倡言曰：「安童，國之柱石，若爲三公，是崇以虛
> 名而實奪之權也，甚不可。」眾曰然，事遂罷。七年四月，奏曰：「臣
> 近言：『尚書省、樞密院各令奏事，並如常制，其大政令，從臣等一
> 定，然後上聞。』既得旨矣，今尚書一切徑奏，似違前旨。」帝曰：
> 「豈阿合馬以朕頗信用之，故爾專權耶。不與卿議，非是。」敕如
> 前旨。〔註24〕

安童雖爲首相，但不懂理財之法，僅能從刑法、銓選等政事著手，對當時的
理財官僚首腦阿合馬略作壓制。另有潛邸出身之重臣廉希憲，爲色目儒臣，
雖文武全才，但也只能與阿合馬相互牽制而已。

> 奸臣阿合馬領左右部，專總財賦，會其黨相攻擊，帝命中書推覆，
> 眾畏其權，莫敢問。希憲窮治其事，以狀聞，杖阿合馬，罷所領歸
> 有司。……會議立門下省，帝曰：「侍中非希憲不可。」……皇太子
> 亦遣人諭旨曰：「上命卿領門下省，無憚羣小，吾爲卿除之。」竟爲
> 阿合馬所沮。〔註25〕

廉希憲政治理想的重點，就是不斷促進並輔佐忽必烈用漢法治漢地，但在忽
必烈需要理財官僚的情況下，廉希憲只有部分的成功。而回到另一個蒙古怯
薛大臣伯顏，雖有平宋之大功，但對阿合馬的讒言，亦無法避免按問。

> 伯顏之取宋而還也，詔百官郊迎以勞之，平章阿合馬，先百官半舍
> 道謁，伯顏解所服玉鈎絛遺之，且曰：「宋寶玉固多，吾實無所取，
> 勿以此爲薄也。」阿合馬謂其輕己，思中傷之，乃誣以平宋時，取
> 其玉桃盞，帝命按之，無驗，遂釋之，復其任。阿合馬既死，有獻
> 此盞者，帝愕然曰：「幾陷我忠良！」〔註26〕

忽必烈的國家戰略基本上是擴張型的，安童、伯顏、廉希憲等怯薛大臣，都
以出任使方式出征在外；而內則委託理財官僚主持國政，兩者對忽必烈的擴
張主義都是不可缺少的構成份子。漢人則自中統三年二月，王文統坐誅於李
璮兵變之後，整個漢人的勢力都受到壓抑，中央的政策與權力都有了轉移。

〔註24〕見《元史》126〈安童傳〉，頁3082之記載。
〔註25〕見《元史》126〈廉希憲傳〉，頁3090～3096之記載。
〔註26〕見《元史》127〈伯顏傳〉，頁3113之記載。

關於漢人與西域色目人之間的權力鬥爭，蕭師啓慶所撰《西域人與元初政治》與王師明蓀在《元代的士人與政治》兩篇論文中，都對這個問題有著深入的探討與論述。共同的結論，均是漢人無法在權力結構中與西域色目中相抗衡，中央朝廷只有蒙古世勳出身的怯薛大臣可以壓制之。阿合馬之後有一漢人盧世榮曾當政理財，蒙古怯薛大臣即展開壓制作用。

> 世榮居中書纔數月，恃委任之專，肆無忌憚，視丞相猶虛位也。左司郎中周戴與世榮稍不合，坐以廢格詔旨，奏而殺之，朝中凜凜。……世祖時在上都，御史大夫玉速帖木兒以其狀聞，世祖始大悟，……以世榮所伏罪狀奏曰：「不白丞相安童，支鈔二十萬錠。擅升六部爲二品。……不與樞密院議，調三行省萬二千人置濟州，……調出縣官鈔八十六萬餘錠。」……阿剌帖木兒同天祥等與世榮對於世祖前，一一款伏。遣忽都帶兒傳旨中書省，命丞相安童與諸老臣議，世榮所行，當罷者罷之，更者更之，所用人實無者，朕自裁之。遂下世榮于獄。〔註27〕

盧世榮之後，藏人桑哥成爲官僚首腦，原先桑哥是在幕後的影武者，盧世榮亦爲其所推薦。至元二十四年，桑哥走到幕前，成立尚書省，大權在握。

> 桑哥既專政，凡銓調內外官，皆由於己，而其宣敕，尚由中書，桑哥以爲言，世祖乃命自今宣敕並付尚書省。……世祖諭大夫月兒魯曰：「屢聞桑哥沮抑臺綱，杜言者之口，又嘗捶撻御史，其所罪者何事，當與辨之。」桑哥等持御史李渠等已刷文卷至，令侍御史杜思敬等勘驗辨論，往復數四，桑哥等辭屈。明日，帝駐蹕大口，復召御史臺暨中書、尚書兩省官辨論。……大夫月兒魯奏：「臺臣久任者當斥罷，新者存之。」乃仆桑哥輔政碑，下獄究問。至七月，乃伏誅。〔註28〕

在怯薛大臣對付桑哥之際，玉昔帖木兒主要是以其御史大夫之任使頭銜，率領御史臺大臣對桑哥展開攻擊，而獲得成效。另一個怯薛大臣月赤察兒，則以宣徽使暨怯薛長的地位，而能掌控桑哥之動態。

> 二十七年，桑哥既立尚書省，殺異己者，箝天下口，以刑爵爲貨。既而紀綱大紊。尚書平章政事也速答兒，太官屬也，潛以其事白月赤察兒，請奏劾之。桑哥伏誅，帝曰：「月赤察兒口伐大姦，發其蒙

〔註27〕見《元史》205〈姦臣・盧世榮傳〉，頁 4569～4570 之記載。
〔註28〕見《元史》205〈姦臣・桑哥傳〉，頁 4575～4576 之記載。

蔽。」〔註29〕

整體來說，忽必烈對於中央權力的分配有著絕對的支配權。桑哥被誅殺，忽必烈仍有意保留尚書省，但因不忽木的強烈反對，忽必烈當時並沒有實行。

> 麥朮丁請復立尚書省，專領右三部，不忽木庭責之曰：「阿合馬、桑哥相繼誤國，身誅家沒，前鑒未遠，奈何又欲效之乎！」事遂寢。
> 或勸征流求，及賦江南包銀，皆諫止之。桑哥黨人納速剌丁等既誅，帝以忻都長於理財，欲釋不殺。不忽木力爭之，不從。日中凡七奏，辛正其罪。〔註30〕

忽必烈對於理財官僚仍有著一個期望，而且這也是考慮到平衡的問題，怯薛系統與官僚系統應該是並行且相互牽制，所以在他生命快結束前，起用賽典赤之孫伯顏爲中書平章政事，專責理財。

> 甲戌，河南江北行省平章伯顏言：「揚州忙兀臺所立屯田，……蔡州去汴梁地遠，宜陞散府，以潁、息、信陽、光州隸之。」詔皆從其議。……己卯，河南江北行省平章伯顏入爲中書省平章政事，位帖哥、剌眞、不忽木上。〔註31〕

從成吉思汗到忽必烈，無止境的征服與擴張，成爲蒙古帝國唯一的發展政策與法則，雖然忽必烈建立一套蒙漢兩元政治體制，但他主要仍憑著自己的意志來統治國家。忽必烈乾綱獨斷，其所建立二元體制，也就是蒙古家產制與中原中央集權官僚體制。蒙古家產制係指政府爲皇室機構之延伸，大臣多具備皇室家臣身份，與皇帝具有私屬性的主從關係，皇帝對大臣擁有絕對的權威，而大臣必須對皇帝絕對效忠。安童（中書右丞相）、玉昔帖木兒（御史大夫）、伯顏（知樞密院事）、月赤察兒（宣徽使）等四人，就是最有名的怯薛大臣。

忽必烈在政權控制上是相當依賴中央政府的怯薛大臣，另外，由於中央政府在全帝國範圍內的行政事務的參與上，頂多是短暫的並且僅限於非常有限的活動。按照這個觀點，中書省平章政事以下官僚的作用只在忽必烈的舊分地和首都周圍（腹裏）是有效的。中統體制的建立，這種行政管理對於漢人是熟悉的，但它和以前的中國體制相比又有相當的不同，爲了便於容納蒙古人的價值觀念和體制，以及他們更大的控制臣民的需求；在此情況下，色

〔註29〕見《元史》119〈博爾忽·月赤察兒傳〉，頁 2949～2950 之記載。
〔註30〕見《元史》130〈不忽木傳〉，頁 3169 之記載。
〔註31〕見《元史》17〈世祖本紀〉，頁 370～375 之記載。

目人取代漢人成為官僚系統的主要成員。

蕭師研究蒙古四大家族，在結論上提到，蒙古草原帝國原是一個帶有濃厚家產制色彩的封建組織，四大家族因具有成吉思汗最親密伴當的身分，藉著通婚得與黃金家族同享封建的特權。蕭師認為，忽必烈建立的元朝，原是蒙古帝國制度上的一次革命，目的在把家產制、封建制的政制改變為中央集權官僚制，但是在效果上卻有很大的侷限，不僅蒙古貴族的種種特權未能取消，而且中國傳統的官僚制也發生變質。從四大家族成員多能入居高位看來，元朝官僚制的上層顯然具有濃厚的封建色彩。〔註32〕

至元三十一年（1294）忽必烈去世以後，到至順四年（1333）妥懽貼睦爾即位之前，大汗寶座歷經了成宗鐵穆耳、武宗海山、仁宗愛育黎拔力八達、英宗碩德八剌、泰定帝也孫鐵木兒、天順帝阿速吉八、文宗圖帖睦爾、明宗和世㻋、寧宗懿璘質班等九位皇帝。在這四十年之間，表面上看起來，大元王朝的國運可謂順遂。在中央亞細亞的舞台上，蒙古帝國的內部紛爭已經逐漸消弭，從歐亞地圖上看，大蒙古帝國以大元王朝為中心，東至日本海，西到多瑙河河口，整塊的巨大版圖已然回復了平穩。人類史上最大的帝國，自然地保持安定的和平狀態，令人感到相當地驚異。但這僅是表面現象，整個帝國在忽必烈本身強而有力的指導之下，驅使著各種勢力集團在眾多國家的經濟力支撐下推動新國家建設事業，這種緊張的統制時代達三十餘年，忽必烈晚期，王朝的中央權力開始弛緩了。蒙古的帝室、兀魯思、愛馬、怯薛、官僚等，依據定例、臨時不定期的巨額賜予，加上各種的亂費導致慢性化的財政危機。從大元王朝政權內部來看，政局出現混迷狀態，主要是爭奪人類史上最大權力與財富之所有者蒙古大汗寶座。事實上，自忽必烈以後，除了有皇室血統的宗王相爭外，更有諸多旁系諸王與官僚中各勢力集團或權臣加入爭奪帝位的戰局中。

忽必烈去世後，留給他的繼承者是一個大體繁榮、富有的國家與功能強、效率佳的政府，最重要的是在皇位的繼承中，除安童已逝外，伯顏、玉昔帖木兒及一批精明幹練，又忠心耿耿的官僚菁英輔佐著新的皇帝。也因為有著這些統治階層核心集團的優勢，元朝中葉的展開，是在安定的時勢與穩定的社會中進行。

〔註32〕蕭啟慶，〈元代四大蒙古家族〉收錄於氏著《元代史新探》（台北：新文豐出版公司，1983年），頁214之論述。

　　元朝中葉伊始，統治階層中的核心集團人物，幾乎都比忽必烈小一輩，
但都比新皇帝鐵穆耳大一輩。接下來，元朝每個新皇帝都面臨到輔佐大臣，
都是他的父執輩。那種在忽必烈時期「君主臣奴」或「君尊臣卑」的態勢，
在元朝中葉有所改變。統治階層中核心集團大部分由蒙古或色目世勳組成，
他們與皇帝之間的關係強弱，也就是向心力，更是一種擬聚力；統治階層核
心集團所欲展開的國家政策或政府施政方針，也就是擴張力；統治階層核心
集團在元朝史上的定位，與前後核心集團的承繼關係，也就是延續力，都是
需要注意的問題。

　　元朝中葉，一般指的是忽必烈駕崩之後，到妥懽貼睦爾即位之前，大約
四十年左右。本文研究範圍略廣，乃從至元二十八年二月九日（1291.3.10）
完澤取代桑哥出任尚書省右丞相開始，到至順四年六月十日（1333.7.21）蔑
兒乞伯顏出任中書省右丞相為止，以這四十二年又四個月的時間為討論範
圍。這時期的統治階層有幾個特色：第一，帝位快速地轉換，前面的忽必烈
汗在位三十五年，後面的妥懽貼睦爾汗也在位三十五年，中間四十年卻有九
個皇帝即位，平均每位皇帝的任期只有四年半，而且有越來越短的趨勢，最
初的成宗鐵穆耳汗還有十三年，最後的寧宗懿璘質班短到只有二個月。第二，
統治階殿中的蒙古與色目人所占比例提高，原因乃由於政權核心歷經變亂，
蒙古宗室、貴族與色目權貴、將領多參與其事，兩者間的各種派系聯盟策略
之需要，將漢族儒臣逐漸邊緣化。〔註33〕第三，中央政府的權力逐漸集中在
各官僚派系的首腦手中，造成權臣的興起，而權臣與皇帝的關係也發生了變
化。〔註34〕

　　以上三個特色勾勒出元朝中葉統治階層權力重心之變化，乃從皇帝手中
之君權逐漸落入蒙古與色目官僚首腦等所掌握的相權之中。有學者曾經研究
過元代宰相制度，認為元代宰相權力極大，原因乃是由於元朝皇帝權力慾不
強或耽于享樂，同時對宰相專權限制不夠而造成宰相權重。〔註35〕然而亦有

〔註33〕王明蓀，《元代的士人與政治》（台北：臺灣學生書局出版，1992 年），論文第
　　　　二章〈元代的政治結構以及士人〉，頁 95～96 之論述。
〔註34〕蕭啟慶，〈元中期政治〉，收入傅海波（Herbert Franks）、崔瑞德（Denis Twitchett）
　　　　編，《劍橋中國遼西夏金元史》中譯本（北京：中國社會科學出版社，1998
　　　　年），頁 639 之論述。
〔註35〕張帆，《元代宰相制度研究》（北京：北京大學出版社，1997 年），頁 217 之論
　　　　述。

學者所提出不同的看法，認爲元朝乃是君權極度膨脹，相權僅是起一個監領與交通政府與皇帝的作用而已。〔註 36〕其實以整個元朝爲範疇來研究一個制度，當然有其意義，但對各階段政治變遷實情卻無法明確掌握而陷入當以爲是的迷惘之中，以上述對元朝皇權與相權發展來講，就容易出現不同看法。本文試以元朝中葉帝位繼承前後的君權（皇帝、皇太子、太后、皇后、諸王、駙馬、公主等皇室成員）、相權（中書省右左丞相、三公等官僚首腦、掌有武力的權臣）與怯薛及官僚集團（樞密院、御史臺、宣徽院等怯薛大臣、中書省平章政事等官僚高層）爲討論重心，期望能更有一個清楚的輪廓，可以將元朝中央權力系統的階段特色表現出來。

本文研究內容的主標題爲「元朝中葉中央權力結構與政治生態」，中央權力結構，主要參考陶師晉生對「結構」的解釋與定義，並非只有描述高層人事權力結構、政府機關組織與武力體系等明顯可以看出的表面狀態，主要注重的是功能分析的途徑與演變過程。〔註37〕「政治生態」，指在首都圈（上都、大都、腹裏）中，互動共生的行爲個體和群體，與中央政治環境間的動態體系，具有共變與延續發展等現象。在競爭與淘汰的環境中，爲了維護共生個體與群體的生存與利益，各方政治勢力常常運用依附、結盟、重組等手段，進行各項計畫。

有關元朝中葉政治史的研究，充滿著許多值得挑戰的問題，但要解答這些問題卻又是有著相當的困難度。西元 1938 年日本學者田山茂發表〈元朝中葉以降に於ける蒙古至上主義の消長〉之論文，通過對法典編纂、禮俗、官制幾個方面問題的研究，田山茂指出：在元朝前半期（仁宗以前），蒙古至上主義在各項國策中佔據了支配的地位；但到後半期（英宗以後），則重蒙、重華兩種傾向的抗爭狀態，很難判定其優劣。〔註 38〕這篇文章出現了一個具有挑戰性的難解問題，關係到中原官僚體制與蒙古傳統家產體制的並存方式的爭論，也牽涉到元朝中葉權臣的興起與跋扈，此文是最早以元朝中葉爲切入點的論文典範。

〔註36〕周良霄，〈元代的皇權和相權〉，收入蕭啓慶主編，《蒙元的歷史與文化》（台北：臺灣學生書局，2001 年），頁 374 之論述。

〔註37〕陶晉生，〈金代政治結構〉載於《中央研究院歷史語言研究所集刊41～4》（台北：中央研究院歷史語言研究所，1969 年），頁 567〔註 1〕。

〔註38〕田山茂，〈元朝中葉以降に於ける蒙古至上主義の消長〉載於《山下先生還曆紀念東洋史論文集》（東京：六盟館，1938 年），頁 747～776 之論述。

　　陶師晉生在〈金代政治結構〉一文的結論中，提到了金朝在政治結構的
缺點有三，其中第一個缺點就是在改朝換代的工作只做到了政權的建立，而
沒有做到國家的建立。〔註 39〕而元朝政府有過國家建立的層次嗎？田山茂的
文章已經論及到國家建立的第二個層次了。當時對外的征伐幾乎已經停止活
動，僅剩下對西北諸王的零星整合戰事，鞏固中央政府及其君權，成爲國家
最重要的大方針，此可姑名之爲固本國策，這已經從穩固的政權走向國家建
立的階段了。惟在這時候，維持蒙古傳統的家產制之怯薛大臣出現了反抗行
爲，英宗皇帝與拜住首相都爲怯薛大臣所刺殺，以新政派官僚爲核心的國家
建立之基礎再度被壓制，元朝政府又走回維護政權的老路。

　　以元朝中葉爲範圍來探討政局的演變，最早有趙永春在西元 1987 年的〈元
代中期的黨爭及其危害〉，〔註40〕趙文界定武宗海山汗到泰定帝也孫鐵木兒汗
這一時期爲元代中期，認爲這一時期統治階級內部先後形成了后黨和帝黨，
他們互相的爭權奪利，黨爭不斷發生，黨爭的目標主要是圍繞著爭奪皇權進
行的。但趙文認爲在泰定帝時期丞相倒剌沙與僉樞密院事燕鐵木兒各樹黨
派，以爭權奪利並相互攻擊，終泰定帝統治時期，黨派鬥爭一直沒有停止，
實際上在泰定帝時期，燕鐵木兒等武宗舊臣只能暗中連結，直到也孫鐵木兒
汗駕崩後，鬥爭才開始表面化。

　　蕭師啓慶在西元 1994 年出版的劍橋中國史第六卷《Alien Regimes and
Border States》中的第六章〈元中期政治〉，〔註41〕以成宗鐵穆耳汗到寧宗懿璘
質班汗期間的君位繼承與文化取向爲敘述主軸，文章雖以皇帝爲討論重點，
但亦點出重要官員在權力結構中地位提升的關鍵所在。尤其在時代的回顧中
提到，頻繁的帝位爭奪削弱了皇權，官僚的權力因此而更加膨脹，而中葉初
期的玉昔帖木兒、伯顏、哈剌哈孫等關鍵怯薛大臣還是屬於舊蒙古那顏一類，
對新皇帝表示出絕對恭順和效忠，中葉末期的燕鐵木兒、伯顏則是標準的權
臣，操縱著帝王廢立。這也是到目前爲止對元朝中葉政治史論述最有系統也
最專精的一篇文章。

　　日本學者杉山正明在西元 1995 年發表的〈大元ウルスの三大王國〉，

〔註39〕陶晉生，〈金代政治結構〉，頁 593 之論述。
〔註40〕趙永春，〈元代中期的黨爭及其危害〉載于《松遼學刊》1987 年第 2 期。
〔註41〕蕭啓慶，〈元中期政治〉，收入傅海波（Herbert Franks）、崔瑞德（Denis Twitchett）
　　　　編，《劍橋中國遼西夏金元史》中譯本（北京：中國社會科學出版社，1998
　　　　年），頁 639。

〔註 42〕以武宗海山汗奪權爲中心，論述忽必烈汗以後到也孫鐵木兒汗爲止的政治變動，認爲元朝中葉大汗權力的空洞化，乃是成宗鐵穆耳汗孱弱的身體所造成。爲了重建大蒙古國的版圖與光榮，武宗海山汗努力採取擴張型政策，但因飲酒過度短壽而亡，其遠大的企圖心也遭到了挫折。海山汗駕崩後，進入了答己皇太后時代，仁宗愛育黎拔力八達汗爲立己子爲皇太子，不惜與答己寵臣鐵木迭兒交換條件，違背了武仁授受的協定。全文雖仍以皇帝爲論述重點，但對重要大臣也有論及，尤其是鐵木迭兒與阿思罕的太師之爭，論點新穎。

韓國學者李玠奭在西元 1997 年發表的〈元朝中期支配體制的再編與構造〉，〔註 43〕從成宗鐵穆耳汗駕崩到武宗海山汗即位權力結構的改變展開論述，因三宮協和造成權力再編，在鐵穆耳汗時期處於低調的近侍集團逐漸干政，潛邸出身的勳舊子弟與色目軍閥受到重用。李文與上述杉山正明文章均是以武宗海山爲論述重點。另外，李玠奭在西元 2001 年發表的〈元朝中期法制整備及系統〉，〔註 44〕闡述了元朝中期法制編撰的經過和英宗碩德八剌汗時期制定頒布《大元通制》的政治背景，並認爲所以能夠在英宗時期頒布，是由於碩德八剌汗所具備的漢法教養和他所構築的權力性格爲後盾的。

除了以上以「元朝中葉」爲題的論著外，還有一些範圍較小的相關論文，例如李則芬在西元 1971 年的《元成宗嗣位的大秘密》，〔註 45〕認爲鐵穆耳汗得立乃是因爲大臣反對南必皇后攝政所致。丁國範在西元 1990 年的《至元大德年間的賽梁秉政》，〔註 46〕認爲成宗時期的賽典赤伯顏與梁德珪等是繼世祖時期的阿合馬、桑哥後中央政府的理財大臣，並支撐著成宗時期日益困難的財政局面。

蕭功秦在西元 1983 年的〈英宗新政與南坡之變〉，〔註 47〕認爲南坡之變

〔註42〕杉山正明，〈大元ウルスの三大王國——カイシァソの奪權とその前後——（上）〉載於《京都大學文學部研究紀要》第 34 期（京都：京都大學，1995 年）。

〔註43〕李玠奭，〈元朝中期支配體制的再編與構造〉載於《慶北史學 20》（慶北史學會，1997 年），頁 79～152。

〔註44〕李玠奭，〈元朝中期法制整備及系統〉載於《蒙元的歷史與文化蒙元史學術研討會論文集（下冊）》（台北：臺灣學生書局，2001 年），頁 481～497 之論述。

〔註45〕李則芬，〈元成宗嗣位的大秘密〉載於《東方雜誌 5-11》，頁 29～34 之論述。

〔註46〕丁國範，〈至元大德年間的賽梁秉政〉載於《元史及北方民族史研究集刊 12-13》（南京：南京大學歷史系元史研究室，1990 年），頁 20～28 之論述。

〔註47〕蕭功秦，〈英宗新政與南坡之變〉載於《元史論叢 2》（北京：中華書局，1983

反映了統治階層中漢法派與反漢法派的政治衝突，文中提到了封建地主貴族集團首腦拜住、保守游牧貴族集團首腦鐵失之間的對立與衝突，因為英宗皇帝態度的失衡，造成了弒君慘案。姚大力在西元 1996 年的〈元仁宗與中元政治〉，〔註48〕認為仁、英兩朝的儒治時期諸多政令裏的一個重要意圖，正是用儒家的君臣名分去重新規範大汗和蒙古上層的相互關係，但實際上很難在改塑蒙古內部關係取得多少成效。

日本學者藤島建樹在西元 1970 年發表的〈元の明宗の生涯〉，〔註49〕考證了天曆二年被謀殺的明宗和世㻋汗的悲慘生涯，前有仁宗時期權臣鐵木迭兒逼迫，後有文宗時期權臣燕鐵木兒加害，雖身為武宗長子，卻在權臣抗爭的漩渦中浮沉。藤島建樹在西元 1973 年又發表了〈元朝における權臣と宣政院〉，〔註50〕對權臣鐵木迭兒在仁宗延祐二年（1315）七月及英宗至治元年（1321）六月，二度以中書省右丞相兼領宣政院事，在遊牧北地派與定著漢地派對立的漩渦中取得權勢作一論述。

總的說來，現有的關於元朝中葉統治階層的研究，主要還是以歷任皇帝繼承問題為主軸，對於這一時期掌握「相權」的核心人物如完澤、哈刺哈孫、鐵木迭兒、倒刺沙和燕鐵木兒等，尚未有系統的完整論述，所以核心集團中派系首腦如何演進為權臣成為本文重要的討論對象。

本文的研究方式先採取縱向考察（分為五個階段研究），每個階段再採取橫向解剖（各分三個問題研究），從個案研究著手，每一節探討一個或二個個案，各節經過君權、相權、官僚運作有系統的連結，成為一章，每一章就是一個階段的專題研究。本文共有五個專題研究，其核心概念就是元朝中葉各階段核心集團首腦人物的權勢發展，重點在於皇帝、首相、派系同僚之間關係演變，並能觀察每個階段的權力特質。

研究方法以三條主線形成：第一條主線，或蒐羅史料，或利用文獻辨證方法輯補考釋文獻；第二條主線，在研究過程中逐漸脫出乾嘉以來改造舊史、

年），頁 145～156 之論述。

〔註48〕姚大力，〈元仁宗與中元政治〉載於《內陸亞洲歷史文化研究——韓儒林先生紀念文集》（南京：南京大學出版社，1996 年），頁 125～147 之論述。

〔註49〕藤島建樹，〈元の明宗の生涯〉，載於《大谷史學 12》（京都：大谷大學史學會，1970 年），頁 14～28 之論述。

〔註50〕藤島建樹，〈元朝における權臣と宣政院〉載於《大谷學報 52-4》（京都：大谷大學大谷學會，1973 年），頁 17～31 之論述。

增補文獻的方向，而將焦點移轉到專題式的研究；第三條主線，利用「涵化」等社會科學理論方法，傾向個案和深入的研究。第一條主線考釋文獻和第二條主線專題研究在方法上雖有其共通性，研究取向卻已經逐步轉移；第二條主線專題研究和第三條主線個案研究所關注的主題雖皆著眼於適應與變遷，不過其研究方法和取徑則有更重要的轉變。在研究過程中有三點基本原則，第一，人物與時勢的交互作用；第二，理念與制度的差距；第三，行政技術與政府組織的衝突。而對史料的運用，先綜合歸納前輩研究成果，比較其論點差異，適當發展新的概念，不斷論證討論，期望發現新的觀點。

　　本文進行的研究，無論是個案或連結而成的專題研究，其基本所作為史料的核心乃是《元史》中的〈本紀〉，其原因是它有明確的時間記載，雖然其他的史料有的也有時間紀錄，但總不如〈本紀〉按年、月、日編排詳實，以〈本紀〉為綱，實為本文立論之根本。

　　有關元朝中葉重要人物之論述，除了《元史》的〈列傳〉之外，必須補充元人文集中的墓誌銘與行狀；另外，有關制度方面的記載，除了《元史》的〈諸志〉之外，《元典章》、《通制條格》、《憲臺通紀》、《秘書監志》等，都是不可或缺的重要史料。近年在韓國發現的《至正條格》部分條文，對也孫鐵木兒、圖帖睦爾時期的史料補充有很大的助益。

　　本文分為除緒論、結論外，共分為五章。第一章，元貞體制與守成政治，探討完澤首相相權的確立，隆福宮勢力的擴張，而官僚集團的崛興是討論重點；第二章，大德之政與至大新政，探討哈剌哈孫相權的獨立，海山皇帝的大蒙古世界觀，近侍怯薛與尚書省的結合，而政府權力的建構為討論重點；第三章，延祐儒治與至治專制，探討實行二期儒治的蒙古帝王權力的提升，萌芽中的權臣，怯薛弒君等問題，統治階層中怯薛系統與官僚系統因衝突而瓦解是討論重點；第四章，泰定體制與漠北政權，晉北繼統，左右相入直，南北怯薛整合，新權力系統的建構是討論重點；第五章，天曆政變與權臣擅政，權臣時代的來臨，君權的馴化，前後任大汗怯薛的衝突，而軍閥權臣家族的興起是討論重點。

第一章　元貞體制與守成政治

　　至元三十一年十一月二十七日（1294.12.15）皇帝下詔，改明年爲元貞元年。詔書上表明「守成」國策：

　　　　欽奉　聖旨：朕荷天洪禧，承祖丕業，「守成」繼統，弗替於孝思。
　　　　踰年改元，勉遵於舊典。履端伊邇，紀號惟新，可改至元三十二年
　　　　爲元貞元年。咨爾有眾，體予至懷，故茲詔示，想宜知悉。〔註1〕

鐵穆耳自始即以「守成」爲基調。既成爲忽必烈的直接繼承者，更期許爲其祖父統治建制的守護者。這在稍前，至元三十一年四月十四日（1294.5.10）頒布的即位詔書中，可獲得印證，詔書曰：

　　　　朕惟太祖聖武皇帝受天明命，肇造區夏，聖聖相承，光熙前緒。迨
　　　　我先皇帝體元居正以來，然後典章文物大備。臨御三十五年，薄海
　　　　内外，罔不臣屬，厚澤深仁，有以衍皇元萬世無疆之祚。……尚念
　　　　先朝庶政，悉有成規，惟愼奉行，罔敢失墜。更賴祖親勳戚，左右
　　　　忠良，各盡乃誠，以輔台德。布告遠邇，咸使聞知。〔註2〕

由是，這也成爲他統治期間的基本準則，「元貞體制」承接「中統體制」正式展開。但仔細觀察，「元貞體制」與「中統體制」間仍有一明顯差異。這個差異顯示在統治階層的皇帝與怯薛之間互動關係上面，「中統體制」的權力核心是以「君父臣子」爲主軸，「元貞體制」的權力核心，則演變爲「君尊臣崇」之特殊關係。這個新發展的特殊關係，乃由於忽必烈與鐵穆耳是祖孫繼承，重要輔政大臣均爲新皇帝的父執輩，整個體制有所調整，才可順利運作。在

〔註1〕見《元典章》第1卷〈詔令・元貞改元〉，頁10之記載。
〔註2〕見《元史》第18卷〈成宗本紀〉，頁381～382之記載。另參見《元典章》第
　　　　1卷〈詔令・登寶位詔〉，頁8～9之記載。

表面上政府組織方面沒有大的變革，但三公補實，具有統軍背景的擁立世勳功臣，成爲地位尊崇但無實權的三公。

原先中書右丞相雖已有官僚首腦之地位，實際上卻是怯薛大臣，安童就是標準例子。完澤在忽必烈晚期出任首相，卻相反無法成爲皇帝身旁的怯薛大臣，其與皇帝的關係，逐漸演變爲疏離，即使首相具有怯薛身分，夏季並不一定隨皇帝巡行上都。鐵穆耳從忽必烈手中接下了帝國的統治權，也就是完澤擔任首相的後一段時間。這對君臣建立「元貞體制」之雛型，以執行「守成政治」的國策。在權力結構方面，以「太子舊臣勢力集團」爲中央權力系統的核心，這個官僚系統是由蒙古世勳、色目官僚乃至漢軍世家組成。他們在忽必烈與鐵穆耳祖孫繼位過程中團結一致，以擁立者姿態在新政權中鞏固原有地位，並增加權勢。完澤則以實權的官僚首腦兼怯薛大臣，爲相權展開新的一頁。〔註3〕

本章首節「官僚首腦相權的確立」，討論完澤在至元晚期出任首相，因他並非忽必烈的怯薛，因能只在官僚系統發展，卻因此使他在鐵穆耳繼位後，可以統合怯薛與官僚系統，權勢因而大增，相權也邁進一個新的層次。

第二節「君權的限制與突破」，鐵穆耳以孫繼祖，登上大位。由於並非自己打天下，君權之基礎受限，內則依靠闊闊眞皇太后，外則委託完澤丞相。但鐵穆耳解決了西北叛王問題，締造了蒙古和平，也讓其君權有突破性發展。

第三節「官僚的崛興」，由於完澤以官僚首腦出任怯薛大臣，造成官僚系統的崛興。忽必烈時代的怯薛大臣，如伯顏、玉昔帖木兒等相繼去世，怯薛系統相對弱化。

第一節　官僚首腦相權的確立

對於政府體制，忽必烈的「中統體制」是將體用分開，蒙古世勳作爲統治階層的最上一層，有本體性，功能在拓展領土；色目與漢族理財能臣可用爲政府官僚，功能在籌注財源。用者權可極大，但亦可隨時罷黜；體者隨時領軍出征，與忽必烈形同父子。鐵穆耳繼位後，情勢大爲不同，忽必烈時代

〔註3〕蕭啓慶，《劍橋中國遼西夏金元史》，頁564之論述：「與此同時，忽必烈強化中央集權和官僚體制的措施，儘管不夠完善，卻使官員獲得比前忽必烈時期官員大得多的權力。在後忽必烈時期，官員已成爲一個重要的權力中心，經常超越宗王與皇帝爭奪權力。」

的怯薛大臣逐漸淡出中央權力系統；真金怯薛長完澤成為新皇帝的怯薛大臣兼官僚首腦，並與為用之色目官僚結合，形成新相權。且首相以皇太后與皇帝為後臺支持者，此為「元貞體制」之雛型建立。

一、完澤首相在新舊體制中地位權責的比較

在《元史·不忽木傳》中記載：

> 三十年，帝不豫。故事，非國人勳舊不得入臥內。不忽木以謹厚，日視醫藥，未嘗去左右。帝大漸，與御史大夫月魯那顏、太傅伯顏並受遺詔，留禁中。丞相完澤至，不得入，伺月魯那顏、伯顏出，問曰：「我年位俱在不忽木上，國有大議而不預，何耶？」伯顏歎息曰：「使丞相有不忽木識慮，何至使吾屬如是之勞哉！」完澤不能對，入言於太后。太后召三人問之。月魯那顏曰：「臣受顧命，太后但觀臣等為之。臣若誤國，即甘伏誅，宗社大事，非宮中所當預知也。」太后然其言，遂定大策。〔註4〕

伯顏所提到不忽木的「識慮」，月魯那顏（玉昔帖木兒）提到「臣受顧命」以及「宗社大事」等言，清楚地看出整個擁立新君的計畫是由不忽木提出，在忽必烈默許後，由玉昔帖木兒與伯顏二位蒙古世勳執行完成的。

至元二十八年二月九日（1291.3.10），忽必烈詔告天下，以個性謹慎，時年四十六歲的太子右詹事完澤為尚書省右丞相，取代了十四天前被罷黜的一代權臣桑哥。同時，以學識道德俱優，時年三十七歲的翰林學士承旨不忽木為尚書省平章政事。不忽木為康里人，忽必烈原屬意他為右丞相，但因他謙辭，且又極力之推薦，忽必烈始命完澤充任。

> （二十八年）罷尚書省，復以六部歸于中書，欲用不忽木為丞相，固辭。帝曰：「朕過聽桑哥，致天下不安，今雖悔之，已無及矣！朕識卿幼時，使卿從學，政欲備今日之用，勿多讓也。」不忽木曰：「朝廷勳舊居臣右者尚多，今不次用臣，無以服眾。」帝曰：「然則孰可？」對曰：「太子詹事完澤可，嚮者籍沒阿合馬家，其賂遺近臣，皆有簿籍，唯無完澤名，又嘗言桑哥為相，必敗國事，今果如其言，是以知其可也。」帝曰：「然，非卿無以任吾事。」乃拜完澤右丞相，不

〔註4〕見《元史》130〈不忽木傳〉（北京：中華書局，1976年），頁3171之記載。

忽木平章政事。〔註5〕

完澤在當時並非忽必烈的最佳選擇，也無赫赫大功，其能擔任政府首相，應該有其基本優勢的地位所致。這可從兩方面來分析，首先也是最重要的完澤任相之意義，代表已故太子眞金的後人準備接掌帝位；其次才是完澤有著優良的家族傳統，是可靠的蒙古世勳根腳。

完澤從中統三年（1262）即爲燕王眞金的怯薛，當年，眞金二十歲，而完澤年僅十七歲。至元十年三月十三日（1273.4.2），三十一歲的燕王眞金被立爲大元帝國的皇太子，二十八歲的完澤成爲東宮詹事長。眞金皇太子於至元二十二年十二月十日（1286.1.5）薨逝，享年四十三歲。

眞金去世後，朝廷大臣曾經議論廢罷詹事院。詹事丞張九思以宗社所繫和輔導皇孫爲理由，據理力爭，故詹事院得以依然保留。〔註6〕完澤沒有離開太子府，他仍以太子右詹事的官銜，兩度陪侍眞金的三子鐵穆耳至北邊討伐叛王。〔註7〕

當至元二十八年（1291）面臨擇相時機，忽必烈已經七十七歲，不忽木考慮到帝國的繼承人問題，乃直接向忽必烈說明並做了建議。

> 桑哥誅，命公爲丞相，公讓太子詹事完澤。是時，上春秋高，成宗
> 將兵北方，位號猶未正。公謂：「相東宮舊臣，則眾論自定，國家自
> 安矣。」上默然良久，歎息言曰：「卿慮及此，社稷之福也。」於是
> 完澤爲丞相，而公平章政事。〔註8〕

前述伯顏所言不忽木之「識慮」乃指此，完澤乃東宮舊臣，非忽必烈之怯薛大臣，其作用乃爲眞金系統繼位作宣示。

忽必烈也察覺此事關重大，又徵詢江南儒臣燕公楠，他當時以江淮行中

〔註5〕見《元史》130〈不忽木傳〉之記載。

〔註6〕見《元史》169〈張九思傳〉之記載：「（至元）二十二年，皇太子薨，朝議欲罷詹事院，九思抗言曰：『皇孫，宗社人心所屬；詹事，所以輔成道德者也，奈何罷之！』眾以爲允。」

〔註7〕閻復，《靜軒集》第3卷〈丞相興元忠憲王碑〉載於李修生主編之《全元文》第9冊（南京：江蘇古籍出版社，1998年），卷295，頁269記載：「鶴馭上賓，仍主東宮衛兵。成宗以皇孫伐叛北方，詔公總治軍旅，輔行者凡再。」

〔註8〕趙孟頫，《松雪齋文集》第7卷〈故昭文館大學士榮祿大夫平章軍國重事行御史中丞領侍儀司事贈純誠佐理功臣太傅開府儀同三司上柱國追封魯國公諡文貞康里公碑〉載於《全元文》第19冊（南京：江蘇古籍出版社，2000年），卷597，頁236之記載。

書省參知政事身分赴京討論國事。燕公楠初尚不知忽必烈之問題所在，他先推薦資深首相安童回任，接著又推薦出將入相的伯顏，大約最後他才了解忽必烈考慮到繼承人問題，終於推薦完澤任首相。

> 二十五年，用前請，以為行大司農領八道勸農營田司，按行郡縣，興利舉弊，劾江西營田使沙布迪音貪橫，罷之。又明年，拜江淮行中書省參知政事。時僧格新敗，蠹政未去，民不堪命。赴闕極陳，請更張以固國本，上悅，會欲易政府大臣，以問公，公薦巴延、特爾格、布呼密、金哩、克呼濟蘇、史弼、徐琰、趙琪、陳天祥等十餘人，又問孰可為首相，對曰：「天下人望所屬莫若安圖」問其次，曰：「巴延可」又問其次，曰：「旺扎勒可」明日，拜旺扎勒為丞相，以公及布呼密為平章政事。公固辭，改江浙行省參知政事，賜弓刀及衛士十人。三十年，復為大司農。〔註9〕

雖然忽必烈決定以完澤為首相，但這僅代表真金的系統可繼承帝位，並沒有指名那一位皇孫為繼承人。真金有嫡子三人，依序為甘麻剌、答剌麻八剌、鐵穆耳。當時，三位皇孫都應該有機會成為帝位繼承者。雖然在碑文中指出，不忽木支持鐵穆耳繼任，但忽必烈始終沒有明確立繼承人的正式儀典。〔註10〕

　　完澤的父親線真，蒙古土別燕氏。在憲宗蒙哥時期，線真就已經是忽必烈的潛邸宿衛。線真是怯薛執事出身，自藩邸至中統年間，長期擔任寶兒赤（博兒赤）職務，主要負責汗的飲食。〔註11〕由於蒙古帝國時代的怯薛執事

〔註9〕程鉅夫，《雪樓集》第21卷〈資德大夫湖廣等處行中書省右丞燕公神道碑銘〉載於《全元文》第16冊，卷543，頁504記載。

〔註10〕蕭功秦，〈論元代皇位繼承問題〉載於《元史及北方民族史研究集刊》第7期（南京：南京大學歷史系元史研究室，1983年），頁25論述：「值得注意的是，真金死後，忽必烈政治上的保守傾向又有了進一步發展。在這種政治形勢下，忽必烈至元三十年第二次立儲，不能不打上其保守傾向的烙印。元世祖既沒有詔立宮師府，置東宮官屬、擇師傅、使太子下教中書，參與朝政，甚至也不曾頒布相應的建儲詔令，授予太子玉冊。」

〔註11〕札奇斯欽，〈說元史中的博兒赤〉載於氏著《蒙古史論叢》（台北：學海出版社，1980年），頁707論述：「博兒赤蒙古文的對音是 bo'urchi 或 boghurchi。在元史中，一作寶兒赤，又作博兒赤，或博爾赤。秘史中的漢字音譯是保兀兒赤。博兒赤的字義是主膳官。從以上四條，可以概括的說，寶兒赤是親衛怯薛的一部分。他們要親自為可汗烹飪御膳。他們是可汗的親信，子孫世守其職。元帝國建立後，他們要穿好華麗的禮服，奉上酒食。在可汗登極之際，他們是不可缺少的儀衛或近侍。在享祭太廟的時候，他們仍按蒙古舊俗，為已崩的可汗們親自烹飪。他們當中，有許多人出任要職，持有牌符。但在蒙

中，負責飲食內膳之掌理者，一直是有著特殊的地位與身分，可說是大汗最親信者。到了忽必烈的元朝時代，寶兒赤仍受到特別的重視，其「出任使，服官政」的機會亦較高。

> 父線眞，早侍潛邸。中統元年，天戈北舉，捍禦不虞，率身先之，還拜宣徽使。四年，進中書右丞相。時朝政草創，登政府者多宿儒耆德，相與討謨廟堂，皆經國永圖。〔註12〕

線眞在中統元年（1260）曾隨忽必烈北伐阿里不哥，回朝之後出任掌管怯薛庶務的宣徽使一職，這也是管理內廷最重要的職務。線眞對國家典章制度頗有研究，他在中統四年（1263）六月，先代理中書右丞相，次年眞除。至元二年（1265）八月，安童繼任右丞相職務。線眞擔任中書右丞相時期，李璮之亂已平定，阿里不哥也已歸順朝廷，而伐宋大業尚未開始，因而政府負擔減輕。這時候中書省施政重點從軍事與理財轉到制度的建立，所以線眞在其任內與儒士開始擘畫許多新制度，使他成爲蒙古人中少數可以規劃制度的人才。

　　所以，當忽必烈詢問他的貼身近侍賀勝，誰是取代桑哥最佳人選時，賀勝以完澤爲線眞之子而推薦之。〔註13〕線眞與完澤父子，分別在至元初期與晚期出任中書省右丞相，這也是政壇嘉話。〔註14〕

　　完澤在至元二十八（1291）年出任右丞相，代表眞金系統的後人在帝位

古秘史，和元史中，由博兒赤出身的勳臣很多。或者我們可以說，曾有許多勳臣是兼任可汗主膳官的。」

〔註12〕閻復，《靜軒集》第3卷〈丞相興元忠憲王碑〉載於《全元文》第9冊（南京：江蘇古籍出版社，1998年），卷295，頁268之記載。

〔註13〕虞集，《雍虞先生道園類稿》第46卷〈賀忠貞公墓誌銘〉載於《全元文》第27冊（南京：鳳凰出版社，2004年），卷891，頁510記載：「公忠貞之子也，諱勝，字貞卿，一字舉安，小字伯顏，以小字行。年十六，以大臣子備宿衛，世祖甚器重之。入則侍帷幄，出則參乘輿，無晝夜寒暑，未嘗暫去左右。上之改尚書省爲中書省也，方卜相，顧謂公曰：『汝以爲孰當吾心者？』公再拜曰：『命相國之大政，非小臣所敢知。然求之輿望，以爲太子詹事完澤，線眞子也，端重忠實，可屬大事。』上曰：『然，吾并得所以佐之者矣。』遂相完澤，而以公爲參知中書政事，時年二十八耳。」

〔註14〕閻復，《靜軒集》2〈丞相線眞贈諡制〉載於《全元文》第9冊（南京：江蘇古籍出版社，1998年），卷294，頁232之記載：「蕭曹翊漢，素非閭閻之家；房杜匡唐，辛乏鈞衡之胤。眷先朝之碩輔，綿累世之方猷。永懷弼亮之賢，庸示襃崇之禮。太傅、錄軍國重事、開府儀同三司、中書右丞相、監修國史完澤之父，故光祿大夫、中書右丞相、宣徽使線眞，秉靈河嶽，著象星辰。惟昔中書之草創，歷陳治古之宏規。位望冠於百僚，利澤施於四海。躬承世祖，肇隆中統之丕圖；子侍裕皇，復贊元貞之初政。」

繼承權的機會最高。當時真金的三個兒子甘麻剌、答剌麻八剌、鐵穆耳均有機會登上皇帝寶座；而忽必烈的另一個僅存的嫡子那木罕似乎在完澤任相後，已經從帝位的競爭中除名了。

> 合罕為了平定海都之叛，派出了自己的兒子那木罕和左右翼宗王們：蒙哥合罕的後裔昔里吉，阿里不哥的兒子……帶著眾異密和浩浩蕩蕩的大軍前去，並以安童那顏為出征的眾異密之長。〔註15〕

當時陪同那木罕出征的安童，也從首相位置退休，那木罕逐漸消失在接班的次序中。〔註16〕

雖然經過至元晚期不忽木權力的壓制，但完澤仍兢兢業業的在中書右丞相的職位上做好「位崇而不專權」的工作。〔註17〕而不忽木也因襲傳統，處處維護完澤的中書右丞相地位。

> 有譖完澤徇私者，帝以問不忽木。對曰：「完澤與臣俱待罪中書，設或如所言，豈得專行。臣等雖愚陋，然備位宰輔，人或發其陰短，宜使面質，明示責降，若內懷猜疑，非人主至公之道也。」言者果屈，帝怒，命左右批其煩而出之。〔註18〕

完澤在這時期也對國家財政政策做出貢獻，並獲得好評。〔註19〕另外，在帝位遞嬗之際，在伯顏等顧命大臣壓制之下，完澤仍忠心耿耿地率領文武百官迎立新帝，且在國家典儀上，盡全力完成使命。〔註20〕而後，雖然御史臺等

〔註15〕〔波斯〕拉施特，《史集》第2卷，頁312之記載。

〔註16〕蕭啓慶，《劍橋中國遼西夏金元史》，頁567之論述：「競爭者的範圍只限於忽必烈的後人，特別是幾乎清一色的真金後人。因為在蒙古人中有這樣的共識：元朝是忽必烈創建的，其他皇族成員能夠在各次帝位之爭中作為支持者參加新皇帝的選舉，但是他們自己不能參加帝位的競爭。真金的後人最有帝位繼承資格是基於這樣的事實：真金是忽必烈的長子並且是他指定的繼承人。」

〔註17〕蕭啓慶，《西域人與元初政治》（台北：國立臺灣大學文史叢刊，1966年），頁72之論述：「可知完澤的出任右丞相，實出於不忽木的推薦。事實上，自中統建省以來，大權皆在平章政事之手，丞相多位崇而不任事，所以由完澤任丞相者，仍是維持蒙古人擔任首長，西域人掌握實權的習慣。這時完澤僅居虛位，世祖臨終顧命時，甚至不得入見。可見這樣大權操於平章政事康里人不忽木之手。」

〔註18〕見《元史》130〈不忽木傳〉之記載。

〔註19〕見《元史》130〈完澤傳〉之記載：「至元二十八年，桑哥伏誅，世祖咨問廷臣，特拜中書右丞相。完澤入相，革桑哥弊政，請自中統初積歲逋負之錢粟，悉蠲免之，民賴其惠。」

〔註20〕參見《元史》130〈完澤傳〉記載：「三十一年，世祖崩，完澤受遺詔，合宗

有大臣建言應以伯顏爲首相，並對完澤貸款於民取息的行爲提出指責。但鐵穆耳仍不爲所動，一方面，以爵位安撫蒙古世勳；一方面，仍將首相位置給完澤，並賦予其更大的權責。完澤也不負鐵穆耳期望，以謹愼和寬厚的施政風格，使得蒙元政權能順利渡過帝位遞嬗的不確定時期。〔註21〕

在鐵穆耳即位後的第二個月，也就是至元三十一年六月二日（1294.6.26）御史臺臣的奏言，展開了一場首相爭奪的序幕。這個奏言，提到了首相人選必須是對國家有大功業者，始能任之。

> 至元三十一年六月辛巳，御史臺臣曰：「名分之重，無踰宰相，惟事業顯著者可以當之，不可輕授。職官犯贓，敕授者聽總司議，宣授者上聞。」帝曰：「其與中書同議」。〔註22〕

這個御史臺臣，當是監察御史徐毅。徐毅的奏言乃是推薦平宋大將伯顏，能出任中書右丞相一職。

> 公諱毅，……世祖賓天，上封事于太皇太后、皇太后，曰：「四海不可一日無君。大行皇帝奄棄天下已五日矣，苟非早定大策，萬一或啓姦覦，變生不測，實可寒心。皇孫撫軍朔漠，先帝既授以皇太子寶，聖意可知。伏願明諭宗藩大臣，協謀推戴，遣使奉迎，歸正大統。上以副先帝之遺意，下以慰四海萬民之所屬望。」廷議韙之。成宗皇帝既踐天位，首請早正東朝尊號，以嚴孝養。因言：「陛下方虛心求治，而大臣不肯任事。人主之職，在論一相。今宰相員太多，議論不一。伯顏乃先帝舊臣，留以遺陛下，宜即相之。爲治不在過求高遠，但當遵守舊制。其要有四：親賢、遠佞、信賞、必罰而已。」又伏闕上言建立儲貳，敦睦宗藩，選任臺諫，教習親軍，勿事西南夷而專備北邊，赦不可數等十事，所上書又二十餘，上皆嘉納焉。〔註23〕

戚大臣之議，啓皇太后，迎成宗即位，詔諭中外，罷征安南之師，建議加上祖宗尊諡廟號，致養皇太后，示天下爲人子之禮。」

〔註21〕程鉅夫，《雪樓集》第21卷〈資德大夫湖廣等處行中書省右丞燕公神道碑銘〉載於《全元文》第16冊（南京：江蘇古籍出版社，2000年），卷543，頁505記載：「至於世祖數欲置公左右，輒以疎遠辭，一薦旺扎勒，天下享和平清靜之樂餘十五年，此則人知所難也。」

〔註22〕見《元史》18〈成宗本紀〉頁384之記載。

〔註23〕黃溍，《黃文獻集》第10卷下〈御史中丞贈資政大夫中書右丞上護軍追封平陽郡公諡文靖徐公神道碑〉載於《全元文》第30冊（南京：鳳凰出版社，2004年），卷969，頁188之記載。

但如此則得罪了完澤，雖然表面上伯顏以美酒化解了一時的尷尬，實際上恩怨卻是無法化解。〔註 24〕六月二十日，完澤又被御史臺攻擊，說他貸款給百姓，利息很高。〔註 25〕但這些攻擊並無效果，隨後完澤被任命爲《世祖實錄》的監修官，並可約束宗室及文武百官，權力大增。

　　（至元三十一年六月）甲辰，詔翰林國史院修世祖實錄，以完澤監
　　修國史。戊申，詔宗藩內外官吏人等，咸聽丞相完澤約束。〔註 26〕
同年七月四日（1294.7.27）鐵穆耳詔御史大夫玉昔帖木兒要整飭臺綱。〔註 27〕完澤在中書省的地位並不受影響，並在中央權力系統取得絕對優勢。完澤是元朝中葉鐵穆耳朝廷第一個核心集團首腦，這個集團歷經以蒙古色目世勳、眞金太子舊臣、中書理財大臣等依序列入。幾乎全部由忽必烈晚期的中書省大臣所組成，而忽必烈的核心集團重要成員逐一淡出政壇，新皇帝鐵穆耳，新首相完澤組成新的權力核心集團。

　　完澤（1246～1303）是蒙古勳貴，也是元朝第一位擔任過尚書與中書兩省右丞相的官員。他從世祖忽必烈晚期的至元二十八年二月九日（1291.3.10）出任尚書省右丞相，同年五月十七日（1291.6.14）改任兩省合併後的中書省右丞相，直到成宗鐵穆耳中期的大德七年四月卸職，同年閏五月十二日（1303.6.27）薨。〔註 28〕

　　完澤歷經二位大汗，任職首相長達十二年二個月之久，在所有元朝宰相中任期排名第八。〔註 29〕但如單以右丞相一職而論，則僅次于安童，排列第二名。又如以連續任期而論，則更可列爲蒙元史上之冠。在這任相十二年期

〔註 24〕元明善，《清河集》第 3 卷〈丞相淮安忠武王碑〉記載。
〔註 25〕參見《元史》18〈成宗本紀〉記載：「至元三十一年六月己亥，完澤貸民錢，多取其息，命依世祖定制。」另參見《憲臺通紀》第 10 條〈廉訪分司斷職官會議〉記載：「至元三十一年六月，本臺奏准條畫內一款：『凡職官取受財物，贓狀明白，例合斷決者，欽依元降聖旨，除受宣官員申臺聞奏外，受勑官員移牒總司會議斷決。事有疑似，備細申臺。』欽此。」
〔註 26〕參見《元史》18〈成宗本紀〉之記載。
〔註 27〕參見《憲臺通紀》第 24 條〈風憲官吏贓罪加重〉記載：「至元三十一年七月，欽奉聖旨，節文：『今命月魯那演太師、錄軍國重事、御史大夫，首振臺綱。若此之類，肅政廉訪司、監察御史有能用心糾察，量加遷賞。若罪狀明白，廉訪司、御史臺不爲糾彈，受賄循情，罪比常人加重。誣告者，抵罪反坐。』」
〔註 28〕依據《元史》112〈宰相年表〉，頁 2808 之記載，完澤應在大德七年四月或五月卸下中書右丞相職務，所以他並非死於任上。
〔註 29〕張帆，《元代宰相制度研究》（北京：北京大學出版社，1997 年），頁 74 之論述。

間，完澤從一個不被看好的過渡性人物，不僅平穩地協助忽必烈與鐵穆耳祖孫政權的交接，自己也將蒙古勳貴與色目、漢人技術官僚之間的統合協調發揮極致，使政務之推展顯得順暢無比，更博得「賢相」之美稱。所以雖其晚年有受賄之嫌，但鐵穆耳仍保全他的名節，可見其應該是功遠高于過。

至元三十一年六月二十九日（1294.7.23），剛即位二個半月的新皇帝鐵穆耳頒下詔書，給完澤最高的行政監督權。

> 戊申，詔宗藩內外官吏人等，咸聽丞相完澤約束。〔註30〕

這一年，完澤四十九歲，達到了政治生涯的最高峰。完澤原爲眞金太子的詹事長，雖然眞金太子早逝，完澤卻相繼成爲忽必烈和鐵穆耳的中書右丞相。出身於沒當上皇帝的第二代眞金皇太子的幕僚長，卻於第一代皇帝忽必烈與第三代皇帝鐵穆耳在位時成爲首相，完澤自有其優勢。

完澤擔任首相，現代學者雖一致認爲他尚苟且而不圖進取，但是在當時政治環境複雜的情況下，他凡事處之以安靜，畢竟還是收到了一定的成效。程鉅夫稱讚最初薦舉完澤的燕公楠說：

> 一薦完澤，天下享平和清靜之樂餘十五年。〔註31〕

由此可見完澤在元貞、大德年間所執行的守成政治，在當時人的心目中有著肯定的評價，這與後代歷史學者有著不一樣的評斷。完澤擔任中書右丞相長達十二年之久，而且他所領導的「太子舊臣加理財官僚集團」乃元朝中葉的第一個核心集團，橫跨兩位皇帝大汗。早先，完澤雖是忽必烈晚期所任用的政府部門之最高行政首長，但在他開始被提出要擔任這個職位的時候，並非是忽必烈屬意的首要人選。〔註32〕而且在忽必烈彌留之際，因爲完澤並非是忽必烈的宿衛怯薛，而無法進入寢宮，以堂堂中書右丞相而無法得到帝位遞嬗中顧命大臣的資格，此引爲奇恥大辱。〔註33〕但在鐵穆耳即位後，完澤以舊東宮怯薛長加上中書右丞相身分，輔佐成宗鐵穆耳，可說是成宗前期核心集團的首腦人物之一。而鐵穆耳政權初期的政府大臣幾乎由世祖時期的丞相與平章政事等延續任用，與新皇帝有私的從屬關係之潛邸出身者則不見於新政府。〔註34〕如此與忽必烈

〔註30〕見《元史》18〈成宗本紀〉，頁385之記載。
〔註31〕程鉅夫，《雪樓集》21〈資德大夫湖廣等處行中書省右丞燕公神道碑銘〉。
〔註32〕見《元史》130〈不忽木傳〉3168～3169頁之敘述。
〔註33〕同上，《元史》130〈不忽木傳〉3171頁之敘述。
〔註34〕野口周一，〈元代成宗朝における宰相層についての一考察〉載於《新島學園女子短期大學紀要》第14號（日本群馬：新島學園女子短期大學，1997年），

時期的核心集團組成不同，官僚系統在權力結構中勢力增強。

完澤作爲一個官僚首腦的中書右丞相，又是獨相，其權勢是相當大的。惟他器識不足，格局也不夠宏偉。因中書省執行效率不彰，鐵穆耳在大德三年一月十一日（1299.2.12）以哈剌哈孫爲中書左丞相，分掉了完澤的「相權」；後來的遠征八百媳婦國事件，是完澤對外擴張唯一的政策，也以失敗告終；而他所受忽必烈付託的保護江南豪族朱清、張瑄一事，也沒有成功。儘管如此，完澤立下「元貞體制」中「相權」的獨立地位是確定的。

二、蒙古世勳位列三公

至元三十一年四月十四日（1294.5.10）在上都舉行選君的忽里爾臺，這次大會怯薛官僚系統所支持的鐵穆耳，擊敗了諸王貴族所支持的甘麻剌，這是蒙元歷史上有著重大的意義，雖然色目官員與漢人儒臣一致擁護鐵穆耳，但實際處於關鍵地位的仍是蒙古世勳的表現。〔註 35〕忽必烈在彌留之際，玉昔帖木兒、伯顏、不忽木爲顧命大臣，當時不讓中書右丞相完澤成爲顧命大臣，可能是爲了帝位競爭公平起見。因爲時任右詹事的完澤曾兩次輔佐鐵穆耳北巡；而曾任眞金太子左詹事的賽陽則在甘麻剌藩邸。〔註36〕

玉昔帖木兒（1242～1295）蒙古阿兒剌氏，其祖父博爾朮乃赫赫有名的成吉思汗四傑之一；父孛欒台襲爵萬戶；玉昔帖木兒則受忽必烈之提拔，任御史大夫達二十年之久。〔註37〕

頁 81。

〔註35〕 蕭啓慶，〈元中期政治〉載於《劍橋中國遼西夏金元史》，頁 570 論述：「顯然伯顏和玉昔帖木兒的威望和他們背後的強大軍事和官僚機器產生了很大的影響並使他們操縱了忽鄰勒臺。這些首要大臣在決定誰將成爲新大汗上起了決定性的作用，這在蒙古歷史上是沒有先例的，預示著未來將產生許多推動新君即位的官僚」

〔註36〕 參見《元史》12〈世祖本紀〉，頁 247 記載：「至元十九年冬十月丙申，初立詹事院，以完澤爲右詹事，賽陽爲左詹事。」另《元史》115〈顯宗傳〉，頁 2894 記載：「至元二十九年，改封晉王，移鎮北邊，統領太祖四大斡耳朵及軍馬、達達國土，更鑄晉王金印授之。中書省臣言于世祖曰：『諸王皆置傅，今晉王守太祖肇基之地，視諸王宜有加，請置內史。』世祖從之，遂以北安王傅禿歸、梁王傅木八剌沙、雲南行省平章賽陽並爲內史。明年，置內史府。又明年，世祖崩，晉王聞訃奔赴上都。諸王大臣咸在，晉王曰：『昔皇祖命我鎮撫北方，以衛社稷，久歷邊事，願服厥職。母弟鐵木耳仁孝，宜嗣大統。』於是成宗即帝位，而晉王復歸藩邸。」

〔註37〕 參見《元史》119〈博爾朮、玉昔帖木兒傳〉記載：「博爾朮志意沉雄，善戰

　　玉昔帖木兒雖為御史大夫，但他也是重要的怯薛執事，所以統軍出征也是他的職責。在至元二十四年（1287）乃顏之亂中，玉昔帖木兒立有大功。至元二十九年（1292），加錄軍國重事、知樞密院事。最重要的是，玉昔帖木兒輔佐鐵穆耳領軍漠北，請受皇孫儲闈舊璽，表示他全力支持鐵穆耳繼位。最後在忽里爾臺大會之際，玉昔帖木兒說服甘麻剌帶頭推動鐵穆耳即位。

> 未幾，拜御史大夫。公掌臺憲，務振宏綱，弗親細故。二十九年，加
> 錄軍國重事、知樞密院事。宗藩帥鉞，一切稟命於公。特賜步輦入內，
> 位望之崇，廷臣無出其右。三十年，今上皇帝以皇孫撫軍北邊，公為
> 輔行，請授裕考所佩儲闈舊璽，詔從之。鼎湖上仙，公奉鑾馭而南。
> 宗室諸王畢會上都，定策之際，公起謂皇兄晉王曰：「宮車遠駕，已
> 逾三月，神器不可久虛，宗祧不可乏主。疇昔儲闈符璽既有所歸，王
> 為宗盟之長，奚俟而弗言。」王遽曰：「皇帝踐阼，願北面而事之。」
> 於是宗親大臣合辭勸進。公復坐曰：「大事已定，吾死且無憾。」惟
> 公一言，合臣民共戴之誠，成先皇付託旗之意，扶日忠至矣。上即位
> 之始，進秩太師，佩以尚方玉帶寶服，還鎮北邊。」〔註38〕

伯顏（1236～1294），蒙古八鄰部人。伯顏長於西域，至元初，伊兒汗王旭烈兀遣入奏事，忽必烈相當欣賞伯顏，把他留在身邊，成為元廷決策機構的核心成員。至元十年（1273），伯顏持節奉玉冊立燕王真金為皇太子。次年，元廷大舉伐宋，老臣史天澤提議：「可命重臣一人如安童、伯顏，都督諸軍。」忽必烈斷然抉擇由伯顏肩此重任。至元十三年（1276），南宋投降，分裂數百年的中國，復歸統一。至元二十六年（1289），伯顏出鎮漠北，成為蒙元政權南征北討出將入相的第一功臣。〔註39〕

> 如兵，事太祖於潛邸。君臣之契，猶魚水也。遂以博爾忽及木華黎為左右萬
> 戶，各以其屬翊衛，位在諸將上。子李樂台，襲爵萬戶。孫玉昔帖木兒，世
> 祖時嘗寵以不名，賜號月呂魯那演，猶華言能官也。弱冠襲爵，統按台部眾，
> 器量宏達，莫測其際。世祖聞其賢，驛召赴闕，見其風骨龐厚，解御服銀貂
> 賜之。時重太官內膳之選，特命領其事。侍宴內殿，玉昔帖木兒起行酒，詔
> 諸王妃皆為答禮。至元十二年，拜御史大夫。遇事廷辯，吐辭鯁直，世祖每
> 為之齋威。」

〔註38〕閻復，《靜軒集》第 3 卷〈太師廣平貞憲王碑〉載於李修生主編之《全元文》
　　　　第 9 冊（南京：江蘇古籍出版社，1998 年），卷 295，頁 258 之記載。

〔註39〕參見《元史》127〈伯顏傳〉記載：「父曉古台世其官，從宗王旭烈兀開西域。
　　　　伯顏長於西域。至元初，旭烈兀遣入奏事，世祖見其貌偉，聽其言屬，曰：『非
　　　　諸侯王臣也，其留事朕。』與謀國事，恒出廷臣右，世祖益賢之，敕以中書

　　至元三十年（1293）乃大元王朝關鍵的一年，那木罕、答剌麻八剌二位皇子皇孫皆已去世，角逐皇位繼承者僅剩甘麻剌與鐵穆耳二人。這時候，擁有兵權的伯顏與玉昔帖木兒的態度就相當重要。當時，玉昔帖木兒已表態擁護鐵穆耳爭奪帝位，並希望鐵穆耳爭取伯顏支持。在玉昔帖木兒與伯顏交接之際，同時鐵穆耳奉詔撫軍北邊，鐵穆耳誠懇求教於伯顏，伯顏亦希望他戒酒與女色。

　　（二十九）時成宗以皇孫奉詔撫軍北邊，舉酒以餞曰：「公去，將何以教我？」伯顏舉所酌酒曰：「可慎者，惟此與女色耳。軍中固當嚴紀律，而恩德不可偏廢。冬夏營駐，循舊爲便。」成宗悉從之。〔註40〕

至元三十一年（1294），戰功顯赫的伯顏爲使鐵穆耳即位採取了更強硬的姿態。據說他握劍站在大殿階梯上，宣布忽必烈的旨意並解釋爲什麼要立鐵穆耳爲帝，結果是諸王股慄，趨殿下拜。〔註41〕

　　很顯然的，伯顏和玉昔帖木兒是以他們蒙古世勳的威望，加上他們背後的強大武力背景和怯薛系統產生了很大的影響，並使他們操縱了忽里爾臺。這些世勳重臣在決定誰將成爲新大汗上起了決定性的作用，這在蒙元的歷史上是沒有先例的，並顯示出怯薛官僚的力量。〔註42〕

　　玉昔帖木兒與伯顏有實力掌控忽里爾臺，主要是倚仗著他們掌握著強大的軍事力量。而讓他們能有此實力與能耐，正是忽必烈培養核心集團的結果。在忽必烈即位後，一方面，他以潛邸舊臣廉希憲帶兵，京兆與遼東皆有其掌兵之跡；另外，忽必烈亦培養蒙古世勳之後代，如安童、伯顏、玉昔帖木兒與月赤察兒等皆是。這些怯薛都是能帶兵，且對忽必烈有著父子之親的忠誠與盡責，能夠貫徹忽必烈的意志。

　　月赤察兒（1249～1311）蒙古許兀愼氏，成吉思汗四傑之一博爾忽的曾孫。論輩分，比玉昔帖木兒低一輩，年齡則小七歲，但同爲忽必烈培養的蒙元朝廷重要支柱人物。在忽必烈時代，安童、伯顏、玉昔帖木兒都曾受命征

右丞相安童女弟妻之，若曰：『爲伯顏婦，不慚爾氏矣。』二年七月，拜光祿大夫、中書左丞相。諸曹白事，有難決者，徐以一二語決之。眾服曰：『眞宰輔也』伯顏深略善斷，將二十萬眾伐宋，若將一人，諸帥仰之若神明。畢事還朝，歸裝惟衣被而已，未嘗言功也。」

〔註40〕參見《元史》127〈伯顏傳〉記載。
〔註41〕元明善，《清河集》第3卷〈丞相淮南忠武王碑〉載於《全元文》第24冊（南京：江蘇古籍出版社，2001年），卷760，頁350記載。
〔註42〕蕭啓慶，《元中期政治》，頁570之論述。

戰，唯有月赤察兒一直在忽必烈身旁擔任怯薛長。

> 博爾忽，許兀愼氏，事太祖爲第一千戶。……月赤察兒性仁厚勤儉，
> 事母以孝聞。資貌英偉，望之如神。……至元十七年，長一怯薛。
> 明年詔曰：「月赤察兒，秉心忠實，執事敬愼，知無不言，言無不盡，
> 曉暢朝章，言輒稱旨，不可以其年少，而弗陞其官。可代線眞爲宣
> 徽使。」〔註43〕

月赤察兒成爲忽必烈身旁最佳謀士，後來誅桑哥，任用哈剌哈孫爲湖廣行省平章政事，完成大都通惠河工程，月赤察兒貢獻極大。鐵穆耳即位之際，月赤察兒仍任知樞密院事與宣徽使，雖然沒有像伯顏、玉昔帖木兒揚威忽里爾臺，但從成宗即位後，加其爲太保，則可知其處關鍵地位之重。

> 尚書平章政事也速荅兒，王之太官屬也，潛以其事告王。王奮然奏
> 劾，桑萬伏誅。上曰：「月赤察兒口伐大姦，發其蒙蔽。」三十年，
> 上以王佐命元勳之後，廉白而能，加以摧姦薦賢，遷金紫光祿大夫，
> 知樞密院事，仍宣徽使。〔註44〕

徹里（1260～1306）蒙古燕只吉台氏，忽必烈晚年重要的近侍。從征東北，奉使江南，對安撫邊民、教育人才均有大助益。徹里最大的功績就是在忽必烈面前舉發桑哥姦貪誤國之例，並奉旨前往江南籍桑哥姻黨。〔註45〕徹里，本遠在江南，俟忽必烈病重，亦趕回大都，侍醫藥，帝崩，與諸王大臣定策，並共同迎立鐵穆耳繼位。〔註46〕

〔註43〕見《元史》119〈博爾忽傳〉之記載。

〔註44〕元明善，《清河集》第2卷〈太師淇陽忠武王碑〉載於《全元文》第24冊（南京：江蘇古籍出版社，2001年），卷759，頁334記載。

〔註45〕見《元史》130〈徹里傳〉記載：「曾祖太赤，爲馬步軍都元帥，從太祖定中原。因家於徐。徹里幼孤，至元十八年，世祖召見，應對詳雅，悅之，俾常侍左右，民間事時有所咨訪。徹里乃於帝前，具陳桑哥姦貪誤國害民狀，辭語激烈。帝怒，謂其毀詆大臣，失禮體，命左右批其頰。徹里辯愈力，且曰：『臣與桑哥無讎，所以力數其罪而不顧身者，正爲國家計耳。苟畏聖怒而不復言，則奸臣何由而除，民害何由而息！且使陛下有拒諫之名，臣竊懼焉。』於是帝大悟，即命帥羽林三百人往籍其家，得珍寶如內藏半。桑哥既誅，諸枉繫者始得釋。」

〔註46〕姚燧，《牧庵集》第14卷〈平章政事徐國公神道碑〉載於李修生主編之《全元文》第9冊（南京：江蘇古籍出版社，1998年），卷313，頁566記載：「公伊札吉臺氏，諱徹爾。其年入見，帝賜之問而奇其對，進侍帷幄，湛露龍光，汪濊涵濡，絕其等夷。時詢民情細微，敷告無隱。獨公奮然，數其姦贓。明日，拜御史中丞。無幾時，拜榮祿大夫、平章政事、行省福建。聞帝不豫，

　　以上重要怯薛大臣，在忽必烈時代所擔任之政府官職，在鐵穆耳即位以後也沒改變，並且授與「三公」職務。〔註47〕但在實權方面，卻漸脫離權力核心。太師玉昔帖木兒仍鎮守北邊，稍遠離權力中心。此「太師」之位，在忽必烈時代並無設置，阿合馬當權時，曾建議以中書右丞相安童爲「太師」，以罷中書省。在《元史・陳祐傳》中，記載這件事。

> 六年，……時中書、尚書二省並立，世祖厭其煩，欲合爲一，集大
> 臣雜議之，祐還朝，特命預其議。阿合馬爲尚書平章政事，欲奏陞
> 中書右丞相安童爲太師，因罷中書省，懼祐有異議，許進祐爲尚書
> 參知政事以啗之。及入議，祐極言中書政本，祖宗所立，不可罷；
> 三公古官，今徒存其虛位，未須設。事遂罷。〔註48〕

三公之位，在忽必烈時代並非重要權位，只是尊銜。鐵穆耳以擁立功臣兼顧命大臣玉昔帖木兒等爲三公，本意亦在崇其位，不在授其權。其中以伯顏對當時中央權力結構影響最大，他不僅在帝位遞嬗過程中主導忽里爾臺之進行，更在新帝即位後，成爲新首相人選。《元史》卷十八〈成宗本紀〉記載：至元三十一年六月辛巳，御史臺臣言：「名分之重，無踰宰相，惟事業顯著者可以當之，不可輕授。」；過不久，監察御史徐毅推薦伯顏出任中書右丞相，一場中央權力鬥爭於焉展開。〔註49〕

　　當時伯顏掌握的軍事力量，都可以主導忽里爾臺，而且在新舊大汗過渡時期的臨時政府，伯顏曾「總百官以聽」，有權臣之威勢。惟正如蕭師啓慶所論，雖然伯顏、玉昔帖木兒在皇帝即位時起過重要作用，但是他們還是屬於舊蒙古那顏一類，在新皇帝即位後，表示初絕對的恭順和效忠。〔註50〕

　　五月，拜開府儀同三司、太傅、錄軍國重事，依前知樞密院事，賜

> 馳歸京師，嘗藥晨夕。俄然賓天，與諸侯王大臣定策禁中，遣使逆成宗龍庭，
> 入踐天位。大德之元，拜江南諸道行御史大夫。九年，召入平章中書，贊右
> 丞相，專力一心，燮和庶政，悉致隆平。纔一暑寒，責異己相，曰：『方帝不
> 豫，而乃阿中專決，吾誠不忍汝見敗國以喪己也。』遂疾不出，以十月八日
> 薨，年四十七。」

〔註47〕見《元史》18〈成宗本紀〉，頁384記載：「至元三十一年五月戊寅，以月兒魯爲太師，伯顏爲太傅，月赤察而爲太保」。

〔註48〕見《元史》168〈陳祐傳〉，頁3940之記載。

〔註49〕黃溍，《黃文獻集》第10卷下〈御史中丞贈資政大夫中書右丞上護軍追封平陽郡公諡文靖徐公神道碑〉載於《全元文》第30冊（南京：鳳凰出版社，2004年），卷969，頁188記載。

〔註50〕蕭啓慶，〈元中期政治〉，頁639之論述。

> 金銀各有差。時相有忌之者，伯顏語之曰：「幸送我兩罌美酒，與諸
> 王飲於宮前，餘非所知也。」〔註51〕

伯顏在當時的聲望極高，至元二十八年（1291）論相時，即僅次於安童。惟在新皇帝的選擇下，伯顏與完澤雖都是父執輩，但伯顏是以長輩教訓晚輩姿態面對皇太孫；而完澤則以臣僚身分輔佐皇太孫，故選擇以完澤為首相，是有相當之道理。除了拒絕伯顏為相之建議外，樞密院之存廢似亦在討論中，雖主題在論罷行樞密院，而伯顏堅持中央仍設置樞密院的說法，可以看出政府組織的變革主要還是在權力結構下的考量。中書省大臣如兼任樞密院大臣，則可指揮侍衛親軍，加上兼任怯薛大臣，權勢可能太大。伯顏無法成為首相，也代表忽必烈時代真正的結束。〔註52〕

表1-1　忽必烈時期的四大蒙古勳臣重要怯薛暨官僚職務〔註53〕

時間　　姓名	安童 1248～1293（46）	伯顏 1236～1294（59）	玉昔帖木兒 1242～1295（54）	月赤察兒 1249～1311（63）
中統元年 1260	13歲 入長宿衛，位在百僚上。	25歲	19歲	12歲
中統二年 1261	14歲	26歲	20歲 襲父職，後被召入朝，為怯薛官寶兒赤。	13歲
中統四年 1263	16歲 建議寬待叛黨	28歲	22歲	15歲
至元元年 1264	17歲	29歲 長於西域，旭烈兀遣入奏事，世祖留之與謀國事，恒出廷臣右，以安童女弟妻之。	23歲	16歲 命領四怯薛太官。怯薛執事寶兒赤
至元二年 1265	18歲 拜光祿大夫、中書右丞相	30歲 七月，拜光祿大夫、中書左丞相	24歲	17歲
至元四年 1267	20歲	32歲 改中書右丞	26歲	19歲

〔註51〕見《元史》127〈伯顏傳〉之記載。

〔註52〕程鉅夫，《雪樓集》第21卷〈資德大夫湖廣等處行中書省右丞燕公神道碑銘〉載於《全元文》第16冊，卷543，頁504記載。

〔註53〕見《元史》119〈博爾朮傳‧玉昔帖木兒〉；同書119〈博爾忽傳‧月赤察兒〉；同書126〈安童傳〉；同書127〈伯顏傳〉。

至元七年 1270	23 歲	35 歲 遷同知樞密院事	29 歲	22 歲
至元十年 1273	26 歲	38 歲 持節奉玉冊立燕王 眞金爲皇太子	32 歲	25 歲
至元十一年 1274	27 歲	39 歲 大舉伐宋，與史天 澤並拜中書左丞相 ，行省荊湖。後專 任領河南等路行中 書省，所屬並聽節 制。	33 歲	26 歲
至元十二年 1275	28 歲 詔以行中書省樞密 院事，從太子北平 王出鎮極邊，在邊 十年。	40 歲 三月，以行中書省駐 建康，阿塔海、董文 炳以行樞密院事駐鎮 江，阿朮攻揚州。五 月奉旨赴闕，入見於 上都。七月進中書右 丞相，讓功阿朮，阿 朮爲左丞相。	34 歲 拜御史大夫	27 歲
至元十三年 1276	29 歲	41 歲， 正月，宋降。	35 歲	28 歲
至元十四年 1277	30 歲	42 歲 率師討昔里吉，破 之，昔里吉走死	36 歲	29 歲
至元十七年 1280	33 歲	45 歲	39 歲	32 歲 長一怯薛
至元十八年 1281	34 歲	46 歲 從燕王撫軍北邊	40 歲	33 歲 代線眞爲宣徽使
至元二一年 1284	37 歲 三月從王歸，待罪 闕下；十一月，和 禮霍孫罷，復拜中 書右丞相，加金紫 光祿大夫。	49 歲	43 歲	36 歲
至元二四年 1287	40 歲	52 歲	46 歲 獲乃顏以獻。	39 歲
至元二五年 1288	41 歲	53 歲	47 歲 詔賜內府七寶冠帶 以旌之，加太傅、 開府儀同三司	40 歲
至元二六年 1289	42 歲	54 歲 進金紫光祿大夫、 知樞密院事，出鎮 和林。	48 歲	41 歲 惟陛下憐臣，使臣 一戰。帝曰：恭衛 朝夕，爾功非小

至元二七年 1290	43歲	55歲	49歲	42歲 尚書省平章政事也速答兒，太官屬也。潛以桑哥事白之。
至元二八年 1291	44歲 罷相，仍領宿衛事。	56歲	50歲	43歲 桑哥伏誅。帝曰：月赤察兒口伐大姦，發其蒙蔽。舉哈剌哈孫答剌罕為湖廣行省平章。率其屬成通惠河。
至元二九年 1292	45歲	57歲 廷臣譖伯顏久居北邊與海都通好，詔以御史大夫玉昔帖木兒代之。	51歲 加錄軍國重事、知樞密院事。宗王帥臣咸稟命焉。特賜步輦入內。位望之崇，廷臣無出其右。	44歲
至元三○年 1293	46歲 正月，以疾薨于京師樂安里第。	58歲 十二月，驛召至自大同，世祖不豫	52歲 成宗以皇孫撫軍北邊，玉昔帖木兒輔行，請授皇孫以儲闈舊璽，詔從之	45歲
至元三一年 1294		59歲 正月，世祖崩，總百官以聽。立成宗。五月，拜開府儀同三司、太傅、錄軍國重事，依前知樞密院事。十二月，薨。	53歲 定策之際，說服晉王甘麻剌。進秩太師，賜以尚方玉帶寶服，還鎮北邊	46歲 成宗即位，加開府儀同三司、太保、錄軍國重事、樞密、宣徽使。
元貞元年 1295			54歲 議邊事入朝。十一月，以疾薨。	47歲

　　至元二十六年（1289），桑哥為官僚系統首腦（尚書右丞相）；另外，在怯薛系統方面，安童（中書右丞相）、玉昔帖木兒（御史大夫）、伯顏（知樞密院事）、月赤察兒（宣徽使）等四位蒙古世勳，為最有名的怯薛大臣。這是忽必烈時期官僚系統與怯薛系統對立最明顯的時刻，也是雙方勢均力敵的一場權力鬥爭。在最後的對抗中忽必烈還是站到蒙古怯薛大臣這邊，因為這是政權的本體。安童在帝位遞嬗前去世，其他三位則成為新皇帝的輔佐大臣。鐵穆耳對這三位忽必烈時期核心集團重要人物，有顧命大臣地位的蒙古世勳，則以尊崇的三公官銜報答之。

　　（至元三十一）五月……戊寅……以月兒魯為太師，伯顏為太傅，

月赤察兒爲太保。〔註54〕

這「三公」在世祖忽必烈時期是很難得到的頭銜,而鐵穆耳一即位立刻受予三位蒙古世勳,可見功勞之大。

> 三公,太師、太傅、太保各一員,正一品,銀印,以道燮陰陽,經邦
> 國。有元襲其名號,特示尊崇。太祖十二年,以國王置太師一員。太
> 宗即位,建三公,其拜罷歲月,皆不可考。世祖之世,其職常缺,而
> 僅置太保一員。至成宗、武宗而後,三公並建,而無虛位矣。〔註55〕

本文所要探討的是這些蒙古世勳在新皇帝即位後所扮演的角色,還有他們的作爲。主要探討的人物就是上述伯顏、玉昔帖木兒、月赤察兒等三位。

忽必烈早期以潛邸舊臣爲政權核心集團成員,這些成員有很多是漢人或者是西域人,例如劉秉忠、廉希憲、史天澤等。〔註56〕後來忽必烈又培養稍年輕的蒙古功臣子弟,例如安童、伯顏、玉昔帖木兒、月赤察兒等,這些核心集團成員大多是具有怯薛與省院臺大臣雙重身分,並且大多帶領過帝國軍隊,參與過大型的軍事作戰行動。因此,領軍作戰是蒙古世勳的重要資歷,也是他們地位越來越重要的原因,在帝位遞嬗過程中更顯示出關鍵性的力量。〔註57〕

至元二十六年(1289),海都攻佔和林,漠北危急,世祖忽必烈統兵親征至於杭海(今杭愛山)。月赤察兒從征,他以自己未有顯赫戰功,不如同是勳臣之家的安童、伯顏、玉昔帖木兒光彩,乃請求出戰。

> 二十六年,上討反者於杭海,皆陳,王奏曰:「丞相安童、伯顏、御
> 史大夫月兒魯,皆嘗受命征戰。三人者,臣不可以後之。今勍賊逆命,
> 敢禦天戈,陛下憐臣,賜臣一戰。」上曰:「乃祖博兒渾,佐我太祖,

〔註54〕 見《元史》18〈世祖本紀〉,頁 384 之記載。

〔註55〕 見《元史》110〈三公表〉,頁 2775～2778 之記載。世祖時期三公甚少設置,
只有劉秉忠從至元元年到至元十一年曾授太保,其餘三公皆缺;鐵穆耳汗即
位之初,雖在至元三十一年授玉昔帖木兒等三人爲三公,惟〈三公表〉仍無
載,僅在次年(元貞元)載月赤察兒爲太保。

〔註56〕 蕭啓慶,〈忽必烈潛邸舊侶考〉,載於氏著《元代史新探》(台北:新文豐出版
公司,1983 年),頁 263～301 之論述。

〔註57〕 蕭啓慶,〈元中期政治〉,頁 570 之論述:顯然伯顏和玉昔帖木兒的威望,和
他們背後的強大軍事和官僚機器產生了很大的影響,並使他們操縱了忽鄰勒
台。這些首要大臣在決定誰將成爲新大汗上起了決定性的作用,這在蒙古歷
史上是沒有先例的,預示著未來將產生許多推動新君即位的官僚。

> 無征不在，無戰不克，其勳大矣。卿以爲安童輩與爾家同功一體，各
> 立戰多，自恥不逮。然親屬纂鞬，恭衛朝夕，俾予一人，不逢不若，
> 爾功非小。何必身編行伍，手事斬馘，乃始快心邪？」〔註58〕

雖然忽必烈勸慰月赤察兒說，愛卿你親佩弓矢，日夜守衛宮帳，保護了皇帝的安寧，功勞就很大，何必要自身上陣殺敵，寵眷之深，不可言之。但在月赤察兒心裏這件事仍是他生平最大的心願，所以在鐵穆耳後期與海山時期，在他人生的最後十年幾乎都在漠北前線渡過。

當鐵穆耳順利繼位後，三公的年齡都已偏高，伯顏已經五十九歲，玉昔帖木兒也有五十三歲，只有月赤察兒較年輕爲四十六歲。他們帶著太師、太傅、太保之頭銜續掌帝國軍隊，鐵穆耳能夠繼承帝位，最大的功勞者應是玉昔帖木兒，他利用輔佐皇孫鐵穆耳撫軍北邊時刻，要求忽必烈授已故眞金皇太子所佩寶璽與皇孫鐵穆耳，奠定後來爭位的依據。

> 三十年，今上皇帝以皇孫撫軍北邊，公爲輔行，請授裕考所佩儲闈
> 舊璽，詔從之。〔註59〕

在忽里爾臺大會上能夠讓鐵穆耳的氣勢壓倒了甘麻剌，玉昔帖木兒就憑藉著舊璽與掌控漠北軍團，今蓄的對甘麻剌提出柔性威脅。

> 世祖崩，皇孫南還。宗室諸王會于上都。定策之際，玉昔帖木兒起謂
> 晉王甘麻剌曰：「宮車晏駕，已踰三月，神器不可久虛，宗祧不可乏
> 主。疇昔儲闈符璽既有所歸，王爲宗盟之長，奚俟而不言。」甘麻剌
> 遽曰：「皇帝踐祚，願北面事之。」於是宗親大臣合辭勸進，玉昔帖
> 木兒復坐，曰：「大事已定，吾死且無憾。」皇孫遂即位。〔註60〕

玉昔帖木兒完成任務後，接受了太師頭銜。〔註61〕立即趕回漠北，爲新皇帝固守邊境國防。其實，還有一個重要作用，就是以蒙古世勳的身分，遏止包括甘麻剌在內諸王的不當企圖。

> 上即位之始，進秩太師，佩以尚方玉帶寶服，還鎮北邊。元貞元年
> 冬，議邊事入朝，兩宮賜宴，酬酢盡歡，如家人父子然。……還鎮

〔註58〕元明善，《清河集》2〈太師淇陽忠武王碑〉，收錄於《全元文》第 24 冊，卷759 頁 332～339 之記載。

〔註59〕閻復，《靜軒集》3〈太師廣平貞憲王碑〉，收錄於《全元文》第 9 冊，卷295，頁 259 之記載。

〔註60〕見《元史·玉昔帖木兒傳》，頁 2948 之記載。

〔註61〕依據閻復所傳碑文，玉昔帖木兒在至元二十五年（1288）就有太傅頭銜。

> 有期，不幸遘疾，以十一月十八日薨於賜第之正寢，雨水冰者連日，
> 春秋五十有四。〔註62〕

雖然玉昔帖木兒在一年半後的元貞元年十一月十八日（1295.12.25）去世，但他立下了世勳大臣以武力為後盾，卻平和地擁立皇孫繼位之忠誠美德。

　　世祖忽必烈汗病危之際，他驛召待命大同的伯顏回朝，至元三十一年一月十二日（1294.2.8），伯顏回到大都，十天後，忽必烈汗崩逝。當伯顏回朝後，立即以知樞密院事掌控衛軍，並在國喪期間，主持國政。

> 三十年十二月，驛召至大同，上不豫。明年正月，宮車晏駕，遣使
> 召成宗於撫軍，王總百官以定國論。兵馬使請日在鳴暮鐘，日出鳴
> 晨鐘。問其故，對曰：「防變起也。」王曰：「汝將為賊耶？其如平
> 日。」宰臣靖誅盜內府銀者，曰：「幸赦而盜，不可長也。」王曰：
> 「盜何時無？今以誰命誅人？」其守正體，大多類此。〔註63〕

伯顏當時在上都的忽里爾臺大會上，由於身為知樞密院事，掌控了所有的侍衛親軍，所以成為最有權威的司令者。

> 成宗即位於上都之大安閣，親王有違言，伯顏握劍立殿陛，陳祖宗
> 寶訓，宣揚顧命，述所以立成宗之意，辭色俱厲，諸王股栗，趨殿
> 下拜。五月，拜開府儀同三司、太傅、錄軍國重事，依前知樞密院
> 事，賜金銀各有差。〔註64〕

但當局勢穩定之後，忠誠正直的伯顏立即恢復談笑風生的本性，除了有關樞密院本職必要的建議以外，不再追求其他政治上的權勢。

> 江南行三樞密院，行省臣累陳非便，樞密臣庇之。有詔問王，王已
> 病，張目對曰：「罷行樞密，兵柄一歸行省，于國視為完。」三院遂
> 罷。〔註65〕

伯顏能文能武，至元初年即曾在中書省任職，可以說他理政中書，才勝玉昔帖木兒；領兵出征，將兵非安童可追。所以伯顏雖非四大家族之後，但仍以傑出才能，一直是忽必烈的核心集團重要人物，四大家族之外，只有畏吾兒

〔註62〕閻復，《靜軒集》3〈太師廣平貞憲王碑〉，收錄於《全元文》第9冊，卷295，
　　　　頁259之記載。

〔註63〕元明善，《清河集》3〈丞相淮安忠武王碑〉載於《全元文24》卷760頁350。

〔註64〕見《元史》127〈伯顏傳〉，頁3115～3116之記載。

〔註65〕元明善，《清河集》3〈丞相淮安忠武王碑〉，收錄於《全元文》第24冊，卷
　　　　760，頁350之記載。

人廉希憲差可比擬。月赤察兒在帝位遞嬗過程中，他的表現雖然沒有玉昔帖木兒與伯顏那麼搶眼，但是因擔任怯薛長，能夠將舊汗怯薛轉爲新君怯薛，功勞很大。

> 明年，成宗皇帝登極，制曰：「月赤察兒盡其誠力，深其謨謀，抒忠於國，流惠於人。可加開府儀同三司、太保、錄軍國重事，樞密、宣徽兩使如故。」〔註66〕

兀都帶是安童之子，安童於至元三十年（1293）去世後，兀都帶就襲其父所遺怯薛長職務。洪師金富考據出兀都帶曾於至元三十年一月九日（1293.2.16）擔任第三怯薛長的例子，當時名字稱阿都台集賽。〔註67〕兀都帶因爲擔任怯薛長，所以在鐵穆耳繼位過程中扮演重要角色，尤其是祭典儀式中的代表性人物。

> 夏四月，皇孫至上都。甲午，即皇帝位。……甲辰，遣司徒兀都帶、平章政事不忽木、左丞張九思，率百官請諡于南郊。……五月戊午，遣攝太尉臣兀都帶奉冊上尊諡曰聖德神功文武皇帝，廟號世祖。〔註68〕

兀都帶在鐵穆耳汗即位後，因擔任新皇帝的怯薛長，所以常有機會參與國家政策規劃，並能得到新皇帝的信任與重用。

> 兀都帶器度宏遠，世祖時襲長宿衛。……事母以孝聞。成宗即位，拜銀青榮祿大夫、大司徒，領太常寺事。……常侍披庭，贊畫大政，帝及中宮咸以家人禮待之。〔註69〕

蒙古世勳大臣都是大根腳出身，伯顏、玉昔帖木兒、月赤察兒與兀都帶都曾是忽必烈的宿衛怯薛，他們都是忽必烈所培養出來的蒙古菁英，擔任國家重要職務。他們與忽必烈有著情同父子的主奴關係，而現在忽必烈駕崩了，他們原是應該是跟隨忽必烈的兒子眞金太子，年齡也相仿，但現在跟隨的是忽必烈的孫子鐵穆耳，惟主奴的關係並無改變，他們仍忠心耿耿地保護著這個新皇帝。〔註70〕

〔註66〕元明善，《清河集》2〈太師淇陽忠武王碑〉載於《全元文24》卷759頁334之記載。

〔註67〕洪金富，〈元朝怯薛輪值史料攷釋〉載於《中央研究院歷史語言研究所集刊》74～2（台北：中央研究院歷史研究所，2003年），頁344～345之論述。

〔註68〕見《元史》17〈世祖本紀〉，頁376之記載。

〔註69〕見《元史》126〈安童傳附兀都帶〉，頁3084之記載。

〔註70〕蕭啓慶，〈元中期政治〉，頁639之論述：「八鄰部人伯顏、玉昔帖木兒和哈剌哈孫都在皇帝即位時起過重要作用，但是他們還是屬於舊蒙古那顏一類，在

第二節　君權的限制與突破

　　忽必烈在確立皇帝制度的同時，建立了一套新的中央決策體制。和皇帝制度同樣，中央決策體制也是漢法和蒙古舊制揉合的產物。最高決策都掌握在皇帝手中，皇帝作爲中央決策的首腦人物，不但對征伐、分封、冊立皇后和太子等國政有決斷權，更重要的確定治國方針。

　　鐵穆耳的君權行使，內則倚靠闊闊眞皇太后，外則委託完澤首相，造成后權與相權的高漲。惟鐵穆耳外使西北叛王歸服、江南豪族陵夷，內使官僚系統與怯薛系統氣焰降低，對君權漸次提高有其突破性作爲。

一、闊闊眞隆福宮勢力的擴張

　　成宗鐵穆耳之立，闊闊眞始終起著決定性的作用，《史集》對此有頗爲詳細的記載。鐵穆耳帝位的競爭者皇兄甘麻剌可能不是闊闊眞所生，所以在忽里爾臺雙方爭執不下時刻，闊闊眞提議以誦讀成吉思汗寶訓讓鐵穆耳得到帝位。鐵穆耳即位後，闊闊眞成爲帝國政策的指導者，也確立了「元貞體制」的格局。

　　畏吾兒人在世祖忽必烈時期有阿里海牙、孟速忽、廉希憲、葉僊鼐等四人爲潛邸舊臣，〔註71〕其中廉希憲當爲最重要人物。而廉希憲在至元十七年十一月十九日（1280.12.12）去世後，後起之秀阿魯渾薩里成爲畏吾兒人中最受矚目者。

> 阿魯渾薩理其中子也，以父字爲全氏，幼聰慧，受業餘國師八哈思巴，既通其學，且解諸國語。世祖聞其材，俾習中國之學，於是經、史、百家及陰陽、曆數、圖緯、方技之說皆通習之。後事裕宗，入宿衛，深見器重。至元二十年，有西域僧自言能知天象，譯者皆莫能通其說。帝問左右，誰可使者。侍臣脫烈對曰：「阿魯渾薩理可。」即召與論難，僧大屈服，帝悅，令宿衛內朝。〔註72〕

在忽必烈前期的政壇上，畏吾兒人廉希憲是核心集團重要成員，回回人阿合馬則是理財官僚的代表性人物，他們之間的對抗，依據史籍所載，成爲正義

新皇帝即位後，他們表示出絕對恭順和效忠。」

〔註71〕蕭啓慶，〈忽必烈潛邸舊侶考〉載於氏著《元代史新探》（台北：新文豐出版公司，1983 年），頁 282 之論述。

〔註72〕見《元史》130〈阿魯渾薩理傳〉，頁 3175 之記載。

與邪惡對決之象徵。

> 時阿合馬寵眷日隆，已領左右部，其黨自相攻擊，上命都省推覆，
> 眾畏其權，莫敢問。公獨窮治其事，阿合馬竟得決杖，遂罷所領，
> 復還有司。〔註73〕

但阿魯渾薩里與廉希憲略有不同，他在至元後期與理財權臣桑哥共事，採用
規勸方式代替對抗，個性較為圓融。

> 二十四年春，立尚書省，桑哥用事，詔阿魯渾薩理與同視事，固辭，
> 不許，授資德大夫、尚書右丞，繼拜榮祿大夫、平章政事。桑哥為
> 政暴橫，且進其黨與。阿魯渾薩理數切錚之，久與乖剌，惟以廉正
> 自持。……未幾，桑哥敗，以連坐，亦籍其產。帝問：「桑哥為政如
> 此，卿何故無一言。」對曰：「臣未嘗不言，顧言不用耳。陛下方信
> 任桑哥甚，彼所忌獨臣，臣數言不行，若抱柴救火，祇益其暴，不
> 若彌縫其間，使無傷國家大本，陛下久必自悟也。」帝亦以為然，
> 且曰：「吾甚愧卿。」桑哥臨刑，吏猶以阿魯渾薩理為問，桑哥曰：
> 「我惟不用其言，故至於敗，彼何與焉。」帝益信其無罪，詔還所
> 籍財產，仍遣張九思賜以金帛，辭不受。〔註74〕

阿魯渾薩里在出任尚書省右丞前，即為集賢院創院的官員，也是集賢院的重
要人物之一。〔註75〕至元二十八年（1291）以尚書省平章政事回任集賢院大
學士，六年後，阿魯渾薩理復任中書平章政事。所以阿魯渾薩理在集賢院時
間頗長，又阿魯渾薩理行政能力與道德學問均為一流，而集賢院負責道教管
理與學校教育，當時很多大臣都是阿魯渾薩理所栽培或推薦。

> 於是置集賢院，下求賢之詔，遣使天下。天下聞風而起，至者悉命
> 公館之，禮意周給，皆喜過望。其有不稱旨者，亦請厚賚而遣之，
> 以勸來者。而集賢長貳，極一時名流，盡公所薦用。……公平生雅
> 好推轂，士由公進者凡數十百人，位至公卿大夫者不可勝紀，而未
> 嘗有德色。〔註76〕

〔註73〕蘇天爵，《元朝名臣事略》7〈平章廉文正王〉（北京：中華書局，1996年），
　　　　頁134之記載。
〔註74〕見《元史》130〈阿魯渾薩理傳〉，頁3176之記載。
〔註75〕櫻井智美，〈元代集賢院の設立〉，載於《史林》83卷3期（京都：史學研究
　　　　會，2000年），頁115～143之論述。
〔註76〕趙孟頫，《松雪齋文集》7〈大元敕賜故榮祿大夫中書平章政事守司徒集賢院

阿魯渾薩理也是眞金太子的東宮舊臣，所以在忽必烈徵詢繼承人時，他當然是重要人士之一，並且有著決定性的關鍵人物。

> 初，裕宗即世，世祖欲定皇太子，未知所立，以問阿魯渾薩理，即以成宗以對，且言成宗仁孝恭儉宜立，於是大計乃決。成宗及裕宗皇后皆莫之知也。數召阿魯渾薩理不往，成宗撫軍北邊，帝遣阿魯渾薩理奉皇太子寶于成宗，乃一至其邸。及即位，語阿魯渾薩理曰：「朕在潛邸，誰不願事朕者，惟卿雖召不至，今乃知卿眞得大臣體。」自是召對不名，賜坐視諸侯王等。嘗語左右曰：「若全平章者，眞全材也，於今殆無其比。」〔註77〕

阿魯渾薩理在世祖忽必烈時期，雖然在尚書省任職，但在桑哥倒臺後，阿魯渾薩理乞罷政事，並免兼太史院使，轉任集賢大學士，後來復領太史院事，並在鐵穆耳汗即位時刻，奉闊闊眞之命，率翰林、集賢、禮官備禮冊命。〔註78〕大德三年十二月二十六日（1300.1.18）以守司徒、集賢院使、領太史院身份，進入中書省擔任平章政事。〔註79〕

> 二十八年，乞解機務，以爲集賢大學士。三十年，加領太史院事。
> 自初授官至是，凡八遷，並兼左侍儀奉御。明年，世祖登遐，裕聖皇后命公帥翰林、集賢、太常禮官備禮，冊立成宗即皇帝位。明年春，以翊戴功加守司徒。大德三年，復拜平章政事。〔註80〕

基本上，阿魯渾薩理學問淵博、富協調能力，所以在忽必烈時期，可以和理財權臣桑哥合作；在鐵穆耳時期，又可以和理財官僚賽典赤伯顏、梁德珪、阿里等合作，所以他可說是太子舊臣集團中最能調和政局的能手。

> 公歷事兩朝餘二十年，通夕未嘗安寢，或一夕至再三召，日居禁中，

使領太史院事贈推忠佐理翊亮功臣太師開府儀同三司上柱國追封趙國公諡文定全公神道碑〉載於《全元文 19》卷 597 頁 233～234（南京：江蘇古籍出版社，2000 年）。

〔註77〕　見《元史》130〈阿魯渾薩理傳〉（北京：中華書局，1983 年），頁 3177 之記載。

〔註78〕　見《元史》130〈阿魯渾薩理傳〉，頁 3176～3177 之記載。

〔註79〕　見《元史》20〈成宗本紀〉，頁 429 之記載。

〔註80〕　趙孟頫，《松雪齋文集》7〈大元敕賜故榮祿大夫中書平章政事守司徒集賢院使領太史院事贈推忠佐理翊亮功臣太師開府儀同三司上柱國追封趙國公諡文定全公神道碑〉載於《全元文》第 19 冊（南京：江蘇古籍出版社，2000 年），卷 597，頁 233 之記載。

> 彌綸天下之務,雖妻子未嘗聞其所言。每一政出、一令下,莫能知
> 其自公也。有譖公者,公不辨,而上亦不疑。〔註81〕

阿魯渾薩理與同為畏吾兒人的廉希憲個性不一樣,廉希憲的剛正個性,惟不忽木似之;而阿魯渾薩理的柔和個性,則與完澤相近。但這個集團從一個堅實的組織漸漸鬆散,後來不忽木被迫離開,阿魯渾薩理則與理財官僚的界線混淆不清,何瑋則仍站在與理財官僚對抗的傳統位置。但是最重要的應該是集團首腦完澤的作為,因其態度不明確,雖然掌握了大權,不但無法使太子舊臣集團日益茁壯,更造成這個集團逐漸走向崩解之路。

賽典赤伯顏是回回貴族,他的父祖兄弟幾乎都任行省官員,而且專長都是回回人擅長的理財。賽典赤伯顏在世祖晚年出任首席平章政事,忽必烈很欣賞這位理財能臣。

> 合罕喜歡他所流露出的對臣民的同情,於是他說道:「所有的大臣和
> 異密都只關心自己,伯顏卻關懷國家和臣民!」〔註82〕

賽典赤伯顏在鐵穆耳的繼位過程中,也佔有很重要的位置,這點和阿魯渾薩理不相上下,這可能是忽必烈或闊闊真太子妃所安排的。

> 就在那一天,鐵穆耳合罕的母親闊闊真召了他去,說道:「因為你獲
> 得了這樣一些獎賞,並且合罕又把國事委託給了你,請你去問一問:
> 真金的寶座被封存九年了,你對此有何吩咐?」……合罕由於過分
> 高興,從病床上起來,召來異密們說道:「你們說這個撒塔兀勒是個
> 壞人,然而他卻出於憐憫而作了有關臣民的報告,他談到了寶座和
> 大位,他關心到了我的子女,為的是在我身後他們之間不致發生糾
> 紛!」……賽典赤奉旨出發,把鐵穆耳合罕從途中召回來,在開平
> 府城中,扶他登上了真金的寶座。〔註83〕

賽典赤伯顏因屬理財官僚,而受到忽必烈怯薛集團的排斥,雖然獲得忽必烈極度地欣賞,而能夠擔任中書平章政事;但其能夠在鐵穆耳初期模糊掉核心集團與理財官僚的對立狀態,主要還是與阿魯渾薩理共同迎立新君一事上。

〔註81〕趙孟頫,〈大元敕賜故榮祿大夫中書平章政事守司徒集賢院使領太史院事贈推忠佐理翊亮功臣太師開府儀同三司上柱國追封趙國公諡文定全公神道碑〉,頁234之記載。
〔註82〕余大鈞、周建奇譯,(波斯)拉施特主編,《史集》第二卷(北京:商務印書館,1985年),頁354之記載。
〔註83〕余大鈞、周建奇譯,(波斯)拉施特主編,《史集》第2卷,頁355之記載。

〔註 84〕在鐵穆耳即位後他仍然擔任首席平章政事，也就是所謂「肅平章」。
〔註 85〕

　　野口周一曾對鐵穆耳時期的宰相人物做過考察，發現沒有潛邸之臣出任宰相職務。〔註 86〕實際上，鐵穆耳的潛邸就是舊太子府，所以太子舊臣應是新皇帝的潛邸之臣，也是成為鐵穆耳汗初期當然的核心集團成員。除完澤、不忽木外，還有阿魯渾薩理、張九思、王慶瑞等都是太子舊臣集團成員。賽典赤伯顏雖然不是真金太子舊臣集團成員，但因參與「授寶」行動，也成為闊闊真與鐵穆耳新政權的重要角色。

　　鐵穆耳能夠順利即位，當然得力於蒙古世勳顧命大臣的全力支持，但闊闊真太子妃與詹事院的穩住陣腳功不可沒。從詹事院右詹事完澤相繼出任尚書、中書二省右丞相，可得知忽必烈已經同意由真金後人為帝位繼承人。答剌麻八剌去世後，甘麻剌與鐵穆耳成為最重要的競爭者，當時的太子舊臣只有曾任左詹事的賽陽，在甘麻剌陣營，其餘均在鐵穆耳陣營。〔註 87〕

　　至元三十一年五月二十日（1294.6.14），鐵穆耳即位後的一個月，將闊闊真皇太后所居住的舊太子府改稱「隆福宮」，太子僚屬官署詹事院改稱「徽政院」，並增加官員，成為新政權的大本營。

　　　　五月……己巳，改皇太后所居舊太子府為隆福宮，詹事院為徽政院，

　　　　司議曰中議，府正曰宮正，家令曰內宰，典醫署曰掌醫，典寶曰掌

　　　　謁，典設曰掌儀，典饍曰掌饍，仍增控鶴至三百人。〔註 88〕

二個月後，同年七月十二日（1294.8.4）將東宮侍衛親軍都指揮使司、東宮蒙古侍衛親軍都指揮使司改為隆福宮左、右都威衛使司，使隆福宮擁有原來東宮法定武裝力量。

〔註 84〕修曉波，〈元史兀良合台諸人列傳正誤〉，載於《元史論叢》第 10 輯（北京：中國廣播電視出版社，2005 年），頁 418 之論述：「十五、妄稱『帝遣阿魯渾薩理奉皇太子寶于成宗』，認為有關阿魯渾薩理奉皇太子寶于鐵穆耳汗一事，引《蒙兀兒史記》與《新元史》之論述，皆虛構之詞。」

〔註 85〕拉施特，《史集》第 2 卷，頁 328 之記載：「首席平章被稱為肅平章，意即"平章之中的拔尖者。"」

〔註 86〕野口周一，〈元代成宗朝における宰相層についての一考察〉載於《新島學園女子短期大學紀要 14》（日本群馬：新島學園女子短期大學，1997 年），頁 81 之論述。

〔註 87〕見《元史》115〈顯宗〉，頁 2894 之記載：「二十九年，改封晉王，……遂以北安王傅禿歸、梁王傅木八剌沙、雲南行省平章賽陽並為內史。」

〔註 88〕見《元史》18〈成宗本紀〉，頁 383 之記載。

> 左都威衛使司，秩正三品。使三員，……至元十六年，以侍衛親軍
> 一萬戶撥署東宮，立侍衛都指揮使司。三十一年，改隆福宮左都威
> 衛使司，隸中宮。……右都威衛使司，秩正三品。……中統三年，
> 世祖以五投下探馬赤立總管府，秩正四品，設總管一人。二十一年，
> 撥屬東宮。二十二年，改蒙古侍衛親軍都指揮使司，秩正三品。三
> 十一年，改隆福宮右都威衛使司，秩仍舊。〔註89〕

太子舊臣集團是以闊闊真為中心，但從頭到尾一直在詹事院與徽政院服務的中心人物只有張九思與王慶端等少數人。集團成員中的不忽木雖最早服侍真金太子，但也是最早離開，依據史料，不忽木應該沒有在詹事院任過職；阿魯渾薩理應該在詹事院成立前後，轉任忽必烈的怯薛；完澤雖然一直兼任右詹事，但在中書省政務繁忙之際，可能無法專注詹事院工作，而後來的徽政院職務，可能也無法兼任。

　　在鐵穆耳繼位的前夕，發生的「傳國璽」事件，可以看出當時詹事院重要人員處理重大事件的經過，也可以知道他們的職務頭銜。至元三十一年年初，木華黎後人持一玉石求售，經鑑定竟是秦朝以來歷代相傳而刻有「受命于天，既壽永昌」璽文的傳國玉璽。

> 御史中丞崔彧進傳國璽，……急召監察御史臣楊桓至，即讀之曰：
> 受命于天，既壽永昌。此傳國寶璽文也。……直趨青宮，因鎮國上
> 將軍都指揮使詹事王慶端、嘉議大夫家令臣阿散罕、少中大夫詹事
> 院判臣僕散壽導謁，進獻皇太妃御前。……已蒙嘉納。翼日，令資
> 善大夫中書右丞詹事臣張九思、少中大夫詹事院判臣僕散壽，傳皇
> 太孫，親為付授。……是日，金紫光祿大夫中書右丞相臣完澤率集
> 賢、翰林侍從諸臣入賀御前，命出寶璽，徧示羣臣。……雖于時皇
> 太孫未昭儲副之託，而詹事之司未嘗一日廢闕。〔註90〕

從上文可以看出，在闊闊真皇太后身旁有三人，分別是時任鎮國上將軍（從二品）都指揮使（正三品）的王慶端、嘉議大夫（正三品）家令（正三品）的阿散罕、少中大夫（從三品）詹事院判（正五品）僕散壽等，他們是在宮府中辦公的。而另外時任資善大夫（正二品）中書右丞（正二品）的張九思，則是詹

〔註89〕見《元史》89〈百官〉5，頁 2248～2249 之記載。
〔註90〕陶宗儀，《南村輟耕錄》26〈傳國璽〉（北京：中華書局，1959 年），頁 317～
　　　　321 之記載。

事院與中書省兩邊跑。而時任金紫光祿大夫（正一品）中書右丞相（從一品）的完澤，則以是鐵穆耳皇帝的怯薛大臣，在皇帝身旁或中書省的時間較多了。

　　阿散罕與僕散壽的資料較爲稀少，而張九思與王慶端則在元人文集與元史中都有詳細資料，對於詹事院與徽政院在政局的影響力，後二人的官職與實力都屬於重量級人物，也是鐵穆耳政權的核心集團成員。

　　張九思（1242～1302），字子有，宛平（今北京）人。至元二年（1265）原爲忽必烈的宿衛怯薛，但很早就被眞金皇太子留爲東宮僚屬。

> 初，世祖盡得天下之豪傑而用之，以成大勳，建大業，而執事於東宮者，文武才能之士，彬彬可見矣。迺若深受信任委寄之重，始終宮府之事，其忠愛之心，信於朝廷，著於簡冊，則未有過於魯國忠憲張公者也。公以至元二年，見裕皇於東宮，即受知遇，常侍左右。
> 〔註91〕

張九思是個技術官僚，尤其專長于事務管理及機要工作，對於東宮太子府幕僚行政業務，建立了頗具規模的整體性系統。至元十六年十月二十八日（1279.12.3）忽必烈汗下詔眞金皇太子參決朝政，不管中書省、樞密院、御史臺以及中央各衙門政事，都必須稟告皇太子後再上呈。〔註92〕因此，作爲幕僚機關的太子府，尤其是張九思責任更重了。

> 十六年，置都總管府以治其貨用。命公爲嘉議大夫、工部尚書，兼領之。創法嚴謹，至於今守之。〔註93〕

在忽必烈時期，張九思維護東宮頗力，尤其眞金皇太子跟隨皇帝到上都避暑巡幸時節，張九思常留守大都太子府，處理日常事務。至元十九年（1282）發生擊殺阿合馬事件，當時張九思妥適應變，更可以看出其處事之謹愼細膩。〔註94〕

> 公方留宿禁中，遽起叩戶者，毋得擅起關。使語傳令者，曰：「他時殿下還宮，必以完澤、賽羊先。請見二人，則啓關矣。」賊計窮，往返數四，氣益索。〔註95〕

〔註91〕虞集，《庸虞先生道園類稿》40〈張忠獻公神道碑〉，收錄於《全元文》第 27 冊，卷 874，頁 270 之記載。

〔註92〕見《元史》10〈世祖本紀〉，頁 217 之記載。

〔註93〕虞集，〈張忠獻公神道碑〉，頁 272 之記載。

〔註94〕見《元史》169〈高觿傳〉，頁 3978～3979 之記載。

〔註95〕虞集，〈張忠獻公神道碑〉，頁 272 之記載。

在阿合馬被擊殺之後，忽必烈以和禮霍孫爲中書右丞相，而眞金皇太子對其期望很大，希望全力支持其作爲。當時張九思推薦多位飽學之士，再由眞金皇太子提供宰相擇用，這些人也是未來儲君的預備人才。

> 於是，上更化相和禮霍孫，革宿弊而新之。公首薦易州何公瑋、東平徐公琰、馬公紹，獻州范公芳，裕皇次第用之。何參議中書，徐爲左司郎中，范爲右司郎中，馬爲刑部尚書。〔註96〕

至元十九年十月十日（1282.11.11），因爲眞金皇太子理政繁忙，忽必烈汗下詔立詹事院，以完澤爲右詹事，賽陽爲左詹事。〔註97〕張九思爲詹事丞，眞正處理龐雜的行政業務。

> 是年冬十月，立詹事院，拜公詹事丞。公內謹侍衛，外肅僚屬，出納緩急，思遠而慮周，得宮臣之體也。則又曰：「輔導德性，則在於老成重厚，有經術學問之士，其關係甚重也。」於是，立賓客，諭德、贊善等官。〔註98〕

至元二十二年十二月十日（1286.1.5），大元帝國的儲君眞金皇太子薨逝，這個突如其來的變故，詹事院受到最嚴屬的打擊，依據制度可能會被廢置，全賴張九思以皇孫甘麻剌、答剌麻八剌、鐵穆耳均已成年爲由，力爭到底，詹事院因此繼續存在。〔註99〕

> 二十三年，裕皇即世，詹事院無所受事，時議將請廢之。雖宮府舊僚，不能無惑志。公抗言曰：「有皇孫在，固宗社之所屬，人心之所系也，奈何爲此言乎？」廷臣以爲當。〔註100〕

張九思在至元三十年十二月十一日（1294.1.8）代替生病的馬紹出任中書省左丞職務。〔註101〕過了一個月，世祖忽必烈就駕崩了，所以張九思也算是兩朝中書省大臣，而且也代表太子舊臣勢力在中書省的擴展。

〔註96〕虞集，〈張忠獻公神道碑〉，頁271之記載。
〔註97〕見《元史》12〈世祖本紀〉，頁247之記載。
〔註98〕虞集，〈張忠獻公神道碑〉，頁271之記載。
〔註99〕依據《元史》115〈顯宗、順宗傳〉，頁2895之記載略曰：甘麻剌薨于大德六年（1302）正月，四十歲，至元二十三年（1286），應爲二十四歲；答剌麻八剌薨于至元二十九年（1292）春，二十九歲，當時應爲二十三歲；另據《元史》18〈成宗本紀〉，頁381之記載，鐵穆耳出生於至元二年（1265），當時也有二十二歲。
〔註100〕虞集，〈張忠獻公神道碑〉，頁272之記載。
〔註101〕見《元史》17〈世祖本紀〉，頁375之記載。

三十年，丞相完澤薦公曰：「昔妖僧之亂，能審詐以禦變者也。」遂
拜中書左丞，仍兼詹事丞。是年，世祖崩，成宗即位。追尊裕宗，
冊母后爲皇太后，即東宮爲隆福宮以奉之，改詹事院爲徽政院。公
爲徽政副使，餘如故。〔註102〕

張九思長久在太子府任職，入中書省時已經五十二歲，而且是中書省與詹事院兩邊忙。鐵穆耳汗即位後，將詹事院改稱爲徽政院，張九思從詹事丞轉任徽政副使，並由中書左丞升任右丞，其資品也由資善大夫進資德大夫。〔註103〕

十一月，進資德大夫，中書右丞，國史院修世祖裕皇實錄，公以舊
臣在中書，習知典故，預其比事之司焉。大德二年，拜平章政事，
力辭機務，遂以平章之名，預中書省事，徽政副使如故。元貞、大
德中，皇太后母儀東朝，保佑匡正之功，天下頌稱焉。故徽政之任，
重擬朝省，而公小心謹慎，通練識大體，事無鉅細，裁決可否，待
公一言而後定。聞望所在，莫或比隆。五年，改授大司徒，徽政副
使，領將作院事。……大德六年十二月，有大星隕于其第。二十四
日，公薨，年六十一。〔註104〕

在鐵穆耳汗順利繼位之後，辛苦了大半輩子的張九思仍不得閒，由於晉升爲皇太后的闊闊眞必須爲鐵穆耳汗的江山打算，隆福宮與徽政院則是鐵穆耳汗最可靠的支柱，所以身爲徽政院副使，又是中書省右丞，張九思在鐵穆耳汗的前期責任之重，並不亞於忽必烈汗時期固守詹事院的艱苦。大德四年二月十日（1300.3.1）闊闊眞皇太后崩逝，張九思仍在徽政院擔任副使職務，皇帝授與大司徒榮銜，大德六年十二月二十四日（1303.1.12），張九思病逝，享年六十一歲。

　　張九思去世的隔年，中書省八位大臣被解職，完澤首相亦同年去世，標誌著鐵穆耳汗前期的結束。雖然依據現有史料，並無法證明闊闊眞皇太后與張九思的去世對宰相去職有直接影響，但是失去隆福宮與徽政院的主人與同伴的支持，完澤首相應是很孤單吧！

　　王慶端（1225～1304）字正甫，眞定人。早期王慶端就是個將才，訓練軍隊與帶兵作戰都是一流。討伐李璮，監築大都，固守清口，都有優秀表現。

〔註102〕虞集，〈張忠獻公神道碑〉，頁 272 之記載。
〔註103〕依據《元典章》7〈吏部官制資品〉之記載，資善大夫與資德大夫均列正二品，
　　　　惟資德大夫順位較前。
〔註104〕虞集，〈張忠獻公神道碑〉，頁 272～273 之記載。

〔註105〕眞金皇太子很早就欣賞王慶端,所以和張九思成爲身旁的文武幕僚。

> 裕宗文惠明孝皇帝居東宮,博訪英賢以備公僚。左右元良,文學行
> 義,皆天下之選。其在衛官府率,德望兼隆,忠勤素著,爲榮祿公
> 爲稱首。〔註106〕

王慶端除了能統帥軍對外,他對於軍隊的生活相當重視,建立威武營,讓士兵能安居樂業。而且特別設立神鋒軍、整暇堂、犀利局,頗具創意。〔註107〕

> 十四年,扈從世祖北征,凱旋,拜右衛親軍副都指揮使。十六年,
> 進侍衛軍都指揮使,肇建威武營都城之南。先是,衛兵至京師,僑
> 寓民間,靡有定居。公相近郊隙地,起廬舍,畫井邑,視爲屯田,
> 俾安耕鑿。〔註108〕

王慶端擔任詹事院詹事丞時候,已經五十八歲,算是老當益壯。曾將威武營餘粟救濟災民,獲得眞金皇太子的誇獎,認爲是宰相人才。六十幾歲時,王慶端還跟隨忽必烈汗遠征乃顏。〔註109〕

> 十九年,置詹事院,以本職兼詹事丞。威武歲入豐羨,屯峙山積。
> 司民政者,欲假粟數萬以佐經費,事達裕皇,有旨問公,公曰:「兵、
> 民一也,寧有彼此之間。」即日付之。玉音勞公,眞宰相器也。
> 〔註110〕

至元二十二年冬天,眞金皇太子薨逝,王慶端仍固守詹事院,並隨時保護著闊闊眞太子妃及諸皇孫。忽必烈汗崩逝後,王慶端率領侍衛親軍配合伯顏等蒙古世勳在上都的忽里爾臺選汗大會,一舉將鐵穆耳汗推向皇帝寶座。之後,王慶端資品升金吾衛上將軍(正二品),職品升中書右丞(正二品),都比他實際職務行徽政副使(從二品)或隆福宮左都威衛使(正三品)要高。〔註111〕

> 東宮自鶴馭上賓,總率衛兵,膚股肱心膂之託,在漢將中,唯公一
> 人。聖上御極之初,諸王宗室畢會上都。公外總諸部,親翊禁禦,
> 内進言裕聖皇太后,謂:「神器不可久虛,宜促定大策,以慰天下之

〔註105〕見《元史》151〈王善傳附王慶端〉,頁3573～3574之記載。
〔註106〕閻復,《靜軒集》4〈故榮祿大夫平章政事王公神道碑銘〉載於《全元文》第9冊,卷297,頁296之記載。
〔註107〕見《元史》151〈王善傳附王慶端〉,頁3574之記載。
〔註108〕閻復,〈故榮祿大夫平章政事王公神道碑銘〉,頁296之記載。
〔註109〕見《元史》151〈王善傳附王慶端〉,頁3574之記載。
〔註110〕閻復,〈故榮祿大夫平章政事王公神道碑銘〉,頁296～297之記載。
〔註111〕見《元典章》7〈吏部官制〉,頁176～179之記載。

望。」既而改東宮爲隆福宮，詹事院爲徽政院，拜金吾衛上將軍、
中書右丞，行徽政副使，兼隆福宮左都威衛使。〔註112〕

王慶端在鐵穆耳即位時刻，已經七十歲，但仍爲隆福宮與徽政院的兩大支柱
之一，也是鐵穆耳政權的捍衛者。他的官銜也隨之提高不少，先在元貞元年
進資德大夫（正二品），大德二年加榮祿大夫（從一品）、平章政事（從一品）、
僉書樞密院事（正三品）等文武官銜。

塔剌海是月赤察兒的長子，他雖然不是太子舊臣，但卻是蒙古世勳擔任
徽政院的第一位重要人員，象徵著蒙古世勳與太子舊臣共同爲鐵穆耳汗政權
的基礎。

曰塔剌海，夫人赤鄰所生。端良剛毅，有古大臣風。至元三十年，
佩金虎符，特授昭勇大將軍、左都威衛使。大德元年三月，加階昭
武。七月，遷榮祿大夫、徽政使，仍左威衛使。四年，兼樞密副使。
六年，遷同知樞密院事。八年，兼宣徽使。十年閏正月，加光祿大
夫。七月，遷知樞密院事。〔註113〕

塔剌海在至元三十年（1293）佩金虎符，特授昭勇大將軍（正三品），並擔任
左都威衛使（正三品），此時他已進入舊太子府任職。〔註114〕大德元年（1297）
七月，升榮祿大夫（從一品），正式擔任徽政院使（從一品），成爲二位徽政
副使張九思與王慶端的長官。

徽政院的組織極爲龐大，除院本署以外，還有內宰司、典幄署、宮正司、
資武庫、驪用庫、延慶司、典用監、掌醫署、掌謁司、延福司、奉徽庫、修
合司藥正司、行篋司藥局、廣濟提舉司、掌儀署、江西財賦提舉司、織染局、
桑落娥眉州管民提領所、封郭等洲管民提領所、龍興打捕提領所、鄂州等處
民戶水陸事產提舉司、掌太子位下江南園圃地土莊宅人戶、端州上高縣戶計
長官司等。〔註115〕

元貞、大德年間「惟和守成」政治的效果，確實是恤民不足而吏治日壞，

〔註112〕閻復，〈故榮祿大夫平章政事王公神道碑銘〉，頁297之記載。
〔註113〕元明善，《清河集》2〈太師淇陽忠武王碑〉，收錄於《全元文》第24冊，卷
　　　　759，頁332～339之記載。
〔註114〕依據《元史》89〈百官5〉，頁2248～2249之記載：至元十六年，以侍衛親
　　　　軍一萬戶撥屬東宮，立侍衛都指揮使司。三十一年，改隆福宮左都威衛使司。
　　　　由上可知，塔剌海在至元三十年擔任的應是侍衛親軍都指揮使，至元三十一
　　　　年方改左都威衛使。
〔註115〕見《元史》89〈百官5〉，頁2244～2248之記載。

選法紊亂，職官員額迅速膨脹，僅徽政院除官，一兩年內即達一千五百人。

> 大德三年，……徽政臣奏除官千五百員，將班制勅。公曰：「是中有
> 官第七品超遷三品者，有武人雜選入清流者，有治罪奪官復冒用者，
> 殊乖選舉彝典。」宰相是其說，命徽政覆奏止之。〔註116〕

徽政院之成立雖是從詹事院轉變而來，但後來又成立新的詹事院，而徽政院
終鐵穆耳汗之世，一直存在著，雖然闊闊眞皇太后於大德四年（1300）去世，
也不隨之罷廢，可見已成爲鐵穆耳汗的權力結構的一環。徽政院與詹事院時
而並立而設，時而僅存徽政院，至泰定元年（1324）正式罷徽政院，歷時三
十一年。

> 至元十九年，立詹事院，……三十一年，太子裕宗既薨，乃以院之
> 錢糧選法工役，悉歸太后位下，改爲徽政院以掌之。大德九年，復
> 立詹事院，尋罷。十一年，更置詹事院，秩從一品，設官十二員。
> 至大四年罷。延祐四年復立，七年罷。泰定元年，罷徽政院，改立
> 詹事如前。〔註117〕

闊闊眞皇太后在鐵穆耳掌政之始，的確守勤儉，重法紀，尊儒士，而且在不
忽木被調離中央一事，表現出不凡的見識。

> 執政奏以爲陝西行省平章政事，太后謂帝曰：「不忽木朝廷正人，先
> 皇帝所付託，豈可出之於外耶！」帝復留之。〔註118〕

闊闊眞唯一受人指責的缺點是「五臺山建寺事件」，其工程浩大，動用十路財
賦供應所需，並以兩位工部尚書督導工程之進行。

> 丙午，爲皇太后建佛寺于五臺山，以前工部尚書涅只爲將作院使，
> 領工部事；燕南河北道肅政廉訪使宋德柔爲工部尚書，董其役；以
> 大都、保定、眞定、平陽、太原、大同、河間、大名、順德、廣平
> 十路，應其所需。〔註119〕

這件建寺事件，當年監察御史李元禮就上疏勸諫，但受到御史臺的擱置，而
沒有上達天聽。後來這件單純的勸諫事件，竟演成御史臺內部與中書省大臣
間的衝突，並且損害了闊闊眞太后的聲譽。

〔註116〕蘇天爵，《滋溪文稿》11〈元故嘉議大夫工部尚書李公墓誌銘〉（北京：中華
書局，1997 年），頁 174 之記載。
〔註117〕見《元史》89〈百官 5〉，頁 2243 之記載。
〔註118〕見《元史》130〈不忽木傳〉，頁 3172 之記載。
〔註119〕見《元史》18〈成宗本紀〉，頁 392 元貞元閏四月丙午條之記載。

> 二年，有旨見五臺山佛寺，皇太后將臨幸，元禮上疏曰：……伏見
> 五臺創建寺宇，土木既興，工匠夫役，不下數萬，附近數路州縣，
> 供億煩重，男女廢耕織，百物踊貴，民有不聊生者矣。伏聞太后親
> 臨五臺，……臺臣不敢以聞。大德元年，侍御史萬僧與御史中丞崔
> 彧不合，詣架閣庫，取前章封之，入奏曰：「崔中丞私黨漢人李御史，
> 爲大言謗佛，不宜建寺。」帝大怒，遣近臣齎其章，敕右丞相完澤、
> 平章政事不忽木等鞫問，不忽木以國語譯而讀之，完澤曰：「其意正
> 與吾同，往吾賞以此諫，太后曰：『我非喜建此寺，蓋以先皇帝在時，
> 嘗許爲之，非汝所知也。』」彧與萬僧面質於完澤，不忽木抗言曰：
> 「他御史懼不肯言，惟一御史敢言，誠可賞也。」完澤等以章上聞。
> 帝沉思良久曰：「御史之言是也。」乃罷萬僧，復元禮職。〔註120〕

中書右丞相完澤與御史中丞崔彧都是鐵穆耳的擁立者，惟存在中書省與御史
臺之間的制衡的歷史，在政權稍定之後，衝突依舊爆發。

> 當至元末歲，成宗新嗣位，時宰不快於御史臺，成宗是其言，讓責
> 中丞崔公彧。崔懼，問策安在，曰：「當見丞相，釋所以。」遂與俱
> 詣相府，相怒霽。又與同謁近臣，言：「御史臺，世祖皇帝建立，專
> 以懲姦惕勢，尊則綱紀明，削之則臺不能立矣。」近臣大驚，入言
> 於上。明日，大宴大明殿，諭崔曰：「臺爲朕耳目，朕曷不知。憂卿
> 等不職，故告諭，宜勿懼，其盡心焉。朕行爲汝增重矣！」崔頓首
> 拜手謝。〔註121〕

姚大力認爲侍御史萬僧顯然是在「時宰」唆使下告發崔彧的，而以完澤首相
周旋彌縫於兩造之間來看，此處的時宰應該是指賽典赤伯顏、梁德珪等理財
大臣而言。〔註122〕這時候闊闊眞與鐵穆耳所領導的「太子舊臣集團」已經開
始分裂了。

二、鐵穆耳的君權展開

　　鐵穆耳從祖父忽必烈那裏所接收的是一個完整的龐大帝國，經過元貞時

〔註120〕見《元史》176〈李元禮傳〉，頁 4101～4103 之記載。
〔註121〕袁桷，《清容居士集》34〈張留孫家傳〉載《全元文》第 23 冊，頁 549～550
　　　　之記載。
〔註122〕姚大力，〈成宗守成與武宗時朝政的衰弛〉載《中國通史》第 8 卷（上海：上
　　　　海人民出版社，1997 年），頁 450 之論述。

期中樞政局逐漸穩定之後，鐵穆耳必須面臨鞏固這個大帝國的艱鉅任務。

鐵穆耳在位的大多數時間，西北與海都的對抗是首要解決的棘手問題，帝國最精銳的軍隊也集中於此，晉王甘麻剌、寧遠王闊闊出、大將土土哈、駙馬闊里吉思等據守和林至別失八里戰線，遏止海都（窩闊台系）與都哇（察合台系）的連年竄擾。《史集》對此有詳細記載：

> 鐵穆耳合罕幸福地御極之後四年，八剌之子都哇率領軍隊進攻鎮守合罕國家邊境的宗王與異密。而按照軍隊慣例，在每個關隘上都駐有一支哨兵。從西部邊界末端的阿只吉和出伯的關隘起，一直到在東方的木合里的關隘止，都建立有驛站，並在其中駐有傳令兵。這時候，他們便從一處到另一處地發出通知說，發現了非我方的戰鬥部隊。事有湊巧，宗王闊闊出、床兀兒和囊家台正聚集在一起，舉行宴會，飲酒作樂。通知是夜間來到的，而他們已醉迷不醒，不能出征了。鐵穆耳合罕的女婿闊里吉思駙馬帶著自己的軍隊出動，但叛亂者們迅速臨近了。因為他們宗王們很疏忽，右、左兩翼的部分軍隊沒有防備，而道路又長，所以他們沒有聯合起來。都哇便率軍襲擊闊里吉思。他那裏只不過六千人，因此無力抵抗都哇，他就逃到山中去了。叛亂者跟著他一路追下去，最後，抓住了他，想要殺掉他。他說道：「我是闊里吉思，是合罕的駙馬和軍隊的異密。」都哇命令不要殺他。逃亡者前往合罕處，而合罕的叔父闊闊出，由於自己的疏忽而未趕上軍隊，便處于猶豫不決中。他被召了數次，但他都沒有去。最後，合罕派宗王阿只吉去把他說服了帶來。當逃亡的軍隊來到合罕處的時候，他命令把逃亡的異密中的床兀兒和囊家台抓住，把他們械繫起來。他說道：
> 「你們豈能如此玩忽職守？」〔註123〕

色目大將土土哈死後，其子床兀兒代領由這支欽察部人組成的精銳兵團，這支部隊於大德元年（1297）西逾金山，進攻八鄰部之地，大敗敵軍後，師還阿雷河，復敗海都所遣來援之師。大德二年，都哇遣軍侵略火兒哈禿之地，床兀兒全力反擊獲勝。但大德三年（1299），都哇潛師突擊，寧遠王闊闊出疏于戒備，遂使駙馬闊里吉思孤軍應戰，又因救援無及，以致戰敗被俘。

鐵穆耳以闊闊出馭軍失律，將之撤換，改令皇侄海山總領漠北所有帝國鎮戍部隊，海山成為最具有軍事實力的蒙古親王。當時並以知樞密院事月赤

〔註123〕拉施特，《史集》，頁382～383之記載。

察兒及大將床兀兒為輔佐，這二人也成為未來海山繼承大位的主要支持者，而且這二人出將入相，其中月赤察兒的後代塔剌海、瓜頭、也先鐵木兒與床兀兒之子燕鐵木兒也陸續在元朝中葉主導政局。官僚體系不僅在財政繼續有作為，另在軍事上也逐漸取代諸王獲得實權。

> 鐵穆耳合罕的母親闊闊真說道：「漢地、南家思國和我們的兀魯思都很廣大，而海都和都哇的地方則較遠，如果你出征，那就需要一兩年才能把那件事順利解決。老天保佑，但願在此期間，國內不會遭到長期不能彌補的損害，現在應當等待，並送去一張回信：『我們對此同意，請等候通知』」以此之故，稍稍延遲了出征。在此之後，過了兩、三年，於……年諸月，合罕的軍隊帶著這個企圖出征海都和都哇，朝著海都最近的方向進發。兩軍相會，激烈地進行了廝殺，海都負傷，其軍隊則逃走。因為都哇較遠，所以他幾天之後才來到。又一次作戰，激烈地進行了廝殺，都哇也受了傷。海都則因其所受之傷而死。就是這些！〔註124〕

海山的出征，顯然是獲得闊闊真的同意。大德五年（1301）是西北戰事最重要的一年，海都親自率領察合台與窩闊台聯軍大舉東犯，帝國軍隊則由海山統帥迎敵于和林北迭怯里古之地，首戰海山獲小勝。二日後，都哇率軍趕到，海都陣營士氣大振，雙方迎戰於合剌合塔之地。海山全力戰鬥，被迫突出敵後，被圍于山上，並與大軍相失。值此危急之際，靠蒙古軍都萬戶囊家歹力戰突圍，終與大軍相會，然退路已為海都切斷，海山大軍一路戰鬥，輾轉由旭哥耳溫、稱海而與晉王甘麻剌大軍會合。

> 五年，海都之兵又越金山而南，止於鐵堅古山，因高以自保。王以其軍馳當之，既得平原地，便於戰，乃拜力攻之，敵又敗績。都哇之兵西至，與大軍相持於兀兒禿之地。王又獨以其精銳，馳入其陣，……所殺不可勝計，而都哇之兵幾盡。武皇親見之，曰：「力戰未有如此者。」事聞，上使御史大夫禿只、知樞密院事塔剌海、也可札魯火赤禿忽魯，即赤納思之地，聚諸王軍將，問戰勝功狀。於是，親王以下，至於諸軍，咸以為王功第一，無異辭。於是，安西王與王衣一、鶻一、騾二十；晉王與王衣一、金椀二，獨峰駝四。而武皇命王尚雅忽禿楚王公主察吉兒，賞以尚衣、貂裘。使者以功

〔註124〕拉施特，《史集》，頁386之記載。

簿奏，上出御衣，遣使臨賜之。〔註125〕

此次會戰從總體上來看，海都好似佔上風，海山屈居劣勢。但戲劇性的結果是都哇被帝國將領阿失射中膝蓋致傷，號哭而遁去；在退軍路上，海都又因受傷病重而死，整個窩闊台與察合台集團受到致命的打擊。此後，整個西北戰局轉趨和緩，都哇無力再發動大規模攻擊行動，並於後來與元朝媾和，並稱讚床兀兒統領之欽察軍的勇猛。

鐵穆耳將元朝最精銳的部隊投入西北戰場，而當時除鐵穆耳之子德壽外，其他離帝位繼承權最近的幾位親王，如晉王甘麻剌、懷寧王海山、安西王阿難答皆在西北前線。海山也在伯父甘麻剌去世後，取得全部漠北軍團的統帥權，在德壽去世後，他與阿難答都有帝國皇位繼承權，西北戰事的重要性可知。

延議又稱「面論」、「廷對」等，就是當朝大臣在皇帝面前辯論是非，由皇帝根據雙方申訴的理由，判別對錯。此種形式的採納，多數起因於政見不同而導致朝廷大臣不和，互相攻訐，以致於皇帝不得不出面調解。但遠征八百媳婦國的問題，並非簡單的延議，而是關係到鐵穆耳「君權」的延伸。

八百媳婦在元朝初年本是一個西南邊境的新興小國，但這個小國卻是成為終止大元帝國皇帝鐵穆耳與首相完澤事業的關鍵。世祖忽必烈於平宋後，即分遣使者，招諭南方諸國，遣使入貢。使者分二途，一從海上前往南洋諸國，一自雲南前往今緬泰境內的國家。在今日泰國境內，當時有三個國家，除前面所說的景邁（八百媳婦）與速古台（暹國）外，還有湄南河下游的羅斛國，其都城華富里，在今曼谷北方。暹國與羅斛皆有貢使，八百媳婦大概不肯奉命。因此，元軍已平緬甸，其兵鋒便指向八百媳婦了。關於八百媳婦遠征事件本身，從元朝整體國策來看，只不過是忽必烈用兵西南的延續。〔註126〕但如果以個案來分析，則牽動了鐵穆耳與完澤君相的功業，當皇帝的判斷與首相的作為都出現了問題，議征八百媳婦事件，就成為這個政權由盛轉衰的關鍵。

鐵穆耳的對外征伐，只有大德四年（1300）的征討緬國之戰，另外，就是大德五年（1301）的遠征八百媳婦國之戰，八百媳婦是在今天泰國北部和

〔註125〕虞集，《道園類稿》38〈句容郡王世績碑〉收錄於《全元文》第27冊，頁233之記載。

〔註126〕李則芬，《元史新講》第2冊（台北：黎明文化事業公司，1978年），其第十六章〈用兵車里及八百媳婦〉中的第四節「遠征無功及內附經過」，頁477之論述。

緬甸東部的一個小國。雖然這兩次戰役元朝政府都沒有取得勝利，但其原來的目的亦是懲罰多於征服。發動征緬之戰，是因為緬國人廢黜了奉元朝為宗主的國王；而征討八百媳婦國，則是由於該國出兵，援助緬甸亂黨而侵蝕元朝領土。

> 八百媳婦，大德元年，八百媳婦國與胡弄攻胡倫，又侵緬國，車里告急，命雲南省以二千或三千人往救。二年，與八百媳婦國為小車里胡弄所誘，以兵五萬與夢胡、龍甸土官及大車里胡念之子漢綱爭地相殺，又令其部曲混于以十萬人侵蒙樣等，雲南省乞以二萬人征之。四年，梁王上言，請自討賊。朝議，調湖廣、江西、河南、陝西、江浙五省軍二萬人，命前荊湖、占城行省左丞劉深等率以征。〔註127〕

這次用兵在朝廷決策中心引起強烈爭論，但有一點很值得討論的問題。董士選極力反對出兵，完澤極力贊成出兵，最後兩人都在戰爭結束後，因為受朱清與張瑄的賄賂案而調離權力核心，從此兩人再也沒有獲得政治上的主導權。兩人之間的過節是在至元二十八年（1291）桑哥事件發生時刻，而癥結是對沙福丁處置的問題上，雙方有很大歧見。

> 二十八年，世祖將誅桑葛，夜遣近侍召公入，謂公曰：「桑葛讒慝貪婪，朕不私一人，以病天下。」命平章不忽木與公商度，桑葛及其黨皆抵罪。時相獨庇江淮省平章沙福丁，復立行泉府司，俾之典領，以徵舶商之輸。謂國家出財資舶商往海南貿易寶貨，贏億萬數。若沙福丁黜，商舶必多逃匿，恐虧國用。世祖信其言。公曰：「國家竭中原之力以平宋，不得不取償于南方。然新附之地人心驚疑。今桑葛之黨皆逐，而沙福丁獨留，恐失民心。民心一失，收之甚難。得財貨之利輕，失民心之害重。」世祖瞿然曰：「此言是也」再三嘉獎，賜公白金五千兩，授驃騎衛上將軍、江淮行省左丞。〔註128〕

從完澤祖護沙福丁也可了解，至元二十八年（1291）擇相時，忽必烈希望不忽木任右丞相之職，因為這個職位是以反對言利的儒治派首腦出任的。而完澤雖然不是理財大臣，但卻頗似理財派首腦。所以吳澄所提到的「時相」是

〔註127〕佚名，《招捕總錄》（台北：藝文印書館印行），頁 10 之記載。

〔註128〕吳澄，《吳文正公全集》第 32 卷，〈元榮祿大夫平章政事趙國董忠宣公神道碑〉，收錄於李修生主編《全元文》第 15 冊（南京：江蘇古籍出版社，1999年），卷 511，頁 384 之記載。

誰？文章中沒有說出，高榮盛認爲是安童，但以當時不忽木已出任中書平章政事，時相指的應是完澤。〔註129〕

　　從至元二十八年（1291）到大德五年（1301）剛好十年，董士選這位漢軍將領重回中央，這次這位漢軍世侯的代表性人物，激烈的反對完澤所提議，而鐵穆耳所力挺的遠征八百媳婦國決策。

　　　　時丞相完澤用劉深言，出師征八百媳婦國。而完澤説帝：「江南之地盡世祖所取，陛下不興此役，則無功可見於後世。」帝入其言，用兵意甚堅，故無敢諫者。士選率同列言之，奏事殿中畢，同列皆起，士選乃獨言：「今劉深出師，以有用之民而取無用之地。就令當取，亦必遣使諭之，諭之不從，然後聚糧選兵，視時而動。豈得輕用一人妄言，而致百萬生靈於死地？」帝色變，士選猶明辨不止，侍從皆爲之戰慄，帝曰：「事已成，卿勿復言。」士選曰：「以言受罪，臣之所當。他日以不言罪臣，臣死何益！」帝麾之起，左右擁之以出。〔註130〕

並且，董士選以御史中丞職務，儒治派首腦身分和理財派首腦完澤有著國策辯論，在吳澄爲董士選所撰寫的神道碑中，可清楚地看出兩人的對話。

　　　　左丞劉深以征八百國之利惑時相，公入諫。成宗曰：「朕意已決，卿其勿言。」公曰：「臣居言職，事關利害，豈敢阿徇！」成宗曰：「朕不汝罪也」又見時相，言：「損有用之民，取無用之地」。時相曰：「彼地出金，何謂無用？」公曰：「國以民爲寶，不以金爲寶。糜爛其民，而圖得金，豈國之利哉？」時相不悦。〔註131〕

從董士選與完澤的對話中，似看到了理財派與儒治派的對立。但如果用虞集的撰寫董士選的家廟碑來看，又是另一種較詳細的記載，朝廷議事中書，雙方辯論的過程，在碑文中有細膩的描述。

　　　　時宰用人言白上曰：「薄海內外，盡世祖所定也。今不立武功，其如

〔註129〕高榮盛，〈元大德二年的珍寶欺詐案〉載於《元史論叢》第 9 輯（北京：中國廣播電視出版社，2004 年），頁 121 之論述：「時相估計是安童。看來，當政者對形勢的估計較之重義之臣要現實得多。」；然而研究泉府司相當深入的高榮盛，在其另一篇論文〈元沙不丁事迹索考〉載於《蒙元史暨民族史論集——紀念翁獨健先生誕辰一百周年》（北京：社會科學文獻出版社，2006 年），頁 300～301 中提到的時相，卻已經不提時相爲安童了。

〔註130〕見《元史》156〈董士選傳〉，頁 3678 之記載。

〔註131〕吳澄，《吳文正公全集》第 32 卷，〈元榮祿大夫平章政事趙國董忠宣公神道碑〉，載於《全元文》第 15 冊，卷 511，頁 386 之記載。

後嗣何用？」劉琛計起兵攻八百媳婦之國。初未至賊境也，公手疏，極言其不可。且曰：「琛昏庸不可為將，必敗國事。」上色變不測，同列稍引去。公前進，言愈切。公從弟某，侍上側，數目公起。公曰：「今以言得罪死，無憾。他日以中丞不言，賜死，無以見先臣於地下。」上意小解，諭之曰：「明日與丞相議」明日，會議中書，公曰：「世祖皇帝定天下，子孫善守之可也。奈何以有用之力，取無用之地，棄百萬生民之命，非善謀也。」丞相無以答，乃曰：「中丞不知，彼中鑄黃金為槽以食馬，何謂無用之地乎？」公辯甚苦，曰：「丞相誤矣，未必有此也。」丞相乃曰：「軍已行，難為遽止。候邊報至，議之。」不數日，敗書聞。〔註132〕

完澤不僅不悅，甚至以中書右丞相之地位及鐵穆耳的支持，對董士選的質疑與反對用兵，給予明確拒絕。朝廷其他大臣對於征八百媳婦國之議，各有其用意與堅持，依據史料記載整理如下。

表1-2　元朝君臣對遠征八百媳婦國之意見

人　名	態度	史　料　記　載	出　處
鐵穆耳	贊成	帝入其言，用兵意甚堅，故無敢諫者。	元史3678
完　澤	贊成	而完澤說帝：「江南之地盡世祖所取，陛下不興此役，則無功可見於後世。」	元史3678
哈剌哈孫	反對	辛丑，同列以或者議倡言：「世祖皇帝以神武開一統，功蓋萬世。陛下未有伐國拓地之舉，以彰休烈。西南夷八百媳婦國弗率，可命將往征。」王謂：「山嶠小夷，去中國遼絕，第可善諭向化。苟將非其人，未見其利。」	全元文11-540
燕公楠	反對	料劉深征西南夷必挑變取敗，深竟誅死。及語平章劉國傑必先積糧思播順元，然後進兵，不從，卒殘湖南北數十萬轉餉之民。	全元文16-504
董士選	反對	士選乃獨言：「今劉深出師，以有用之民而取無用之地。」	元史3678
陳天祥	反對	六年，陞江南行臺御史中丞，上章論征西南夷事。	元史3948

　　由於皇帝與首相均贊成遠征，所以儘管御史中丞董士選的強烈反對，也

〔註132〕虞集，《雍虞先生道園類稿》第37卷，〈董忠宣公家廟碑〉，載於《全元文》第27冊（南京：鳳凰出版社，2004年），卷871，頁227之記載。

無法改變出兵的事實。在此次御前奏聞與議事中書過程中，可以看出有了皇帝信任與支持，首相的權勢日益強大，眾相合議制有往首相獨裁制轉向。而江南行臺御史中丞陳天祥的奏章，皇帝亦不予理會。

> 六國，陞江南行臺御史中丞，上章論征西南夷事，曰：「兵有不得已而不已者，亦有得已而不已者。……去歲，行省右丞劉深遠征八百媳婦國，此乃得已而不已知兵也。彼荒裔小邦，遠在雲南之西南又數千里，其地為僻陋無用之地，人皆頑愚無知。取之不足以為利，不取不足以為害。深欺上罔下，帥兵伐之，經過八番，縱橫自恣，恃其威力，虐害居民，中途變生，所在皆叛。……且自征伐倭國、占城、交趾、爪哇、緬國以來，近三十年，未嘗見有尺土一民內屬之益，計其所費錢財，死損軍數，可勝言哉！……若舍恩任威，以蹈深之覆轍，恐他日之患，有甚於今日也。」不報，遂謝病去。〔註133〕

遠征前信心滿滿的完澤首相，不料劉深竟然辜負了他的期望，不僅沒有達成征服八百媳婦國的任務，甚至一出兵就造成西南夷各地的連鎖叛變。整個出征過程依據《元史》整理如下：

表1-3　遠征八百媳婦國過程表〔註134〕

時　間	史　料　記　載	出　處
大德四年	十二月癸巳，遣劉深、合剌帶、鄭祐將兵二萬人征八百媳婦，仍敕雲南省每軍十人給馬五匹，不足則補以牛。	元史433
大德五年	春正月庚戌，給征八百媳婦軍鈔，總計九萬二千餘錠。二月己卯，以劉深、合剌帶並為中書右丞，鄭祐為參加政事，皆佩虎符。分雲南諸路行中書省事，仍置理問官二員，郎中、員外郎、都事各一員，給圓符四、驛券二十。	元史433
	二月丁亥，立征八百媳婦萬戶二，設萬戶四員，發四川、雲南囚徒從軍。丁酉，車駕幸上都。詔飭雲南行中書省減內外諸司官千五百一十四員。夏四月壬午，調雲南軍征八百媳婦。	元史434
	五月壬戌，雲南土官宋隆濟叛。時劉深將兵由順元入雲南，雲南右丞月忽難調民供餽，隆濟因紿其眾曰：「官軍徵發汝等，將盡剪髮黥面為兵，身死行陣，妻子為虜。」眾惑其言，遂叛。丙寅，詔雲南行省自願征八百媳婦者二千人，人給貝子六十索。	元史435

〔註133〕見《元史》168〈陳天祥傳〉，頁3948～3950之記載。
〔註134〕見《元史》21〈成宗本紀〉，頁433～453之記載。

大德五年	六月丙戌，宋隆濟率猫、獠、紫江諸蠻四千人攻楊黃寨，殺掠甚眾。己丑，緬王遣使獻馴象九。壬辰，宋隆濟攻貴州，知州張懷德戰死。梁王遣雲南省行省平章幛兀兒、參政不蘭奚將兵禦之，殺賊酋撒月，斬首五百級。	元史435
	秋七月癸丑，命雲南省分蒙古射士征八百媳婦。癸亥，以暗伯、阿忽台並知樞密院事。	元史436
	八月甲戌，遣薛超兀而等將兵征金齒諸國。時征緬師還，為金齒所遮，士多戰死。又接連八百媳婦諸蠻，相效不輸稅賦，賊殺官史，故皆征之。	元史437
	十一月丁未，遣劉國傑及也先忽都魯將兵萬人，八剌及阿塔赤將兵五千人，征宋隆濟。	元史438
大德六年	春正月乙卯，增劉國傑等軍，仍令屯戍險隘，俟秋進師。己未，以諸王眞童誣告濟南王，謫置劉國傑軍中自效。	元史440
	二月丙戌，遣陝西省平章也速帶而、參政汪惟勤將川陝軍，湖廣平章劉國傑將湖廣軍，征亦乞不薛，一切軍務，並聽也速帶而、劉國傑節制。罷征八百媳婦右丞劉深等官，收其符印、驛券。癸巳，帝有疾，釋京師重囚三十八人。三月甲寅，合祭昊天上帝、皇地祇于南郊，遣中書左丞相答剌罕哈剌哈孫攝事。	元史440
	夏四月戊子，釋重囚。車駕幸上都。五月癸丑，謫和林潰軍征雲南。六月甲子，建文宣王廟於京師。	元史441
	冬十月丙子，車駕還大都。十一月甲午，劉國傑裨將宋光率兵大敗蛇節，賜衣二襲，仍授以金符。	元史442
	十二月辛酉，雲南地震。戊辰，又震。丙子，劉國傑、也先忽都魯來獻蛇節、羅鬼等捷。	元史443
大德七年	二月丁丑，詔中書省設官自左右丞相以下，平章二員，左右丞各一員，參知政事二員，定為八府。庚辰，監察御史杜肯構等言太傅、右丞相完澤受朱清、張瑄賄賂事，不報。	元史448
	三月乙未，中書平章伯顏、梁德珪、段貞、阿里渾撒里，右丞八都馬辛，左丞月古不花，參政迷而火者、張斯利等，受朱清、張瑄賄賂，治罪有差，詔皆罷之。	元史449
	三月乙巳，以征八百媳婦喪師，誅劉深，笞合剌帶、鄭祐，罷雲南征緬分省。癸丑，樞密院臣及監察御史言：「中丞董士選貸朱清、張瑄鈔，非義。」帝曰：「臺臣稱貸不必問也，若言者不已，後當杖之。」甲寅，車駕幸上都。	元史450
	夏四月庚辰，蛇節降，令海剌孫將兵五千守之，餘眾悉遣還各戍。丁亥，誅蛇節。	元史450
	五月壬辰，以大德五年戰功，賞北師銀二十萬兩、鈔二十萬錠、幣帛各五萬九千匹。賜皇姪海山及安西王阿難答，諸王脫脫、八不沙，駙馬蠻子台等各金五十兩、銀珠錦幣等物有差。	元史451

大德七年	閏五月己巳，以諸王孛羅、眞童皆討賊有功，徵詣京師。完澤薨。庚辰，雲南行省平章也速帶而入朝，以所獲軍中金五百兩爲獻。帝曰：「是金卿效死所獲者。」賜鈔千錠。癸未，命江浙行省右丞董士選發所籍朱清、張瑄貸財赴京師，其海外未還商舶，至則依例籍沒。	元史 452
	六月庚子，命阿伯、阿忽台等整飭河西軍事。秋七月丙寅，答剌罕哈剌哈孫爲中書右丞相、知樞密院事。	元史 453

雖然這次的遠征失敗，完澤並沒有直接受到處罰，但實際上完澤已經完全失去鐵穆耳的信任，他的事業和時代逐漸爲哈剌哈孫所取代。完澤從至元二十八年二月九日（1291.3.10），以四十六歲的盛年，出任尙書省右丞相。完澤死於大德七年閏五月十二日（1303.6.27），享年五十八歲。歷經忽必烈、鐵穆耳二朝，任職首相長達十二年二個月之久，在所有元朝宰相中任期之長排名第八。〔註135〕但如單以右丞相一職而論，則在元朝歷史上僅次於世祖時期的安童，排列第二名。又如以右丞相連續任期而論，則更可列爲蒙元史上之第一名。

在這擔任首相的十二年期間，完澤逐步建立起穩定的中央政府，不僅協助忽必烈與鐵穆耳祖孫政權的順利交接，自己也將蒙古勳貴與色目、漢人技術官僚之間的統合協調發揮極致，而博得「賢相」之美稱。惟遠征八百媳婦國事件沒有達成皇帝提高「君權」的任務，讓一代賢相最後並不十分光彩的下臺與落幕。

遠征反對派首腦董士選，是元朝中葉三個最接近權力核心的漢族人物，另外二個是李孟與張珪。李孟的發展在武宗與仁宗二個時期；張珪則橫跨仁宗、英宗與泰定帝三個時期；董士選則是最早有發展機會的漢軍世侯，尤其是在「遠征八百媳婦國事件」結束之後，證明他的堅持與遠見是對的。

> 未數月，帝聞師敗績，慨然曰：「董二哥之言驗矣，吾愧之。」因賜
> 上尊以旌直言，始爲罷兵，誅劉深等。世祖嘗乎文炳曰董大哥，故
> 帝以二哥呼士選。久之出爲江浙行省右丞，遷汴梁行省平章政事，
> 又遷陝西。〔註136〕

〔註135〕張帆，《元代宰相制度研究》（北京：北京大學出版社，1997年），頁74之統計。另依據《元史》112〈宰相年表〉記載，完澤在大德七年四月就卸下中書省右丞相職務，所以在《元史》21〈成宗本紀〉只寫著「完澤薨」，證明他並非死於任上。

〔註136〕見《元史》156〈董士選傳〉，頁3678之記載。

董士選雖然獲得皇帝的嘉許，但卻在劉深被誅之同時，爲樞密院臣及監察御史所告，言其貸朱清、張瑄鈔。不久，調爲江浙行省右丞，失去成爲中書省大臣的機會。此事，讓很多追隨董士選的儒士深爲感嘆。

> 天子一新庶政，御史中丞董公改授江浙行中書省右丞，於是朝野之正人君子咸咨嗟歎息，相與言曰：「人臣之所以委身報國者二：言責也，事任也。事任有大小，不得相侵越；而言責實關天下之重。故公之昌言直氣，新有所不可無不言，往往阨於任事者之非其人，而不得行化且更矣，非公得行其言之時乎？而又以一方之事任出，是不繫乎一身之輕重也？」余謂諸君子之忠慮誠深。〔註137〕

董士選等所謂「漢軍世侯」及身與子孫輩，均爲世祖忽必烈的怯薛。因爲他們出將入相，爲蒙元帝國的核心集團重要份子。但成宗鐵穆耳大多將他們置於行省，或者中央的樞密院與御史臺，較少讓他們進入中書省。

> 成宗登極，召爲兵部尚書。大德元年，省臣議以公爲僉書河南江北行省事。未奏，太后有聞，亟遣中使傳旨中書，曰：「董士珍，青宮舊臣。屢聞裕宗稱其忠厚，其人宜寘近輔，爲何補外？」因留拜吏部尚書，于是銓選稱允。七年，召拜中書參知政事，與右丞相答剌罕、右丞尚文等同心佐理，機務大治，凜然有中統、至元之風焉。〔註138〕

當時董士選的堂弟董士珍已爲鐵穆耳的怯薛，且擔任中書省的參知政事，而董士選又侵犯到皇帝的「君權」，其外放行省是很自然的事。

> （大德七年閏五月）己巳，……完澤薨。……癸未，……命江浙行省右丞董士選發所籍朱清、張瑄貨財赴京師，其海外未還商舶，則依例籍沒。〔註139〕

大德七年（1303），時年五十一歲的董士選，在完澤死後不久，也從中央再度調任地方，雖然他仍努力扮演行省官員的角色，但回中央任職的機會可說已相對減少。在董士選之後，何瑋繼任御史中丞，他也是「漢軍世侯」之一，鐵穆耳即位之初，亦曾擔任中書省參知政事。漢軍世侯在大德年間，除了擔任行省左右丞之外，似乎中央的御史中丞是最理想的位置了。

〔註137〕吳澄，《吳文正公集》第14卷，〈送董中丞赴江浙右丞序〉，載於《全元文》第14冊（南京：江蘇古籍出版社，1999年），卷476，頁91之記載。

〔註138〕歐陽玄，《圭齋集》補遺，〈太傅趙國清獻公董士珍神道碑〉，載於《全元文》第34冊（南京：鳳凰出版社，2004年），卷1105，頁674～675之記載。

〔註139〕見《元史》21〈成宗本紀〉，頁452之記載。

汗仁惠聰睿，承天下混一之後，信用考成，垂拱而治。一革至元中葉
以來聚斂之政、冗設之官。約束諸王駙馬擾民，禁濫請賞賜。性又謙
沖，不好虛譽，羣臣、皇后一再請上徽號，帝不允，可謂守成之令主
矣。雖晚嬰末疾，政出中宮，而舉錯無大過失，固由委任賢相之故，
亦未始非內助之得人也。論曰：「元貞、大德間，右手諸王厭亂，藥
不忽兒、兀魯思不花歸命於前，察八兒、篤哇、明理帖木兒納款於後，
數十年骨肉之爭，以次冰釋。東西南北二萬里，櫜弓臥橐，朝廷得於
其間，省刑罰，薄稅斂，興廟學，祀南郊。微特漢、南之民欣欣望治；
雖蒙兀、色目人服兵役者，亦冀得息間焉。向使八百媳婦之役不興，
則大德六年以後，謂之偃武修文之世可也。一念喜功，西南夷騷動，
劉深之肉固不足食，丞相完澤其能免逢君之惡之辜乎！〔註140〕

鐵穆耳的最大成就，就是蒙古世界的和平。他對外重新確立了元朝對蒙古世
界的宗主地位，這是忽必烈所未能達到的目標；對內，鐵穆耳可算是一位守
成令主了。然而，鐵穆耳的「君權」行使，並沒有超越忽必烈，甚至走下坡。
蒙漢利益的矛盾無法調和，法令遲遲無法制定，官僚系統冗員增加，行政效
率低落等等問題愈來愈嚴重，而鐵穆耳的心智與體力也無法與忽必烈相比，
整體而言，君權的展開是較忽必烈時期降低不少。

第三節 官僚的崛興

鐵穆耳前期的怯薛與官僚集團，都是由忽必烈晚期所留下的臣僚。以蒙
古人答失蠻為首的怯薛集團，和以回回人賽典赤伯顏為首的官僚集團，在某
種程度上已經互相交流，融合在一起，成為一股很大的勢力。鐵穆耳皇帝必
須依賴他們處理國政，但又要防止他們坐大，大德二年與大德七年的壓制行
動，明顯的可以看出這個趨勢。其結果，也合乎鐵穆耳的要求。

一、中書省已無不忽木

忽必烈在位的最後三年，表面上是完澤當政，實際上中書省的靈魂人物
是康里人不忽木。不忽木在至元晚期不僅將他的政治理念發揮的淋漓盡致，

〔註140〕屠寄，《蒙兀兒史記》9〈鐵穆耳可汗本紀第七〉（台北：鼎文書局，1976 年），
頁 463 之論述。

而且是忽必烈最寵信的怯薛大臣。

> 世祖嘗語之曰：「太祖有言，人主理天下，如右手持物，必資左手承
> 之，然後能固。卿實朕之左手也。」每侍燕閒，必陳說古今治要，
> 世祖每拊髀歎曰：「恨輕生晚，不得早聞此言，然亦無子孫之福。」
> 臨崩，以白璧遺之，曰：「他日持此以見朕也。」〔註141〕

至元晚期完澤與不忽木的中書省體制受到肯定，不僅忽必烈支持，怯薛大臣
也能接受，但忽必烈崩逝之際的顧命事宜，卻使完澤與不忽木兩人之間埋下
重大心結。

> 三十年，帝不豫。故事，非國人勳舊不得入臥內。不忽木以謹厚，
> 日視醫藥，未嘗去左右。帝大漸，與御史大夫月魯那顏、太傅伯顏
> 並受遺詔，留禁中。丞相完澤至，不得入，伺月魯那顏、伯顏出，
> 問曰：「我年位俱在不忽木上，國有大議而不預，何耶？」伯顏歎息
> 曰：「使丞相有不忽木識慮，何至使吾屬如是之勞哉！」完澤不能對，
> 入言於太后。太后召三人問之。月魯那顏曰：「臣受顧命，太后但觀
> 臣等為之。臣若誤國，即甘伏誅，宗社大事，非宮中所當預知也。」
> 太后然其言，遂定大策。其後發引、升祔、請謚南郊，皆不忽木領
> 之。〔註142〕

鐵穆耳即位伊始，完澤即開始有所動作，因不忽木乃世祖近侍怯薛，非新皇
帝近臣，而完澤長期兼任太子詹事，並曾二度追隨鐵穆耳至漠北作戰。

> 裕宗薨，成宗以皇孫撫軍北方，完澤兩從入北。〔註143〕

比較起來，不忽木欲見鐵穆耳為不易，這也是帝位遞嬗中，新帝的怯薛就有
取代舊怯薛之作用。〔註144〕

> 成宗即位，執政皆迎於上都之北。丞相常獨入，不忽木至數日乃得
> 見。〔註145〕

雖然不忽木見新皇帝不容易，但仍不改正直個性，對於政府不當的施政依舊

〔註141〕見《元史》130〈不忽木傳〉，頁 3173 之記載。
〔註142〕見《元史》130〈不忽木傳〉，頁 3171 之記載。
〔註143〕見《元史》130〈完澤傳〉，頁 3173～3174 之記載。
〔註144〕王明蓀，《元代的士人與政治》，頁 81 之論述：親疏的問題固與門第有關，而
　　　　在傳記各種資料中，常看到事帝王於潛邸、藩邸舊臣等，這些就是親近的宿衛，
　　　　及帝王出潛邸入大統，這批親衛也就轉入中央「怯薛」之中，或者出仕入官了。
〔註145〕見《元史》130〈不忽木傳〉，頁 3171 之記載。

痛下針砭，讓皇帝與完澤等其他中書省大臣均感受到很大的壓力。

> 成宗以公爲先朝腹心之臣，尤加禮重。事有不可行，公必侃侃正言，
> 援引古今復甚力。上聞之悚然，雖已成命，數奪而止。公在中書，
> 同列頗嚴憚公，或以私意干政，公輒拒不從，繇是深以爲怨。〔註146〕

以完澤爲首的中書省臣，經過幾次排擠動作，終於在獲得鐵穆耳的首肯及親自勸慰不忽木之情況下，不忽木離開了中書省，完澤與不忽木中書省執政體制正式崩解。

> 會公以疾在告，上亦不豫久，因構公與丞相有隙，出公爲陝西省平章。
> 他日，聖體稍安，怪公不預奏事，問知其故，大怒，責丞相以爲欺，
> 立召公復入中書。公體素弱，至是氣羸益甚。上以御史臺事簡，拜昭
> 文館大學士、平章軍國事，行御史中丞，領侍儀司事。〔註147〕

不忽木與完澤共事的日子，從至元二十八年二月九日（1291.3.10）尙書省丞相與平章開始，到元貞二年三月四日（1296.4.7）不忽木離開中書省止，時間超過了五年。不忽木的剛直性格，配合完澤的寬厚謹愼，應是最佳的執政搭配，但因爲帝位遞嬗引起的摩擦，使得「太子舊臣集團」崩解。完澤在不忽木離開中書省後，也知道不忽木的功能與價值，因而後悔不已。

> 公已去，朝廷之政稍紊於其舊，久之，丞相頗覺爲同列所誤，不得
> 與公共事，引咎自責，流淚滿襟。未幾，果以累聞，於是朝廷益知
> 公之賢。〔註148〕

完澤爲太子舊臣集團首腦，也是中書省首長，他之所以能成爲朝廷重臣，主要是因爲他的謹愼和寬厚，而不是因爲他的才幹。〔註149〕在元貞、大德期間，上有垂拱而治、善於守成的鐵穆耳皇帝；又有能處之以安靜、不急於功利的

〔註146〕趙孟頫，《松雪齋文集》7〈故昭文館大學士榮祿大夫平章軍國事行御史中丞領侍儀司事贈純誠佐理功臣太傅開府儀同三司上柱國追封魯國公諡文貞康里公碑〉收于《全元文 19》（南京：江蘇古籍出版社，2000 年），頁 237 之記載。

〔註147〕趙孟頫，《松雪齋文集》7〈故昭文館大學士榮祿大夫平章軍國事行御史中丞領侍儀司事贈純誠佐理功臣太傅開府儀同三司上柱國追封魯國公諡文貞康里公碑〉，載《全元文》第 19 冊（南京：江蘇古籍出版社，2000 年），頁 237 之記載。

〔註148〕趙孟頫，〈故昭文館大學士榮祿大夫平章軍國事行御史中丞領侍儀司事贈純誠佐理功臣太傅開府儀同三司上柱國追封魯國公諡文貞康里公碑〉，頁 237～238 之記載。

〔註149〕蕭啓慶，〈元中期政治〉，頁 570，「忽必烈成就的守護者」。

完澤，所以理財官僚與太子舊臣集團相處融洽，完澤也成為一代賢相。

> 元貞以來，朝廷恪守成憲，詔書屢下散財發粟，不惜鉅萬，以頒賜
> 百姓，當時以賢相稱之。大德四年，加太傅、錄軍國重事。位望崇
> 隆，成宗倚任之意益重，而能處之以安靜，不急於功利，故吏民守
> 職樂業，世稱賢相云。〔註150〕

完澤與其他中書省大臣，不管職位高低，同心協力處理國政，這從史料上可以仔細看得出來。

> 成宗皇帝，元貞元年正月二十日，丞相完澤等奏：去年緬國上言，
> 其邊界百姓漸入金齒國甚多，乞還其民……十二日，丞相完澤、平
> 章剌眞等奏：甘州省咨本省，先領起馬一匹，聖旨七道……十二月
> 二十六日，中書平章政事賽典赤、剌眞等聞奏三事，一奏前者嘗令
> 站赤人吏，每歲賫祗應文卷赴省會計，至今不廢。……三年十一月
> 十三日，丞相完澤、平章剌眞等奏，江浙省言，下海使臣未及去期，
> 先到行省。〔註151〕

完澤與不忽木最早進入中書省，至元二十八年五月十七日（1291.6.14）二人同時由尚書省右丞相與平章政事轉任中書省同職務，本期待為雙首長領導，那知因個性不合，元貞二年三月四日（1296.4.7）不忽木離開中書省，雖則轉任昭文館大學士，並平章軍國事，等於也淡出了權力核心。〔註152〕不忽木個性正直不阿，所以理財官僚無法與之共事。

> 執政奏以為陝西行省平章政事，太后謂帝曰：「不忽木朝廷正人，先
> 皇帝所付託，豈可出之於外耶！」帝復留之。以與同列多異議，稱
> 疾不出。元貞二年春，召至便殿曰：「朕知卿疾之故，以卿不能從人，
> 人亦不能從卿也。欲以段貞代卿，如何？」不忽木曰：「貞實勝於臣。」
> 乃拜昭文館大學士、平章軍國重事。辭曰：「是職也，國朝惟史天澤
> 嘗為之，臣何功敢當此。」制去「重」字。〔註153〕

不忽木離開中書省後，中書省的太子舊臣集團成員除完澤外，還有中書右丞

〔註150〕見《元史》130〈完澤傳〉，頁3174之記載。
〔註151〕見《站赤》4（台北：廣文書局，1972年），頁92～98之記載。
〔註152〕趙孟頫，〈故昭文館大學士榮祿大夫平章軍國事行御史中丞領侍儀司事贈純誠
　　　　佐理功臣太傅開府儀同三司上柱國追封魯國公諡文貞康里公碑〉，頁237之記
　　　　載。
〔註153〕見《元史》130〈不忽木傳〉，頁3172之記載。

張九思、中書參知政事何瑋二人。何瑋（1245～1310）能文能武，早期從伯顏平南宋，至元十八年（1281）由張九思推薦給眞金太子，出任參議中書省事。此後他歷任江南浙江按察使、大名路總管、湖南宣慰使等地方官。至元三十一年十一月十八日（1294.12.6）升任中書省參知政事，大德七年（1303）轉任御史中丞，反對理財之臣的貪污行爲，個性接近不忽木，而與完澤、阿魯渾薩理差異較大。

> 以參知政事召，不拜。除侍御史，又以母疾辭。改御史中丞，尋兼
> 領侍儀司。……參政之召，以政府員冗，願汰自己始，不拜。〔註154〕

依據程鉅夫所撰碑銘中，似乎何瑋並沒有在中書省任職，但依據元史宰相年表所載，何瑋從至元三十一年（1294）到大德元年（1297）五月，擔任過二年半的中書參知政事。〔註155〕總之，太子舊臣集團在鐵穆耳初期的中書省約有三至四大臣名額。

表1-4 太子舊臣集團成員經歷

姓 名	真金太子關係	忽必烈晚期	鐵穆耳時期	頁碼
完澤	完澤以大臣子選爲裕宗王府僚屬。裕宗爲皇太子，署詹事長。入參謀議，出掌環衛，……自是常典東宮衛兵。	裕宗薨，成宗以皇孫撫軍北方，完澤兩從入北。至元二十八年，桑哥伏誅，世祖咨問廷臣，特拜中書右丞相。	位望益崇，成宗倚任之意益重，而能處之以安靜，不急於功利，故吏民守職樂業，世稱賢相云。	3173
不忽木	世祖奇之，命給事裕宗東宮。	乃拜完澤右丞相，不忽木平章政事。	竟以與同列多異意，稱疾不出。元貞二年春，召至便殿曰：「朕知卿疾之故，以卿不能從人，人亦不能從卿也。欲以段貞代卿，如何？」	3164
阿魯渾薩理	後事裕宗，入宿衛，深見器重。	授資德大夫、尚書右丞。……拜榮祿大夫、平章政事。	大德三年，復拜中書平章政事。	3175
張九思	至元二年，九思入備宿衛，裕皇居東宮，一見奇之，以父蔭當補外，特留不遣。	三十年，進拜中書左丞，兼詹事丞。	十一月，進資德大夫、中書右丞。……大德二年，拜榮祿大夫、中書平章政事。	3980
王慶端	至元十九年，改詹事丞。十九年，置詹事院，以本職兼詹事丞。	征東之功，慶端贊畫居多。	成宗即位，中書右丞。……大德二年，平章政事。	3574

〔註154〕程鉅夫，《雪樓集》8〈梁國何文正公神道碑〉。參看《全元文》第16冊，頁371～372之記載。

〔註155〕見《元史》112〈宰相年表〉，頁2804～2806之記載。

何　瑋	至元十八年，擢參議中書省事。	三十一年，拜中書參知政事。	賽典赤、八都馬辛等還自貶所，復相位，瑋言：「姦黨不可復用，宜選正人以居廟堂。」	3545

二、大德二年的珍寶欺詐案

元朝官吏貪贓的惡性發展，主要表現爲中央朝廷到地方官吏廉恥道喪、貪瀆成風。肆虐始終，一批宰執也捲入貪贓浪潮。

> 國朝之制：凡官於內服者，月有俸幣，而又有廩粟焉；官於外服者，月有俸幣，而又有職田焉。職田之制通行乎天下，而亦獲無公田可給，有所偏頗，不能均一，上之人莫之知也。縣之置尉舊矣，官雖小，而職則要。近年廉恥道喪，貪濁成風，官資清顯而不能廉者有矣，況在庶僚之位者乎？田祿豐盈而不能廉者有矣，況無職田之養者乎？〔註156〕

鐵穆耳初年，京師犯贓罪的官吏就有三百人，佔當時京食祿者萬人的百分之三，其中大部分當是中央省院臺部寺監的官吏。大德元年（1297）三月，札魯忽赤脫而速受賄，爲其奴所告，毒殺其奴，坐棄市。〔註157〕此爲執法官員受賄而殺人滅口。另外，地方官員勾結中央大臣，使盡力氣貪贓舞弊，因貪贓而驟成巨富者亦不少。發生在大德二年（1298）的珍寶欺詐案也是一椿醜聞，對元朝中葉政治生態，特別對主管貿易的老怯薛勢力之消長沉浮有重要影響，因而值得重視。

> 有一次，商人們帶來了許多寶石和裝飾品，並把它們賣給了合罕（鐵穆耳）。異密們、丞相們（維昔兒）和舊貨商人（牙儈）來了，給珍寶定價爲六十萬巴里失，並從國庫中取了錢。從這筆錢之中，商人大約用了十五萬巴里失於異密和丞相們身上。〔註158〕

當時諸牙儈（商人）中有兩人因受排擠而不能參與此項交易，故而向另一因遭彈劾而被黜的名爲木黑必勒的平章告發其間的陰謀。鐵穆耳乃令當時在朝的已罷黜之行在城之丞相失哈不丁，重行估定其價值爲三十萬巴里失。案發，商人及牙儈被捕，彼等招認賄賂每異密之款數。以故，諸異密（怯薛）與維昔兒（丞

〔註156〕吳澄，《吳文正公集》19〈臨川縣尉司職田記〉載《全元文》第 15 冊，頁 118 之記載。
〔註157〕見《元史》19〈成宗本紀〉，頁 410 之記載。
〔註158〕拉施特，《史集》，頁 387 之記載。

相）共十二人被捕，內有答失蠻丞相、脫因納、撒兒班、亦黑迷失、鐵哥平章、愛薛怯里馬赤、伯顏平章之兄弟伯顏察兒、瞻思丁及其他平章三人。

> 他們全都在"省"底牢中被投入監牢，並且有旨全部處死。他們的妻子和親友前往闊闊眞哈敦處請求講情。她竭力營救他們而未遂。在此之後，他們請求膽巴八黑失保護。恰好在那幾天出現了掃把星。以此之故，膽巴巴黑失派人去請合罕來，要求祈禱掃把星。合罕來到了。巴黑失說，應當釋放四十個囚犯，接著他又說，應當再寬恕一百個囚犯。他們就因爲這件事而獲釋了。〔註 159〕

這十二位怯薛或丞相皆拘於中書省，鐵穆耳下令盡皆處死。他們的妻子與侍從求闊闊眞皇太后調護無效，乃復求膽巴國師。剛好彗星出現，膽巴以解禳爲理由，建言釋囚，繫者盡釋。諸人仍各事所事，超出實質的三十萬巴里失則復自彼等手中追還之。要討論的不是膽巴比闊闊眞夠力，而是這十二位涉案者的眞實身分。他們是怯薛還是官僚，或者兩者兼具。

對於此問題進行研究者有兩人，幾乎同時，日本學者四日市康博與南京大學的高榮盛都發表了相關論文，也對部分涉案人員進行分析論述。〔註 160〕

這十二位涉案人員中，首要人物非答失蠻莫屬。雖然《元史》宰相年表所載官員爲檯面上掌權者，但實際上去職或被罷黜留在京城的前大臣，都有可能被皇帝召見賦予某項任務。就以大德二年（1298）的珍寶欺詐案涉及的官員來說，元朝載籍非漢人同名者甚多，以此之故，必須聯繫有關事件搜尋相關人員。就本案而言，涉案人員的身分大致有兩個特點：第一，因涉及皇帝和蒙古權貴所喜好的珍寶，所以，他們一班人應與斡脫或海外貿易有關；第二，除參與估價的失哈不丁外，史集列出的涉案者的多數應大致相當於丞相或平章等級的中央大臣。在十多位案犯中只有答失蠻被稱爲丞相，但答失蠻在元史宰相年表中並無記載。〔註 161〕

王自幼事世祖，初與今太師淇陽王伊徹察喇同掌奏記，後獨掌第一

〔註 159〕拉施特，《史集》，頁 388 之記載。

〔註 160〕四日市康博，〈元朝宮廷における交易と廷臣集團〉，載於《早稻田大學大學院文學研究科紀要》第 45 期第 4 卷（東京：早稻田大學，2000 年）；另見高榮盛，〈元大德二年的珍寶欺詐案〉，載於《元史論叢》第 9 輯（北京：中國廣播電視出版社，2004 年）。

〔註 161〕楊志玖，《內蒙古社會科學 1983～1984 年》或《元史三論》之〈元代的幾個答失蠻〉文中所說的那個出自克烈部的答失蠻。

宿衛奏記，兼監斡脫總管府持，爲國假貸，權歲出入，恒數十萬錠，緡月取子八釐，實輕民間緡取三分者幾四分三，與海舶市諸蕃者。兼戶部尚書、內八府宰相，如馬湩酹郊，燔肉告神，皆大祀也，惟王司之；又諸臣喪疾，可通籍入與否，必是焉白；詔凡祝釐金帛，惟視其署，有司始給。十八年，升總管府爲泉府司。丞相哈剌哈遜賞奏罷之。二十有五年王請復立。其年東諸侯王納延（乃顏）叛，帝自將往征，王前矛而後殿之。詔諸侯王而下，生殺惟命。亦既底平。明年，其黨一王哈丹又叛，成宗時皇孫，詔王將衛士千人討之，大破其軍，獲輜重部可貲算，哈丹挺身走引分海隅。歸奏衛士疾戰之勞，請人賜白金爲兩五十，制可。及改制置爲宣政院，以王爲使凡天下職僧之官，何人宜爲，從所調奏；祝髮之徒入罪罟者，惟與是官同聽，有司不得專決。二十七年，叛王罕都（海都）犯西北鄙，帝又自將往征。至杭海，王累戰皆捷，叛王遠遁。撫安邊兵，與置驛傳而還。明年，拜榮祿大夫、泉府大卿。凡諸侯王副車贄壞奠至庭者，王則傳臚受之。成宗元貞元年，罕都遣諸侯王額淋沁出兵犯西陲，帝召王曰，卿名素重，非身往不可，卿能行無？對曰：效死臣職，惟陛下命！加銀青、平章軍國重事。十月，獲額淋沁與所部偕來。大德三年，兼翰林院學士承旨，領泉府司事。最其賞賚，珠衣寶帶、海東青鶻白鷹及豹，出中帑外坊者，月異而歲新之，不次計。以大德八年七月二十五日薨，年五十七。〔註162〕

經高榮盛指出答失蠻應爲內八府宰相。〔註163〕這個克烈部世族大家的宗教背景應是基督教的景教，其父孛魯歡又因黨附阿里不哥而被殺，但從世祖以來，他卻一直受到重用，我想其中的原因並不難理解：以黃金家族和四大怯薛家族爲核心的蒙古集團成爲統治者後，因其文化水準的低下而愈益難以應對內外諸多事務。而處於蒙古高原腹心區的克烈部作爲一個蒙古本部的部族，他不僅可能擁有較高的文化（因而得以獨掌第一宿衛奏記和掌管黃金家族的財務出入），而且與其週邊的非蒙古部有著天然的聯繫（例如，早在成吉思汗時期，其先祖就因功而受五百餘戶畏吾兒戶）。世祖與成宗後來讓這個基督教背景的家族領斡脫事務，進而掌領宣政院，正可證明該家族的文化包容性。可

〔註162〕姚燧，《牧庵集》13〈皇元高昌忠惠王神道碑銘並序〉之記載。
〔註163〕高榮盛，〈元大德二年的珍寶欺詐案〉，頁120之論述。

以說，從憲宗時代孛魯歡掌宣發號令諸事，到答失蠻被選作元廷的大內管家而集財政、斡脫事務、宗教等黃金家族最爲關注的幾項重大事務於一身，並非偶然。也可以說，忽必烈時代的交易管理體制，仍舊繼承蒙哥時代已確立的體制而來。〔註164〕答失蠻雖有丞相之名，實際上是標準橫跨三代四十年的怯薛大臣。

被捕的排列第二人是脫因納，大德五年（1301）七月，升太醫院爲二品，以平章政事、大都護、提點太醫院事。脫因納爲太醫院使的職務，也是重要的怯薛執事。排行第三的撒兒班，高榮盛認爲應是至元二十二年（1285）由御史中丞升任御史大夫的撒里蠻，能與答失蠻共同傳旨，撒兒班當然也是必闍赤之一。〔註165〕

排行四的亦黑迷失是畏吾兒人，宿衛出身。〔註166〕排行第五的是另一位平章政事鐵哥，或作鐵柯，克什米兒（迦葉彌兒）人。鐵哥在至元二十九年（1292）就入爲中書平章政事，但在大德三年（1299）乞解機務，可能是受到這次欺詐案之影響而罷之，惟仍授平章政事，議中書省事。〔註167〕排行第六的是愛薛怯里馬赤，他是西域拂林人，擔任通事（怯里馬赤）一職，商人以此地位很高的翻譯人員作爲行賄之對象，亦在情理之中。〔註168〕排行第七的是伯顏平章之兄弟伯顏察兒，即賽典赤贍思丁之孫，納速剌丁第七子，伯顏爲其長兄。〔註169〕排行第八的是贍思丁，這是八人中最難捉摸的一個。疑即至元十八年（1281）奉使木剌由國，亦即與外事有關的苫思丁。其奉使活動正是元切打開海外外交局面的一個組成部分，但此人的後續情況使人有中斷之感。〔註170〕

〔註164〕四日市康博，〈元朝宮廷における交易と廷臣集團〉，頁12之論述。
〔註165〕高榮盛，〈元大德二年的珍寶欺詐案〉，頁123之論述。
〔註166〕見《元史》131〈亦黑迷失傳〉，頁3198之記載。
〔註167〕吳澄，《吳文正公集》30〈題秦國忠穆公行狀墓名神道碑後〉載《全元文》第14冊，頁596之記載。
〔註168〕見《元史》134〈愛薛傳〉，頁3249之記載。
〔註169〕伯顏於至元三十一年十一月召入爲中書省平章政事，次年年初世祖崩，成宗即位。當年十一月以其弟伯顏察兒參議中書省事。伯顏曰：兄弟宜相嫌避，成宗曰：兄平章于上，弟參議於下，何所嫌也。
〔註170〕高榮盛，〈元大德二年的珍寶欺詐案〉，頁125之論述：「大德十一年（1307）出使西域的贍思丁（遙授爲福建道宣慰使）不知是否就是他。延祐六年（1319）十一月以秘書卿爲大司徒的苫思丁是我們所見同名中職銜較高的一個，亦可提供參考（他與上面提到的苫思丁或贍思丁一時難以聯繫起來）。他與《秘書

　　從我們掌握的資料看，失哈不丁與首位犯案的答失蠻丞相，二人是能夠印證此案存在的關鍵人物。這是因為，二人及其相應的職位與作用都與當時蒙古上層的珠寶需求及其營求方式有密切關係。要明確這點，似有必要回顧一下蒙古帝國早期斡脫與蒙古上層的特殊關係及其後續情況。我們知道，隨著蒙古高原統一進程的推進，大批西域商人東來。一方是精於買賣的行家裏手，另一方是幾乎毫無工商經驗卻處于軍事巔峰狀態的世界征服者，雙方一拍即和，西域商人紛紛集聚于汗庭和各級貴族軍將的旗幟之下。因而，大汗與貴族軍將手下便擁有了一大批金綺珠寶的羅致者和商業財務幫辦。亦如所知，蒙古上層貴族斡脫之間在構成這樣的經濟關係之外，同時也結成了特殊的政治關係。

　　大德三年（1299）涉案怯薛集團死裡逃生，以《史集》所述，大概鐵穆耳並沒有要置這些涉案者於死地。雖然表面上是膽巴國師的求情，實際上皇帝只是要壓制他們對財政的掌控權。

　　總合前面所見之各人履歷，在大德二年（1298）階段履歷較為明顯的有五名所屬官衙各個相異，他們的職掌比較上屬於特定官衙。《史集》記載，他們由一名「丞相」與數名「平章」所構成，但並不是全屬於中書省宰相位置，以「中書省」宰相羣稱呼並不妥當。這些人應該都屬資深或近侍怯薛。像愛薛不過是「遙授」平章（名目上的平章政事）；答失蠻有「平章軍國重事」頭銜，但這只是贈給重臣名譽上的頭銜，是否有固定與長期的權力是很有問題的。〔註171〕所以，和當時的中書省宰執並不一樣，他們並不全是中書省編制內的大臣。

　　在中國傳統官制體系內，也並不存在他們這些怯薛廷臣集團的官衙。各個怯薛都是各個官衙的長官。答失蠻為泉府司與宣政院；愛薛在廣惠司與崇福司；亦黑迷失在行泉府司（至元年間後期）、會同館（武宗海山朝）；剌真及其子察乃任通政司長官。這些官衙都和朝貢、交易與宗教相關聯的官衙。

監志》中的瞻思丁肯定同為一人。有關記載雖散見于《秘書監志》，但行跡可以大致梳理出來：至元二十五年為秘書監丞（正六品），大德元年為秘書監（從三品），大德五年九月以集賢大學士、中奉大夫行秘書監提調回回司天臺事。大德十年三月加通議大夫（正三品），武宗至大四年（1311）七月，自秘書監（從三品）升為秘書卿（正三品），延祐時加守司徒，延祐六年七月加大司徒。」
〔註171〕張帆，《元代宰相制度研究》（北京：北京大學出版社，1997年），頁48～51之論述。

「朝貢」、「交易」、「宗教」等事務並不完全由中書省掌管，怯薛直接掌管的機會更大。雖然鐵穆耳可能有意讓中書省完全接管這些業務，但實際上這仍是無法做到的事，中書省實際上只能配合這些近侍怯薛所需，因為他們代表的正是皇室的直接利益。

> 三十一年，成宗詔有司勿拘海舶，聽其自便。元貞元年，以舶船至
> 岸，隱漏物貨者多，命就海中逆而閱之。……大德元年，罷行泉府
> 司。二年，併澉浦、上海入慶元市舶提舉司，直隸中書省。是年，
> 又置制用院，七年，以禁商下海罷之。至大元年，復立泉府院，……
> 若夫中買寶貨之制，泰定三年命省臣依累朝呈獻例給價。〔註172〕

要證實這個講法，可以從泰定三年（1326）中賣寶貨的繼續存在，並且仍由中書省配合辦理之例，張珪在事情過了二十五年後的泰定元年（1324）的一篇奏章中提到這件事。

> 中賣寶物，世祖時不聞其事，自成宗以來，始有此弊。分珠寸石，
> 售直數萬，當時民懷憤怨，臺察交言，且所酬之鈔，率皆天下生民
> 膏血，輒銖取之，從以捶撻，何其用之不吝！夫以經國有用之寶，
> 而易此不濟饑寒之物，又非有司聘要和買，大抵皆時貴與斡脫中寶
> 之人，妄稱呈獻，冒給回賜，高其直且十倍，蠹耗國財，暗行分用。
> 如沙不丁之徒，頃以增價中寶事敗，具存吏牘。陛下即位之初，首
> 知其弊，下令禁止，天下欣幸。臣等比聞中書乃復奏給累朝未酬寶
> 價四十餘萬錠，較之元直，利已數倍，有事經年遠者三十餘萬錠，
> 復令給以市舶番貨，計今天下所徵包銀差發，歲入止十一萬錠，已
> 是四年徵入之數，比以經費弗足，急於科徵。臣等議：番舶之貨，
> 宜以資國用、紓民力，寶價請俟國用饒給之日議之。〔註173〕

從這一篇奏章可以看出，雖然元朝中葉歷任皇帝並非不知其嚴重性，但對這種皇室利益仍無法根除。中書省雖則有一二大臣想力叱這種思想的蔓延，實際上大多數省臣，尤其是蒙古、色目大臣根本是與皇室近侍怯薛沆瀣一氣，因為這是他們的終極目標，也就是權力與財富。從《元史》尚文傳的一段記

〔註172〕見《元史》94〈食貨志〉，頁 2402～2403 之記載。

〔註173〕見《元史》175〈張珪傳〉，頁 4077 之記載。此奏議乃發生在泰定元年六月，
當時車駕在上都。先前，泰定皇帝也孫鐵木兒以災異，詔百官集議，張珪時
任中書省平章政事，乃與樞密院、御史臺、翰林、集賢兩院官，極論當世得
失。這時候，張珪偕同左司員外郎宋文瓚，詣上都所奏。

載就可以看出這種「貪利」的情況。

> （大德）七年，召拜資善大夫、中書左丞。……西域賈人有奉珍寶進
> 售者，其價六十萬錠，省臣平章顧謂文曰：「此所謂押忽大珠也，六
> 十萬酬之不爲過矣。」一坐傳玩，文問何所用之，平章曰：「含之可
> 不渴，熨面可使目有光。」文曰：「一人含之，千萬人不渴，則誠寶
> 也；若一寶止濟一人，則用已微矣。吾之所爲寶者，米粟是也，一日
> 不食則饑，三日則疾，七日則死；有之則百姓安，無則天下亂。以功
> 用較之，豈不愈於彼乎！」平章固請觀之，文竟不爲所動。〔註174〕

元朝之中國傳統的官僚制度與家政侍從集團的怯薛制度並存，兩者之間並沒
有嚴密的境界。可汗與商人之應對，並沒有明確的組織規定，是由中國官制
下的大臣或是由怯薛制度的近侍來處理，所以日本學者四日市康博甚至以「廷
臣」一詞來綜合「官僚」與「侍從」的稱呼。〔註175〕

鐵穆耳可能有意教訓忽必烈時代的資深怯薛，大德二年（1298）的「珍
寶欺詐案」是一次很好的機會。此後，鐵穆耳的身體每況愈下，而卜魯罕皇
后又一昧信任中書省回回理財之臣，所以這些怯薛雖實力仍堅強，但卻在中
央政壇漸次失去核心地位。

表1-5 蒙元各時期任用怯薛概略統計〔註176〕

時　　期	人數（合計）	重　　要　　怯　　薛	備　　註
太　祖	蒙古 20 色目 18（53） 漢南 15	博爾忽、博爾朮、木華黎、赤老溫 布魯海牙、賽典赤瞻思丁 耶律禿花、粘合重山	
太　宗	蒙古 4 色目 7（17） 漢南 6	納琳、也柳干、蒙古巴爾、台齊 哈只、曲律、牙牙、也烈拔都兒 唐兀歹、阿拉克巴圖爾	

〔註174〕見《元史》175〈張珪傳〉，頁3988之記載。依當時的記載來看此事應是發生
　　　　在大德八年三月左右，尚文因此有辭職之意。

〔註175〕四日市康博，〈元朝宮廷における交易と廷臣集團〉，載於《早稻田大學大學
　　　　院文學研究科紀要》第45期第4卷（東京：早稻田大學，2000年），頁3～
　　　　15之論述。

〔註176〕片山共夫，〈元朝怯薛出身者の家柄について〉，載於《九州大學東洋史論集》
　　　　8（福岡：九州大學文學部，1980年），頁35～48。第三表爲蒙古人怯薛出身
　　　　者一覽表，第四表爲色目人怯薛出身者一覽表，第五表爲漢南人怯薛出身一
　　　　覽表。

定　宗	色目 1（1）	愛薛	
憲　宗	蒙古 4	李魯歡、兀良哈台、塔必迷失	
	色目 8（21）	禿兒赤、口兒吉、月魯達某	
	漢南 9	禿滿苔兒、張庭珍、傅榮祖、孫逮	
世　祖	蒙古 46	月赤察兒、玉昔帖木兒、安童、伯顏、答失蠻	
	色目 57（167）	廉希憲、不忽木、土土哈、阿沙不花、鐵哥	
	漢南 64	董文忠、賀仁傑、程鉅夫、王慶端、王璋	
成　宗	蒙古 6	塔剌海、伯答沙、按灘	
	色目 10（36）	脫歡、納麟、柏鐵木兒、回回、香山	
	漢南 20	石抹、塔布台、譚質、袁必力台、張熙祖	
武　宗	蒙古 5	瓜頭、拜住、脫歡	
	色目 5（15）	帖木兒補化、阿禮海牙、阿塔赤、燕鐵木兒	
	漢南 5	趙世安、金界奴	
仁　宗	蒙古 9	木剌忽、野仙溥化、月魯帖木兒、別兒怯不花	
	色目 7（23）	亦憐眞班、博羅不花	
	漢南 7	買買、靳德謙、郝佑	
英　宗	蒙古 2	朵爾質班、自當	
	色目 2（5）	亦輦眞、鎖咬兒哈的迷失	
	漢南 1	任速哥	
泰定帝	蒙古 1	撊思監	
	色目 1	失里門	
	漢南 1	張旭	
天順帝	0		
明　宗	漢南 1	楊瑀	
文　宗	蒙古 2	完者帖木兒、脫脫	
	色目 3（5）	李羅帖木兒、福壽、察罕不花	
	漢南 1	愛穆柯	
寧　宗	0		
順　帝	蒙古 7	阿魯圖、咬咬、哈剌章、紐的該、朶里不花	
	色目 4	定住、哈麻、雪雪、迭里禰實	
	漢南 1	呂靈童	

　　從上表可以看出因為世祖忽必烈在位達三十五年之久，且又意栽培各族群優秀份子入怯薛，而且這些優秀怯薛都是以「受任使，服官政」方式，外朝省院臺大臣或皇室內朝官銜的長官，都由他們出任。所以蕭師啟慶指出，

怯薛人員與政府高官員屬於同一貴族集團，無官職的怯薛隨時可出任外朝官員，而外朝省院臺大臣仍須在怯薛輪值。〔註177〕

　　在鐵穆耳的繼位過程中，整個怯薛集團的支持與合作無間，而且有一半左右的怯薛仍留在成宗朝服務，此乃元朝的制度使然。

> 若夫宿衛之士，則謂之怯薛歹，亦以三日分番入衛。其初名數甚簡，
> 後累增爲萬四千人。揆之古制，由天子之禁軍。是故無事則各執其
> 事，以備宿衛禁庭，有事則惟天子之所指使。比之樞密各衛諸軍，
> 於是爲尤親信者也。然四怯薛歹，自太祖以後，累朝所御幹耳朵，
> 其宿衛未嘗廢。是故一朝有一朝之怯薛，總而計之，甚數滋多，每
> 歲所賜鈔幣，動以億萬計，國家大費每敝於此焉。〔註178〕

怯薛是統治集團中的核心，他們協助大汗掌控著最精銳的軍隊，負責國家與皇帝的安全。怯薛包括蒙古、色目（主要是畏吾兒、康里人）、漢人（主要是漢軍世侯）等，其中以蒙古「大根腳」貴族最重要，如安童、月赤察兒、玉昔帖木兒、伯顏等；色目人中，在忽必烈前期以畏吾兒人廉希憲爲核心，後期則培養不忽木爲之繼；另漢人中的漢軍世侯，原也是核心之一，但在忽必烈後期漸次離開中央，成爲地方行省右丞或參政。

　　中書省平章政事以下的理財大臣，或者是尙書省的專業理財大臣，大部分是回回人，也有部分的其他西域人或漢人，他們中有很多是忽必烈正后察必的侍臣，如阿合馬；後期則與皇太子遺孀闊闊眞有密切關係，如賽典赤伯顏、阿魯渾薩理。他們主要的任務是協助大汗與皇室來掌控國家財政，因爲這一部分是蒙古人最不擅長的。

　　這樣的政治生態到了鐵穆耳即位以後，有了部分的變化。主要是兩個權臣玉昔帖木兒與伯顏皆在一、兩年內去世；不忽木孤掌難鳴；月赤察兒志在漠北建功立業；答失蠻、脫因納等與外朝理財平章共同貪圖利益，整個怯薛核心集團在權力結構上漸漸失去主導地位。

　　另外，由於闊闊眞積極輔佐鐵穆耳，而其心腹如完澤、賽典赤伯顏、阿魯渾薩理等掌控著中書省。答失蠻、脫因納等怯薛協助闊闊眞皇太后看管隆

〔註177〕蕭啓慶，〈元代的宿衛制度〉原載於《國立政治大學邊政研究所年報》4（台
　　　　北：國立政治大學邊政研究所，1973年），後收錄於氏著《元代史新探》（台
　　　　北：新文豐出版公司，1983年），頁75之論述。
〔註178〕見《元史》99〈兵志〉，頁2525之記載。

福宮、徽政院所轄的泉府司等內府機構。

蒙古勳貴與色目大臣組成了新的核心集團，而漢人則除了梁德珪等少數出自皇后系統的理財大臣外，其餘最重要的如漢軍世侯者，幾乎都被派到御史臺任職，在核心集團外另成一個勢力。

> 元貞二年己丑，御史臺臣言：「漢人爲同僚者，嘗爲姦人揻摭其罪，由是不敢盡言。請於近侍昔寶赤、速古兒赤中，擇人用之。」帝曰：「安用此曹。其選漢人識達事體者爲之。」〔註179〕

鐵穆耳開始要建立自己的核心集團，首先，必須在蒙古世勳中選擇一位有能力可擔任核心集團之首腦者，這個人選經過精心挑選後，決定由時任江浙行省平章政事的哈剌哈孫答剌罕出任。

> 大德戊戌九月，朝成宗皇帝于上都。帝嘉其績，授光祿大夫、左丞相、行省江浙。……王既當鈞軸，益以天下自任。……選名儒爲學官，奏遣近臣子弟入學，而四方來學者益重。……冬十有一月，帝弗豫。王入侍醫藥，出摠宿衛，且理幾務。諸藩王欲入侍疾，王拒之。……王封府庫，稱疾臥闕下，理幾務如故。中闈以姦臣謀絕北道驛，欲行祔廟禮。王格其事，密記授使間走，……諸懷詐者數欲害王，王不爲動。內外懍懍，視王以安。〔註180〕

首腦人選決定後，其餘的近侍宿衛當然漸漸集中於哈剌哈孫身邊。尤其是答失蠻、愛薛、脫因納等理財怯薛淡出政壇之後，新的年輕怯薛塔剌海、伯答沙與按灘等蒙古人；柏鐵木兒、脫歡、納麟、回回、香山等色目人；石抹、張熙祖等漢人進入近侍宿衛集團；另外，原來在世祖朝較爲年輕的資深怯薛，如阿沙不花與王璋等人也在怯薛重要職務上任職。以上這些怯薛在哈剌哈孫領導下，成爲元朝中央權力結構最核心的掌握者。

元朝有兩個機構與皇室關係相當密切，幾乎就代表了蒙元帝國皇室庶務的經營與管理，也是怯薛的大本營，那就是宣徽院與徽政院。宣徽院一直存在著，因爲這個機構是怯薛的大本營，大德三年（1299），陞從一品，到了仁宗時代的皇慶元年（1312），定怯薛丹爲一萬人，並由宣徽院掌其給授。〔註181〕

〔註179〕見《元史》19〈成宗本紀〉，頁401之記載。

〔註180〕劉敏中，《中庵先生劉文簡公文集》第4卷，〈敕賜太傅右丞相贈太師順德忠獻王碑〉，收錄於《全元文》第11冊（南京：江蘇古籍出版社，1999年），卷397，頁540～541之記載。

〔註181〕見《元史》87〈百官志〉，頁2200之記載。

　　另一個是徽政院，這個附屬皇太后的機構，在元朝中葉的前半段，其權力相當大。從成宗朝的闊闊眞皇太后在至元三十一年（1294），以徽政院取代原來的皇太子的詹事院以後，將原來的龐大錢糧、選法、工役等利益，全歸到徽政院底下掌管。雖然後來在大德四年（1300）闊闊眞皇太后去世，而大德九年（1305）又立詹事院，但是徽政院始終存在。從武宗經仁宗、英宗三個時期，有將近十五年的時間，答己皇太后（英宗時期爲太皇太后）影響甚或主導著整個中央朝廷政局，這是徽政院權勢最高的時期。

　　隆福宮是鐵穆耳可汗最倚重的核心集團，這個集團是由闊闊眞皇太后、完澤首相、王慶端將軍、張九思詹事丞等組成。這四位核心人物在大德三年至大德十年間，相繼去世，隆福宮勢力逐漸消退。但是，徽政院的勢力卻仍舊存續，主要是擔任徽政院使的主要人物是徽政使塔剌海，他是月赤察兒的長子，等於是怯薛的總代表，他也是哈剌哈孫最得力的助手之一。

> 子男七人，曰塔剌海，夫人赤鄰所生。端良剛毅，有古大臣風。至元三十年，佩金虎符，特授昭勇大將軍、左都威衛使。大德元年三月，加階昭武。七月，遷榮祿大夫、徽政使，仍左都威衛使。四年，兼樞密副使。六年，遷同知樞密院事。八年，兼宣徽使。十年閏正月，加光祿大夫。七月，遷知樞密院事。武宗即位之歲五月，詔曰：「卿事裕宗皇帝、裕聖皇后，爲善則多，不善則不聞也。卿其相朕。」奏曰：「中書，大政所出，細而金穀、銓選。臣，國人也，素未嘗學。樞密、宣徽、徽政三使，所領已繁。又掌怯薛，及春秋隨駕蒐獮獵，誠不敢舍是以奸大政。」固辭。〔註182〕

所以隆福宮勢力雖衰退，但徽政院轉入哈剌哈孫系統手中，宣徽院與徽政院掌握的財富並不下於中政院。月赤察兒的兒子塔剌海在大德晚期身兼宣徽使、徽政使、知樞密院事，並兼任第一怯薛長，而哈剌哈孫正是出身第一怯薛。而夏季成宗鐵穆耳前往上都，由塔剌海陪同，哈剌哈孫以中書右丞相留守大都，兩都均在其掌控之中。所以，雖然卜魯罕皇后有著中政院龐大財富，又有中書省阿忽台左丞相與賽典赤伯顏、八都馬赤等理財平章政事的支持，而阿忽台更是鐵穆耳的怯薛大臣。即使如此，仍無法動搖哈剌哈孫這位萌芽中之權臣與他的怯薛核心集團的實力與地位。

〔註182〕元明善，《清河集》2〈太師淇陽忠武王碑〉，收錄於《全元文》第 24 冊（南京：江蘇古籍出版社，2001 年），卷 759，頁 336 之記載。

三、賽梁秉政與朱清張瑄賄賂案

　　丁國範曾撰〈至元大德年間的賽梁秉政〉一文，談到一個問題，在賽典赤伯顏與梁德珪等理財官僚秉政期間，與世祖時期的阿合馬、桑哥相比，有一個明顯的區別，就是他們不另立尚書省，而且與中書省的關係特別協調，也就是理財成為中書省的最重要職責之一。〔註183〕

> 　　辛丑，帝諭右丞阿里、參政梁德珪曰：「中書職務，卿等皆懷怠心。朕在上都，令還也的迷沙已沒財產，任明里不花，皆至今未行。又不約束吏曹，使選人留滯。桑哥雖姦邪，然僚屬憚其威，政事無不立決。卿等其約束曹屬，有不事事者笞之。仍以朕意諭右丞相完澤。」

〔註184〕

此諭旨發生在至元三十一年十月二十五日（1294.11.13），離鐵穆耳即位僅約半年左右。很明確的，理財官僚阿里、梁德珪的職責，在鐵穆耳的認知裏，是與桑哥相同的。後來在大德八年（1304）五月，有一條史料也將這些理財官僚列為同性質官員。

　　大德八年五月，中書省：

　　御史臺備：

　　　監察御史呈：

> 　　自阿合馬、桑哥、賽、梁輩相繼秉政貳拾餘載，輕用官爵，重貪貨財，濫放冗員，沮壞選法，姦邪得位，貪殘牧民，遂為天下無窮之害。大德七年二月更新之後，聞各處行省、宣慰、元帥等官，復用白狀公文泛濫保人。此途一啓，倖門捷徑，不可復窒。若不力塞弊源，恐政綱隳紊，濫選橫流，其患不可勝言也。

　　　吏部議得：

> 　　銓注官員，所宜遴選，自狀保用，焉得其人，如准所言，誠為允當。都省准擬。〔註185〕

官僚集團與怯薛集團在忽必烈時期是處於對立狀態，阿合馬集團的對手有首

〔註183〕丁國範，〈至元大德年間的賽梁秉政〉載於《元史及北方民族史研究集刊》12
　　　　～13（南京：南京大學歷史系元史研究室，1989～1990年），頁23之論述。
〔註184〕見《元史》18〈成宗本紀〉，頁388之記載。
〔註185〕見《通制條格》6〈選舉・舉保〉。

相安童與廉希憲、伯顏等，桑哥集團的對手更加上了玉昔帖木兒、月赤察兒、不忽木與徹里等。但到了鐵穆耳初期，怯薛集團與理財官僚之間的關係有了合作的變化，雖然在新皇帝的認知裏，他們工作職掌仍是明確的。

元貞元年（1295）中書省大臣，除右丞相完澤爲蒙古人外，其他平章政事以下十二位大臣，色目人計有賽典赤伯顏、鐵哥、剌眞、麥朮督丁、不忽木（以上平章政事）、阿里（右丞）、阿老瓦丁（參知政事）等七人；漢人則有何榮祖、張九思（以上右丞）、梁暗都剌、楊炎龍（以上左丞）、何瑋（參知政事）等五人。平章政事五人均爲色目人，漢人位居下僚，情況與至元晚期相同。〔註186〕

大德五年（1301）中書省大臣，除右丞相完澤與左丞相哈剌哈孫答剌罕二人爲蒙古人以外，其他平章政事以下十一位大臣。色目人計有賽典赤伯顏、阿魯渾薩理（以上平章政事）、八都馬辛（右丞）、月古不花（左丞）、迷兒火者、哈剌蠻子（參知政事）等六人；漢人則有段那海、梁暗都剌（以上平章政事）、楊炎龍（右丞）、呂天麟（左丞）、張斯立（參知政事）等五人。漢人與色目人在職位上已經平分秋色。〔註187〕

以上這些中書省大臣雖然位高權重，但實際上並不必然是核心集團成員，尤其缺乏軍權的掌握，理財之臣的政治生命是絢爛而脆弱的，一如世祖忽必烈時期的阿合馬、盧世榮與桑哥。但鐵穆耳初期的理財大臣從專任理財慢慢演成龐大勢力集團，這個集團迅速發展，接受了嚴酷的挑戰，並隱藏著生存之道。

中書省理財官僚集團的重要人物有三人，分別爲回回人賽典赤伯顏、阿里與回化漢人梁德珪。「賽梁秉政」的中心課題無疑地是以理財爲主，其主要措施有三項：勸止鐵穆耳減少對諸王之賞賜；清理全國戶籍增加歲課收入；整頓選官之法減少濫舉官吏弊端。〔註188〕

鐵穆耳即位之初，就大肆賞賜諸王勳戚，這當然是事實之需要，但國庫已無力承受此龐大支出。對於此種似乎無止境的開銷，中書省理財之臣屢屢加以勸止，例如至元三十一年（1294）六月，中書省臣就曾經上言：

〔註186〕蕭啓慶，《西域人與元初政治》（台北：國立臺灣大學文史叢刊，1966 年），頁 73 之論述。

〔註187〕見《元史》112〈宰相年表〉，頁 2804～2808 之記載。

〔註188〕楊志玖，《元代回族史稿》（天津：南開大學出版社，2003 年），頁 201～202 之論述。

朝會賜與之外，餘鈔止有二十七萬錠。凡請錢糧者，乞量給之。
〔註189〕

過了不到一年半，情況並無改善，元貞二年（1296）二月，中書省臣又再次進言：

己亥朔，中書省臣言：「陛下自御極以來，所賜諸王、公主、駙馬、勳臣、為數不輕，向之所儲，散之殆散。今繼請者尚多，臣等乞甄別貧匱及赴邊者賜之，其餘宜悉止。」從之。〔註190〕

大德三年（1299）正月，中書省臣又再度進言：

比年公帑所費，動輒鉅萬，歲入之數，不支半歲，自餘皆借及鈔本。臣恐理財失宜，鈔法亦壞。〔註191〕

由此可見，賽典赤伯顏等中書省臣看到了財政赤字的嚴重局面，而且也不斷地勸止鐵穆耳汗停止或減少對諸王勳戚的賞賜，只是效果並不明顯。

除了減少支出外，陸續地辦理清理戶籍、增加歲課等增加財源之積極性行政措施，以確保國家財政收入之穩定。大德三年（1299）七月，中書省臣建言：

江南諸寺佃戶五十餘萬，本皆編民，自楊總攝冒入寺籍，宜加釐正。
〔註192〕

鐵穆耳表示贊同之意，所謂楊總攝即江南釋教總統楊璉真加，他是國師八思巴的弟子，在江南為所欲為。

為其徒者，怙勢恣睢，日新日盛，氣焰熏灼，延于四方，為害不可勝言。有楊璉真加者，世祖用為江南釋教總統，發掘故宋趙氏諸陵之在錢唐、紹興者及其大臣塚墓凡一百一所……他所藏匿未露者不論也。〔註193〕

楊璉真加盜掘前南宋皇帝大臣陵墓、戮殺平民，受人獻美女寶物，攘奪盜取財物，可謂無惡不作，且私庇平民不輸公賦者二萬三戶。現在賽、梁等中書省大臣重新清理江南諸寺佃戶，決心從寺廟手中奪回國家編民，不能不說這是維護政府利益的重大舉措。

〔註189〕見《元史》18〈成宗本紀〉，頁384之記載。
〔註190〕見《元史》19〈成宗本紀〉，頁402之記載。
〔註191〕見《元史》20〈成宗本紀〉，頁426之記載。
〔註192〕見《元史》20〈成宗本紀〉，頁428之記載。
〔註193〕見《元史》202〈釋老傳〉，頁4521之記載。

　　賽、梁動用至元鈔本以彌補虧缺，但這並不能解決問題，於是不得不在各地增加歲課，如大德三年（1299）山東轉運使阿里沙等增課鈔四萬一千八百錠，因而得到賜錦衣，人一襲的獎勵。

　　另外，清理戶籍方面還有大德六年（1302）正月，鐵穆耳命令札忽而帶、阿里等整治江南影占稅民地土；同時十一月又下詔：

> 江南寺觀凡續置民田及民以施入者爲名者，並輸租充役。〔註194〕

阿里在年輕時候就顯露才華，至元十五年六月二十二日（1278.7.13），當時南宋已平定，正下詔汰江南冗官，南宋官員應入仕者，皆付吏部錄用。當日，淮西宣慰使昂吉兒入覲，報告冗官之事，忽必烈即對他稱讚年輕的阿里。

> 帝諭昂吉兒曰：「宰相明天道、察地理、盡人事，能兼三此者，乃爲稱職。爾縱有功，宰相非可覬者。回回人中阿合馬才任宰相，阿里年少亦精敏，南人如呂文煥、范文虎率眾來歸，或可以相位處之。」
> 〔註195〕

阿里的名字在伊斯蘭教社會很普遍，元朝時期可能就已經很多人使用，所以無法確定何年任職，在至元五年（1268）十月相隔一天，就有兩位名叫阿里的任職紀錄。楊志玖所列阿里在世祖時期任職，亦開始于至元五年。〔註196〕

> 己卯，敕中書省、樞密院，凡有事與御史臺官同奏。立河南等路行中書省，以參知政事阿里行中書省事。庚辰，以御史中丞阿里爲參知政事。〔註197〕

比較可靠的紀錄，顯示阿里在至元十八年（1281）擔任中書參知政事。〔註198〕因阿里是阿合馬的親信，所以在至元十九年（1282）三月阿合馬被殺後，同年六月阿里也被罷職；另又記載著至元二十三年（1286）二月，阿里出任安南行中書省參知政事，但不能確定是否同一位阿里；至元二十四年（1287）正月，阿里回到中書省擔任中書左丞；至元二十八年（1291）五月，阿里以江西行樞密院副使身分奉召赴京師；至元二十九年三月十七日（1292.4.5），鐵哥、刺眞、阿里、梁暗都刺四人皆入中書，其中阿里擔任中書右丞，梁暗

〔註194〕見《元史》20〈成宗本紀〉，頁443之記載。
〔註195〕見《元史》10〈世祖本紀〉，頁202之記載。
〔註196〕楊志玖，《元代回族史稿》，頁195之論述。
〔註197〕見《元史》6〈世祖本紀〉，頁119～120之記載。
〔註198〕見《元史》112〈宰相年表〉，頁2800之記載。

都剌擔任中書參知政事，這二人皆是理財大臣。〔註199〕

　　從阿里在忽必烈時期的任官資歷來看，阿里雖然和阿合馬關係匪淺，但忽必烈仍認定他是個宰相人才。在桑哥被殺後，中書省缺乏理財人才之下，阿里和梁暗都剌、賽典赤伯顏相繼入主中書省，證明他們是忽必烈所需要的理財能臣，也是忽必烈留給鐵穆耳的重要理財官僚。

　　　秋七月……辛未，中書省臣言：「向御史臺劾右丞阿里嘗與阿合馬同

　　　惡，論罪抵死，幸得原免，不當任以執政。臣謂阿里得罪之後，能

　　　自警省，乞令執政如故。」〔註200〕

在鐵穆耳登基不到三個月，就有御史臺彈劾時任中書右丞的阿里，認為他是阿合馬餘黨，不當任職中書。但當時的中書省首席平章賽典赤伯顏卻奏請續用阿里，想必阿里在中書省的功能甚大。〔註201〕

　　大德元年三月二十三日（1297.4.15），阿里被派往和林糴糧。〔註202〕在《元史‧宰相年表》中也記載著，阿里在中書省的任職到同年三月止。接下來都沒有阿里的記載，直到大德六年（1302）一月，阿里以江浙平章身分，專領其省財賦，並且與札忽而帶等整治江南影占稅民地土者。〔註203〕當時正是朱清、張瑄事件開頭之時刻，阿里也因為剛好在江浙行省處理本案，所以逃過了一年後的中書省大洗牌。

　　梁德珪（1259～1304）是個漢人，卻有個回回名叫暗都剌，暗都剌的意思是「真主之僕」。〔註204〕在各種史料中，梁德珪與梁暗都剌都通用。〔註205〕梁

〔註199〕見《元史》12～17〈世祖本紀〉，頁241～361之記載。

〔註200〕見《元史》18〈成宗本紀〉，頁386之記載。

〔註201〕丁國範，〈至元大德年間的賽梁秉政〉，頁23之論述：對於阿里這種有特殊經歷的人，能「處之以安靜，不急於功利」的右丞相完澤是難以奏請將其續用的，而「雅重儒術」的哈剌哈孫當時尚未進入中書，因而，最有可能上此奏請的人當是從事理財的首席中書平章賽典赤伯顏。

〔註202〕見《元史》19〈世祖本紀〉，頁410之記載。

〔註203〕見《元史》20〈世祖本紀〉，頁439～440之記載。

〔註204〕楊志玖，《元代回族史稿》，頁203之論述。

〔註205〕丁國範，〈至元大德年間的賽梁秉政〉，頁21之論述：梁暗都剌其人，與《元史》中出現的梁德珪是同一人，梁暗都剌是其另一名。邵遠平在康熙三十八（1699）進呈的《元史類編‧宰輔》已指出了這點，其文云：「梁德珪，字伯溫（〈續通鑑〉云一名暗都剌）。」其實，我們從《元史》的有關內容也可判明這點。大體情形是：《元史‧本紀》兩名並用，有時作「梁暗都剌」，有時作「梁德珪」，而《元史本傳》僅作「梁德珪」，同書〈宰相表〉則作「梁暗都剌」；另參考楊志玖，《元代回族史稿》，頁203之論述：但《元史》本傳及

德珪小時後曾在察必皇后宮中服務，通蒙古語，也習回回法，是個理財高手。

> 公幼歲，給事昭睿順聖皇后宮中，奇其器骨，俾熟國語，通奏對。……
>
> 未弱冠，即官宮省，諭三十年，錢穀出入高下，若指諸掌。〔註206〕

梁德珪從至元十六年（1279）擔任中書省左司員外郎開始，不久升郎中，六遷至參議尙書省事。終於在至元二十九年三月十七日（1292.4.5）擔任中書省參知政事，在此之前他已經是中書省的名人，財政、法律樣樣精通，到鐵穆耳時代更是中書省的支柱。

> 至元三十一年，執政入奏事，帝詢其曲折，不能對，德珪從旁辯析，
> 明白通暢，帝大悅，拜參知政事。在省日久，凡錢穀出納之制，銓
> 選進退之宜，諸藩賜予之節，命有驟至，不暇閱簡牘，同列莫知措
> 辭，德珪數語即定；間遇疑事，則曰某事當如某律，某年嘗有此旨，
> 驗之皆然。北京地震，帝閱州郡報囚之數，怪其過多，德珪方在右
> 司，詔問焉。對曰：「當國者急於徵索，蔓延收繫，以致此爾。」帝
> 感悟，爲大赦中外逋負，民賴以蘇。〔註207〕

梁德珪以其專業獲得不次升遷機會，至元三十一年（1294）升中書左丞。〔註208〕大德元年三月八日（1297.3.31）升任中書右丞，過沒幾天，阿里就被派往和林，〔註209〕大德二年二月十九日（1298.4.1）升任中書平章政事。〔註210〕幾年內從參知政事連升三級到平章政事，可知梁德珪的確是個專業人才，獲得鐵穆耳極度的賞識。

　　鐵穆耳政權所倚仗的支柱，蒙古世勳集團中的玉昔帖木兒與伯顏，在新皇帝即位一兩年內就過世了，僅剩月赤察兒家族爲依靠；在隆福宮的闊闊眞皇太后與徽政院的張九思、王慶端等也是年歲較大，影響力雖仍在，但也逐漸退出權力舞台；完澤首相自失去不忽木的輔佐，在中書省也只能依靠賽、梁等同列幫忙，且其無法掌控官僚作爲。結果，以賽典赤伯顏與梁德珪爲核心的中書省集團成爲最大的一股政治勢力。

　　袁桷所撰《行狀》俱未提及此別名，當是有所忌諱。

〔註206〕袁桷，《清容居士集》32〈推誠保德功臣開府儀同三司太傅上柱國追封薊國公諡忠哲梁公行狀〉收錄於《全元文》第23冊，頁506～507之記載。

〔註207〕見《元史》170〈梁德珪〉，頁4005之記載。

〔註208〕見《元史》112〈宰相年表〉，頁2804之記載。

〔註209〕見《元史》19〈成宗本紀〉，頁410之記載。

〔註210〕見《元史》19〈成宗本紀〉，頁418之記載。

> 大德二年，……時中書平章伯顏等固位日久，黨與眾盛，所任之人，
> 徇情弄法，綱紀漸壞。〔註211〕

以上所述，黨與眾盛應該是事實，但所任之人徇情弄法，綱紀漸壞，可能就值得商榷了。可分兩部分來討論，先談徇情弄法部分。

中書省臣屢次建言，希望能注意財政危機的警訊。另外在官吏任用方面，整頓選官之法。

> 元貞元年，……二月，……中書省臣言：「近者阿合馬、桑哥怙勢賣
> 官，不別能否，止憑解由遷調，由是選法大壞。宜令廉訪司體覆以
> 聞，省臺選官覈實，定其殿最，以明黜陟。其廉訪司官，亦令省臺
> 同選爲宜。」從之。……中書省臣言：「樞密院、御史臺例應奏舉官
> 屬，其餘諸司不宜奏請，今皆請之，非便。」詔自今已後，專令中
> 書擬奏。〔註212〕

如此，把推舉官史的權力集中到中書省，減少濫舉官吏的弊端。元貞元年五月五日（1295.6.18），鐵穆耳命中書省老臣麥朮丁、何榮祖等釐正選法。這也說明中書省此時相當融洽，徇情弄法之事，乃言之過當。

在大德元年（1297）三月，梁德珪升任中書右丞，阿里離開中書省，接下來中書省的人事變遷可以是一個觀察點。也先帖木兒、八都馬辛、張斯立等三人在同一年進入中書省，他們三人都是由行省官員進入中書省擔任大臣職務。除了也先帖木兒短暫任職外，八都馬辛與張斯立都是賽梁集團的重要成員。〔註213〕

張斯立在元貞三年（1297，二月庚申改元大德）一月二十八日（1297.2.20）由僉江浙行省事爲中書省參知政事。〔註214〕以其資歷與學識來看，應是有爲之士。

> 季曰斯立，參政公也。公之顯，自行臺監察御史，歷行省員外郎、
> 郎中、戶部侍郎、參議中書省事、戶部尚書、僉江浙行省事，官稱
> 望隆，遂參大政。而且夙夜祇畏，先德是思，得立身揚名之義，可
> 謂孝矣。初其幼也，穎悟絕人，日記數千言不忘。及爲山東憲司掾，

〔註211〕見《元史》134〈和尚傳附千奴〉，頁 3258 之記載。
〔註212〕見《元史》18〈成宗本紀〉，頁 391～392 之記載。
〔註213〕賽梁集團成員，依據大德七年所罷中書省大臣賽典赤伯顏、梁德珪、段貞、
　　　　阿里渾薩里、八都馬辛、月古不花、迷而火者、張斯立等八人。
〔註214〕見《元史》19〈成宗本紀〉，頁 408 之記載。

益力學。務爲無所不窺，而氣與義集，志以學廣。〔註215〕

八都馬辛晚張斯立一個半月，在大德元年三月十五日（1297.4.7）由江西行省左丞轉任中書省左丞。〔註216〕接下來的史料記載有所出入，同年閏十二月，八都馬辛可能轉任湖廣行省左丞，次年五月再入中書省爲右丞。〔註217〕

回回人迷兒火者在大德三年（1299）三月進入中書省擔任參知政事。〔註218〕在波斯史籍《史集》中記載著他的名字，與完澤、賽典赤伯顔、梁暗都剌等大臣共同執行大底萬（中書省或尚書省）的事務。〔註219〕

另外，禮部尚書月古不花也在大德三年四月二十九日（1299.5.29）升任中書省左丞。月古不花與迷兒火者的專長尚不清楚，但應都是幹練的行政人才。

最特別的是太子舊臣阿魯渾薩理，他離開了中書省八年後，在大德三年十二月二十六日（1300.1.18）從集賢院使調任中書平章政事。〔註220〕這位甚受忽必烈汗與鐵穆耳尊敬的「全平章」，也成爲賽梁集團的重要人物。如此，合乎「黨與眾盛」的質疑。

> 元貞、大德間，得賜坐視諸侯王者，才五六人，公必與焉。上嘗謂
> 近臣曰：「若全平章者，可謂全才矣，於今殆無其比。」左右或呼其
> 名，上必怒責之，曰：「汝何人？敢稱其名耶！」〔註221〕

中書省色目理財官僚集團權勢日益增大，成爲朝廷最大的勢力，而蒙古怯薛集團卻無力與之對抗，鐵穆耳應是有所警覺而採取行動。完澤首相原是鐵穆耳政權的基礎，但隨著鐵穆耳政權的穩固後，爲了避免完澤及賽梁之坐大；並對賽梁集團腐化之傳聞漸有所聞，鐵穆耳逐漸採取中書省大臣替換行動。

遠征八百媳婦國的失敗，讓整個更替行動似乎加快了腳步。大德六年七

〔註215〕劉敏中，《中庵先生劉文簡公文集》11〈參政張公先世行狀〉，參看《全元文11》，頁476之記載。

〔註216〕見《元史》19〈成宗本紀〉，頁410之記載。

〔註217〕依據《元史》112〈宰相年表〉之記載，八都馬辛在大德元年四月至閏十二月，隔年，大德二年的正月到六月連續擔任中書左丞，大德三年升任中書右丞；但依據《元史》19〈成宗本紀〉記載，八都馬辛在大德二年五月由湖廣左丞升中書右丞。

〔註218〕見《元史》112〈宰相年表〉，頁2807之記載。

〔註219〕余大鈞、周建奇譯，（波斯）拉失特主編，《史集》第二卷，頁378之記載。

〔註220〕見《元史》20〈成宗本紀〉，頁429之記載。

〔註221〕趙孟頫，《松雪齋文集》7〈大元敕賜故榮祿大夫中書平章政事守司徒集賢院使領太史院事贈推忠佐理翊亮功臣太師開府儀同三司上柱國追封趙國公諡文定全公神道碑〉收錄於《全元文》第19冊，頁234之記載。

月二十九日（1302.8.23）先將江浙行省參知政事忽都不丁調升中書省右丞；大德七年二月十三日（1303.3.1）動作更大，一日之間任命四名中書省新的大臣，以平章政事行上都留守木八剌沙、陝西行省平章政事阿老瓦丁二人為中書省平章政事，江南行臺御史中丞尙文爲中書左丞，江浙行省參知政事董士珍爲中書參知政事。〔註222〕

同年三月七日（1303.3.25）罷黜八位中書省大臣，並任命一位新大臣。被罷黜之中書省大臣共有四位平章政事：賽典赤伯顏、梁暗都剌、段那海、阿里渾撒里；一位右丞：八都馬辛；一位左丞：月古不花；二位參知政事：迷兒火者、張斯立。同日也增一位大臣，以洪君祥爲新任中書右丞。〔註223〕

中書右丞相完澤雖未被罷黜，但於同年閏五月十二日（1303.6.27）去世；二個月後的七月十日（1303.8.23），原中書左丞相哈剌哈孫升任中書右丞相，兼知樞密院事。次月，以知樞密院事阿忽台調任中書左丞相。〔註224〕

賽典赤伯顏、梁德珪等人僅僅因受朱清、張瑄的賄賂而罷官，並不能證明鐵穆耳整頓吏治和反貪污受賄的決心。在賽典赤伯顏等人罷職的前一個月，即大德七年二月，監察御史杜肯構等就上告完澤有受賂事，惟鐵穆耳置之不理，後來也不了了之。〔註225〕可見受朱清、張瑄賄賂者不止賽、梁等人，也不是一律處理。受賄罷官不過是一個導火線，主要在於官僚集團勢力太大，必須稍微壓制而已。

彈劾賽梁集團者，在任職地廉訪使的蒙古世勳子弟千奴，他曾對御史臺報告地方上賽梁黨羽勢力龐大，紀錄上有詳細描述。

> 千奴以御史大夫月魯那延薦，入見大安閣，世祖念其功臣子，即以其父官授之，……千奴勤于咨訪，興利除害，還奏軍民便宜三十事，多見采用。歷江西湖東、江南湖北兩道廉訪使。時中書平章賽典赤伯顏等固位日久，黨羽眾盛，所任之人，徇情弄法，綱紀漸壞。千奴摭其實，上于憲臺以聞，伯顏等皆被黜。前後七持憲節，剛正不撓，聞朝廷事有不便，必上章極論，未嘗以內外爲嫌。〔註226〕

千奴曾歷任江西湖東、江南湖北兩道廉訪使，他的上奏又是經過憲臺，即御

〔註222〕見《元史》21〈成宗本紀〉，頁448之記載。

〔註223〕見《元史》21〈成宗本紀〉，頁449之記載。

〔註224〕見《元史》112〈宰相年表〉，頁2808之記載。

〔註225〕見《元史》21〈成宗本紀〉，頁448之記載。

〔註226〕見《元史》134〈和尚附子千奴傳〉，頁3258之記載。

史臺呈遞的，可見，對賽典赤伯顏等不滿的是中央的御史臺及其附屬機關。他們攻擊的事實則是黨與眾盛和任人不當，並未提到受賄的問題（千奴上奏在大德七年之前，當時賽典赤伯顏尚未罷官），而在用人的問題方面，賽典赤伯顏等還是很注意的。所謂黨羽眾盛，也可解釋為賽典赤伯顏及梁德珪等理財官僚們團結一致，使反對者無隙可乘，心懷忌妒而已。所以從中可以看到都是圍繞一個核心問題，即用人問題。既是如此，圍繞賽梁等人的罷復，實際上還是忽必烈時期儒臣與理財之臣鬥爭的繼續，不過這種鬥爭的規模和尖銳程度較之過去顯得不那麼突出而已。〔註227〕

> 方大德初元，成宗恭儉守成，一繩祖武。公亦以朝政自任，年穀豐熟，四境寧謐。廟堂大臣相戒以清靜為治。凡上書言利害，斂口不敢發。自是希進者皆避匿。後議相持既深，朋聚比進，乘事間發，浸淫於疑似之際。會上不豫，遂出公湖廣安置。〔註228〕

除了梁德珪的行狀外，在《元史》本傳中也有相同描述。

> 大德間，成宗即位，一遵祖武，廟堂以安靜為治，求進者不得逞其志，朋聚興怨，撼事中傷德珪。會帝有疾，言者盛氣致詰，德珪以位居執政，不受凌轢，慷慨引咎，遂安置湖廣。帝疾愈，問知之，召使復位。〔註229〕

不管取自行狀，或《元史》本傳，對賽梁集團不免有所迴護，但主要情節應不致離大譜。當時鐵穆耳皇帝之病情已重，連歲寢疾，凡國家政事，內則決于宮壺，外則委于宰臣。則反對者借機大肆攻詰中書省，並以受朱清、張瑄賄賂為口實，排之使去，並非不可能。此時的右丞相完澤也負有受賄之名，雖並未立即被罷相，但也不便表態，過不久且死去（大德七年閏五月）。

　　反對派主要宰臣為左丞相哈剌哈孫答剌罕，其人是著名的雅重儒術，斥言利之徒，一以節用愛民為務。有大政事討論，必引儒臣雜議。則聽信御史臺儒臣之言，排斥賽、梁等人，當有可能。在賽典赤伯顏等罷黜後不久，他並陞為中書右丞相，權勢更大。後來賽典赤伯顏等雖然官復原職，但實際上已是有名無實，無所作為了。賽梁秉政實際上到大德七年三月就基本結束了，

〔註227〕 丁國範，〈至元大德年間的賽梁秉政〉，頁25～27之論述。
〔註228〕 袁桷，《清容居士集》32〈推誠保德功臣開府儀同三司太傅上柱國追封薊國公諡忠哲梁公行狀〉收錄於《全元文》第23冊，頁507之記載。
〔註229〕 見《元史》170〈梁德珪傳〉，頁4005之記載。

儘管有大德八年九月賽梁班底的全面復職，但作為這一秉政的核心人物之一的梁德珪卻於同年九月回京後不久就死於家中了。

> 至九月，詔復入中書。時公已得上氣疾，與家人言：「向嘗遠謫，今得再觀，上明白，母子相完聚，即死且不恨，何敢復有希進意！」遂卻藥危坐謝事。某日，星殞西南，有光流室中。是夕薨，年四十有六。〔註230〕

梁暗都剌（德珪）的個人結局是十分清楚的。而賽典赤伯顏之個人結局因史料缺乏尚需稍費筆墨論述。依據《元史・王壽傳》記載，大約在大德八年（1302）左右，侍御史王壽曾與臺臣上奏說：

> 初，壽與臺臣奏：「宰相內統百官，外均四海，位尊任重，不可輕假非人。三代以降，國之興衰，民之休戚，未有不由相臣之賢否也。世祖初置中書省，……近者，阿忽台、伯顏、八都馬辛、阿里等專政，煽惑中禁，幾搖神器。君子小人已試之驗，較然如此。〔註231〕

王壽這一奏章未提到梁暗都剌（德珪），因為梁德珪已不在人世。而阿忽台之進入中書省為左丞相，亦從大德七年（1303）八月開始，這時正逢賽典赤伯顏等罷職期間，難以形成上述專政。又王壽所言之事亦不可能晚於大德九年，因上年王壽已任參議中書省事了。故上述王壽所言之事，很有可能是在大德八年九月賽典赤伯顏等被召復職之後的事。因為只有這樣，賽典赤伯顏和阿忽台等才有可能氣味相投。〔註232〕

　　賽梁官僚集團在本質上雖與阿合馬、桑哥等忽必烈時期理財派相似，都是由色目人與回回化漢人組成。但他們在鐵穆耳初期與蒙古怯薛大臣相處愉快，賽典赤伯顏甚至是新皇帝之擁立者之一，這都與阿合馬、桑哥不同。大德七年（1303）官僚集團的瓦解，並非理財派的挫折，而是理財官僚集團勢力太大造成的。

〔註230〕袁桷，《清容居士集》32〈推誠保德功臣開府儀同三司太傅上柱國追封薊國公謚忠哲梁公行狀〉收錄於《全元文》第23冊，頁507之記載。
〔註231〕見《元史》176〈王壽傳〉，頁4104之記載。
〔註232〕丁國範，〈至元大德年間的賽梁秉政〉，頁25～27之論述。

第二章　大德更政與至大新政

　　王師明蓀在他的研究中，探討蒙元政權的控制者，實際上是控制在蒙古人與西域人組成的「北亞聯盟」手中。依據《元代士人與政治》一書之統計：中書省掌實權者在丞相、平章兩級，合計觀察所知的漢人僅三十餘人，而北亞民族的合計達二百餘人。樞密院掌兵機自非漢人能掌其權，這全國最高的軍令機構除極少一、二漢人外，都操之在外族人手中。在御史臺方面，首長依例不予外族者，但已知西域人有十五名，漢人則僅得一人之例外。國師領銜宣政院，但實際理政者為院使，而出任院使者未發現有漢人參加，全係蒙古與西域人，就此原則難怪錢賓四先生要說是狹義的部族政權了。〔註1〕

　　而從大德七年（1303）到至大四年（1311），這十三年，也就是由蒙古人與色目人組成的北亞聯盟控制政權的一個時期，因為漢人在此時期，沒有一人任中書省平章政事以上之職位。大德七年，由新任首相蒙古世勳哈剌哈孫答剌罕主導的「朝廷更政」；至大二年，由色目潛邸之臣三寶奴等主導的「創治改法」，可以比較出「北亞聯盟」中，「政府」部門在「漢化」與「蒙化」不同方向對專業性與功能性所做的努力與成果。但兩者在權力結構上都有其脆弱處，國家政策因而無法延續。

　　本章首節「相權的獨立與擴張」，討論首相哈剌哈孫答剌罕在卜魯罕皇后支持下，以「朝廷更改」強化政府部門的功能，並在鐵穆耳巡幸上都時，擔任京城留守，建構大都勢力。但這個以「后相」為政權核心的集團，在德壽皇太子去世之後，因帝位繼承分成兩派勢力而先後瓦解。

〔註 1〕 王明蓀，《元代的士人與政治》（台北：學生書局，1992 年），頁 108 之論述。

　　第二節「海山的大蒙古世界」，論述武宗海山奪權後，爲解除政壇強人哈剌哈孫答剌罕的權力，與母答己、弟愛育黎拔力八達達成協議，成爲所謂三宮協和之局；而最突出的變化爲統治勢力的重編，將否認忽必烈正統性的許多西北諸王和王族，編入爲以元朝爲中心的蒙古帝國秩序內。〔註2〕

　　第三節「尙書省與創治改法」，論述海山在政權穩定之後，開始逐漸建立自己風格的政府，以親信脫虎脫、三寶奴爲核心組成的尙書省，取代中書省成爲最高行政中心，並且試圖「創治改法」建立一個有效率的精緻政府。〔註3〕而當時以塔剌海、塔思不花、阿沙不花、康里脫脫等「怯薛宿衛」組成的核心集團進入政府部門，擔任省院臺大臣，惟此集團具過渡性，權力逐漸爲「尙書省」所奪，因而喪失核心主導地位，但其仍在中書省與御史臺任職，爲蒙元政權中重要的統治階層。尙書省逐漸成爲權力核心，此舉違反了海山自己許下的三宮協和的承諾，也減損其他沒有進入尙書省的蒙古世勳與色目權貴之機會與權益，所以爲時不過二年，就在海山駕崩之後，尙書省立即被廢，大臣誅殺或放逐，「潛邸親信」核心集團瓦解。

第一節　相權的獨立與擴張

　　哈剌哈孫（Harghasun，1257～1308）斡羅那兒氏。曾祖啓昔禮（kishilig）爲成吉思汗開國功臣，世襲答剌罕（darqan）之尊號。哈剌哈孫於大德七年（1303）進位右丞相，爲大德晚期權臣，亦爲擁立武宗海山的勳臣。

一、哈剌哈孫與儒治政府

　　哈剌哈孫是軍勳出身的宰相代表性人物，曾祖啓昔禮跟隨成吉思汗，在平定西域、吐蕃、雲南的軍事行動中，有很大的貢獻；祖父博里察跟隨拖雷，參加對金朝攻略作戰；父親囊加台跟隨蒙哥，參加對四川攻略作戰。日本學者宮本則之對元朝736名宰相作分類，將哈剌哈孫列爲勳閥出身之代表。〔註4〕

〔註2〕 李玠奭，〈元朝中期統治體制的重編和其構造——以統治勢力的重編爲中心〉，《慶北史學》第20輯（大邱：慶北史學會，1997年8月），頁79～152。

〔註3〕 李玠奭，〈漠北之統合與武宗之「創治改法」〉，首爾大學校東洋史學研究室編《近世東亞之國家和社會》（首爾：知識產業社，1998年12月）。

〔註4〕 宮本則之，〈元朝における高官層の動態——入相者736名の分析〉載《大谷大學大學院研究紀要》第7號（京都：大谷大學，1990年），頁133～167之

於是王甫及歲，而識悟異凡兒，目不視戲。稍長，善騎射，尤習國書，
聞儒者談輒喜。至元壬申，世祖皇帝錄勳臣後，一見異之，命襲號答
剌罕，長宿衛百人，夙夜共職惟謹。……帝御萬壽山，王侍，賜金緞，
諭曰：「汝先世勳大，朕且大用汝。」……帝念湖廣失治，欲遣近臣
往，莫宜王。臺臣奏：「答剌罕在宗正，決獄平，即去，恐難其人。」
帝曰：「彼地朕嘗駐蹕，治非斯人不可。」……湖廣舊無夏稅，柄臣
援唐宋末世爲徵。王曰：「衰弊之政，聖朝可行邪？」竟奏罷。〔註5〕

哈剌哈孫碑銘中所載，其出任湖廣平章，乃忽必烈所賞識。而在月赤察兒碑
銘中，哈剌哈孫亦爲月赤察兒所推薦。

桑葛既敗，上以湖廣行省西連番洞諸蠻，南接交趾島夷，延袤數千
里。其閒土沃而人夥，畬丁溪子，善驚好鬥，非賢方伯不能撫安。
王舉合剌合孫荅剌罕，以爲其省平章政事。凡八年，威德交孚，飛
聲海外，入爲丞相，天下稱賢。〔註6〕

哈剌哈孫在湖廣的表現獲得很高評價，是蒙古世勳中難得的行政人才。忽必
烈崩逝後三年，鐵穆耳召見他，並讓他到經濟重心的江浙行省歷練。

甲午春正月，世皇登遐，王謹斥候，戒不虞，境內寧肅。大德戊戌
九月，朝成宗皇帝于上都。帝嘉其績，授光祿大夫、左丞相，行省
江浙。視政凡七日，綱舉七十餘事，民風吏習翕然爲變。入爲中書
左丞相，加銀青光祿大夫。杭之耆庶伏地攀泣，馬不得前。〔註7〕

中書左丞相一職，自至元二十一年（1284）耶律鑄之後，已空缺十五年。當
時中央爲賽典赤伯顏等回回大臣所把持，而不忽木憂心完澤無法掌控中書
省，故特別推薦哈剌哈孫爲中書左丞相。

公已去，朝廷之政稍紊於其舊，久之，丞相頗覺爲同列所誤，不得
與公共事，引咎自責，流淚滿襟。未幾，果以累聞，於是朝廷益知
公之賢。公在御史臺，……公慮完澤之後，大臣中無可繼之者，乃

論述。

〔註5〕劉敏中，《中庵集》4〈敕賜太傅右丞相贈太師順德忠獻王碑〉，收錄於《全元
文》第11冊（南京：江蘇古籍出版社，1999年），卷397，頁538～540之記載。

〔註6〕元明善，《清河集》2〈太師淇陽忠武王碑〉載於《全元文》第24冊（南京：
江蘇古籍出版社，2001年），卷759，頁334之記載。

〔註7〕劉敏中，《中庵集》4〈敕賜太傅右丞相贈太師順德忠獻王碑〉，收錄於《全元
文》第11冊，卷397，頁540之記載。

　　薦答剌罕哈罕哈孫，自江浙行省平章政事召拜丞相，嚴重守正，卒
　　有功於社稷。〔註8〕

鐵穆耳在中書左丞相空虛十五年後，決定以哈剌哈孫繼任。推薦者除了不忽
木以外，閻復也是重要推手之一。

　　四年，帝召至榻前，密諭之曰：「中書庶務繁重，左相難其人，卿爲
　　朕舉所知。」復以哈剌哈孫對，帝大喜，即遣使召入，相之；復亦
　　拜翰林學士承旨，階正奉大夫。〔註9〕

哈剌哈孫雖然不通漢語，但卻雅重儒術，其行事風格較接近中國傳統儒家節
用愛民、遵從制度法令規範之政治行爲。

　　時順德王答剌罕以碩德重望行湖廣平章，與公相得，嘗謂公曰：「世
　　間文字，惟漢人之學爲最，惜我不知。」公曰：「以公之聰明，任
　　賢使能，即是讀書，使子孫留意經史，即公自讀也。」王嘉納焉。
　　〔註10〕

哈剌哈孫主政中書時，常引儒生討論墳典，談及聖王賢相的君臣之道，便嘆
曰：「人生不知書，可乎？」大德初上奏擴建京師國學。其剛進入中書省擔任
左丞相，即以建廟學，選名儒爲學官，采近臣子弟入學，集羣議建南郊等教
育文化爲其主要施政方向。又曾奉行郊祀，後於至大初年任和林行省左丞相，
在和林建孔廟，惜未竣事。〔註11〕

　　大德初期，哈剌哈孫與當時的右丞相完澤相處尚稱融洽。後因對軍事征
伐八百媳婦國之看法不同，哈剌哈孫與完澤漸行漸遠。哈剌哈孫於大德三年
一月十一日（1299.2.12）以江浙行省左丞相入爲中書省左丞相，這個位置已
懸缺十五年之久，如今補實進用有答剌罕稱號的哈剌哈孫，對完澤首相來說，
可是一大警訊與挑戰。哈剌哈孫的行事風格與完澤亦大相異庭，雖然並不通
漢語，卻常引儒臣雜議政事，並斥言利之徒，完澤對此人事安排壓力之大可

〔註8〕　趙孟頫，《松雪齋文集》7〈故昭文館大學士榮祿大夫平章軍國事行御史中丞
　　　　領侍儀司事贈純誠佐理功臣太傅開府儀同三司上柱國追封魯國公諡文貞康里
　　　　公碑〉載於《全元文》第19冊，（南京：江蘇古籍出版社，2000年），卷597，
　　　　頁237～238之記載。
〔註9〕　見《元史》160〈閻復傳〉，頁3773之記載。
〔註10〕許有壬，《至正集》48〈劉平章神道碑〉載《全元文》第38冊（南京：鳳凰
　　　　出版社，2004年），卷1196，頁348之記載。
〔註11〕蕭啓慶，《蒙元史新研》（台北：允晨文化實業股份有限公司，1994年），其第
　　　　5章〈元代蒙古人的漢學〉有論述到哈剌哈孫的漢學修養，頁124～125之論述。

以想見。

　　大德三年二月五日（1299.3.8）完澤等奏定中書省六部官，並獲皇帝接見，鐵穆耳諄諄告誡六部官，其實雖也是對完澤的一種制衡，但對其仍是有著信任。〔註12〕

　　官僚體系本已穩定下來，其在權力結構上也佔有固定之位置，然而由於此時政府尚未實行科舉制度，造成官僚體系容易僵化，只要有點風吹草動，政治生態就隨之丕變。完澤當政以來，可謂清靜治國逢凶化吉，逐漸成為真正握有實權的帝國首相，在財經方面依賴賽梁秉政達成一定的成效，且在軍事方面開始有所接觸。但此時，哈剌哈孫的出現，或許是鐵穆耳的另一步好棋，造成的結果卻是完澤集團之瓦解。

　　　　時上初即位，勵精文治，年穀屢熟，海內熙洽。公從容二相間，以
　　　　薦士安靜為急務。後數年來，執政希合生事，將檢括增羨，首以其
　　　　策行東南。公卒不肯附，稱疾納祿幾一年。七年，朝廷更改，獨公
　　　　無所累，歸里。〔註13〕

完澤去世後，哈剌哈孫取而代之。大德七年七月十日（1303.8.23）哈剌哈孫升任中書右丞相，開始制定官吏贓罪十二章及丁憂、婚聘、盜賊等法令，並禁獻戶及山澤之利。

　　　　癸卯秋，拜中書右丞相，加金紫光祿大夫。王常言：『治道先守令』，
　　　　至是選掄益詳，時號得人。定官史贓罪十二章，及丁憂、婚聘、盜
　　　　賊等制。禁獻戶及山澤之利。每歲春，大駕幸上都，王必留守，其
　　　　重可知矣。〔註14〕

這個政治革新運動，除了頒布法令外，徹底整頓財政，建立一個儒治政府為其主要目的，在當時被稱為「朝廷更政」，所謂朝廷更政，一般是從大德七年（1303）開始的政治改革運動。

　　每年的春天，鐵穆耳按照祖父忽必烈的慣例巡幸上都，並且在那裏渡過整個夏季，直到秋意漸濃，才返回大都。當鐵穆耳巡幸上都時候，哈剌哈孫

〔註12〕見《元史》20〈成宗本紀〉，頁426之記載。

〔註13〕袁桷，《清容居士集》32〈翰林承旨王公請謚事狀〉，收錄於《全元文》第23
　　　　冊（南京：江蘇古籍出版社，2001年），卷729，頁510之記載。

〔註14〕劉敏中，《中庵先生劉文簡公文集》4〈敕賜太傅右丞相贈太師順德忠獻王碑〉，
　　　　收錄於《全元文》第11冊（南京：江蘇古籍出版社，1999年），卷397，頁
　　　　541之記載。

以中書省右丞相身分必留守大都,並以兼知樞密院事身份統領衛軍,建立了其在大都的堅強勢力。所以他可以確實執行「朝廷更改」的工作。

哈剌哈孫一方面依據聖旨所頒布的條畫,嚴格實施,這些條畫對當時政風與民生皆重大影響;所謂「條畫」有詔書、詔赦、機關設立聖旨條畫、特定部門相關之聖旨條畫等四大類別。日本學者植松正整理有「元代條畫考」八篇,每篇收集有部分條畫內容,並特別註明存幾款,八篇中之前四篇為忽必烈可汗時期資料,第五篇則為鐵穆耳時期的資料,收錄之鐵穆耳時期頒布之條畫共有二十四則,由哈剌哈孫主導者至少八則以上。

表2-1　朝廷更政重要詔書條畫〔註15〕

時　間	題　旨	出　處
大德7年3月2日 （1303.3.20）	設立奉使宣撫詔書條畫	元代條畫考5 216
大德7年3月16日 （1303.4.3）	贓罪十二章條格	元代條畫考5 217～218
大德8年1月 （1304）	恤隱省刑詔書條畫	元代條畫考5 218～219
大德8年1月 （1304）	聘財筵會詔書條畫（假題）	元代條畫考5 219～220
大德8年 （1304）	官吏丁憂詔書條畫（假題）	元代條畫考5 220
大德9年2月 （1305）	寬恩恤民詔書條畫	元代條畫考5 220～221
大德9年6月5日 （1305.6.27）	立皇太子詔書條畫	元代條畫考5 222
大德10年5月18日 （1306.6.29）	整治政化詔書條畫	元代條畫考5 222～224

庚寅,詔遣奉使宣撫循行諸道:以郝天挺、搭出往江南、江北,石珪往燕南、山東,耶律希逸、劉賡往河東、陝西,鐵里脫歡、戎益往兩浙、江東,趙仁榮、岳叔謨往江南、湖廣,木八剌、陳英往江西、福建,塔赤海牙、劉敏中往山北、遼東,並給二品銀印,仍降詔戒飭之。十二月丁未,七道奉使宣撫所罷贓污官吏凡一萬八千四

〔註15〕植松正,〈元代條畫考〉5,載於《香川大學教育學部研究報告》第Ⅰ部,第49號（日本高松:香川大學教育學部,1980年）,頁173～224之論述。

百七十三人,贓四萬五千八百六十五錠,審冤獄五千一百七十六事。
〔註16〕

表2-2　大德七年奉使宣撫地區及特使

巡行地區	江南江北	燕南山東	河東陝西	兩浙江東	江南湖廣	江西福建	山北遼東
奉使宣撫	郝天挺 塔　出	石　珪	耶律希逸 劉　賡	鐵里脫歡 戎　益	趙仁榮 岳叔謨	木八刺 陳　英	塔赤海牙 劉敏中

　　依據植松正所輯大德七年三月二日（1303.3.20）頒布之「設立奉使宣撫
詔書聖旨條畫」,目前覓得存有九款。
　　◎1. 農桑,衣食之本。比聞,勸農官司,率多廢弛;仰已降條畫,
常加勸課,期於有成。◎2. 内郡,大德六年被災闕食,曾經賑濟人
戶。其大德七年差發、稅糧,盡行蠲免。◎3. 荊湖、川蜀州郡,拘
該供給八番軍儲去處,夏稅秋糧,荊湖與免三分之二;川蜀與免四
分之一。◎4. 被災之處,有好義之家,能出己財,周給貧乏者。具
實以聞,量加旌用。◎5. 鰥寡孤獨,除常例養濟外,人給中統鈔一
十兩。◎6. 河南山陽、河泊,截日開禁,聽饑民從中採取。◎7. 饑
民流移他所,仰所在官司,多方存恤,從便居住。如貧窮不能自存
者,量與賑給口糧,毋致失所。◎8. 飢荒去處,慮有盜賊生發,或
小民扇惑不安,管民官,用心撫治,務使安靜。◎9. 各處官吏,毋
得影占人戶,供給私用,犯者治罪。〔註17〕
前八款由《元典章》所輯出,重點在勸農、免稅與救濟;最後一款由《通制
條格》所輯出,則與官吏影占人戶有關。
　　這次七道奉使宣撫,最後處置了贓污官吏一萬八千四百七十三人,贓款
四萬五千八百六十五錠,重審冤獄五千一百七十六事。這個數據,歷來解讀
不一,惟大部份均認為贓污官吏數目誇大,而贓款數字太小。〔註18〕

〔註16〕見《元史》21〈成宗本紀〉,頁449~456之記載。
〔註17〕見《元典章》2〈聖政〉之記載;另參見《通制條格》2〈官豪影占條〉之記載。
〔註18〕蕭啟慶,〈元中期政治〉載於《劍橋中國遼西夏金元史》,頁573~574之論述:
「他們調查出貪官污吏18473人,獲贓45865錠。這顯然是一個壓低了的上報數字。」另李則芬,《元史新講》3,頁266論述:「本紀所罷官吏人數是錯誤的,七道根本沒有那麼多官,而且只有贓四萬餘錠,決不可能罷免那麼多

贓罪條例，十二章。大德七年三月十六日，欽奉聖旨。諭中書省、
樞密院、御史臺，內外大小諸衙門官吏、軍、民，諸色人等，慶賞
刑滅，國之大柄，二者不可偏廢。朕自即位以來，恪遵聖祖成憲，
優遇臣下，品爵以榮其身，祿賜以厚其家，期於履正奉公，有裨國
政，百姓乂安，以稱朕懷，不務出此。若平章伯顏、暗都剌，右丞
八都馬辛等，營私納賂，蒙蔽上下，以致政失其平，民受其弊。今
已籍沒家貲，投戍邊遠，明正其罪。是用更張，以清庶務，遣使巡
行郡邑，問民間疾苦，分別淑慝。以近年所定贓罪條例，互有輕重，
特敕中書集議，酌古准今，為十二章。〔註19〕

但實際上重點應是這七道奉使宣撫，竟有如此大權力，他們所憑應為大德七
年三月十六日（1303.4.3）所頒布的贓罪條例十二章。而這贓罪條例十二章，
明顯是針對九天前被罷黜的賽典赤伯顏、梁德珪、八都馬辛等中書省大臣，
結黨營私且貪污腐敗而特別制定的。此條例是中書省、御史臺等奉鐵穆耳敕
令，集議修正歷年所定贓罪條例而來的。

　　大德七年二月十三日（1303.3.1），中書省高層人事調整發表，變動幅度
與規模為至元二十八年二月九日（1291.3.10）十二年來所僅見，且有一位上
都留守及四位行省、行臺大吏進入中央，有助於奉使宣撫工作之進行。〔註20〕

　　四年秋，授中奉大夫、參知政事行省江西。既蒞政，以吏選清濁，
　　凡庠序之師、軍民之佐、財穀之主典，隨事立法。員數百，決日皆

人。」

〔註19〕見《大元聖政國朝典章》第46卷〈刑部8・諸贓・取受〉，頁1690之記載。
〔註20〕見《元史》16〈世祖本紀〉之記載：「至元二十八年春正月壬戌，尚書省臣桑
　　　　哥等以罪罷。二月丁丑，以太子右詹事完澤為尚書右丞相，翰林學士承旨不
　　　　忽木平章政事，詔告天下。丙戌，以集賢大學士何榮祖為尚書右丞，集賢學
　　　　士賀勝為尚書省參知政事。五月癸丑，罷尚書省事皆入中書。改尚書右丞相、
　　　　右詹事完澤為中書右丞相，平章政事麥朮丁、不忽木並中書平章政事，尚書
　　　　右丞何榮祖中書右丞，尚書左丞馬紹中書左丞，參知政事賀勝、高翥並參知
　　　　中書政事。」以上共牽動九人次人事異動；同書21〈成宗本紀〉記載：「大德
　　　　七年二月辛未，以平章政事、行上都留守木八剌沙、陝西行省平章阿老瓦丁
　　　　並為中書平章政事，江南行臺御史中丞尚文為中書左丞，江浙行省參知政事
　　　　董士珍為中書參知政事。三月乙未，中書平章伯顏、梁德珪、段貞、阿里渾
　　　　撒里，右丞八都馬辛，左丞月古不花，參政迷而火者、張斯立等，受朱清、
　　　　張瑄賄賂，治罪有差，詔皆罷之。以洪君祥為中書右丞。」以上共十三人次
　　　　人事異動。

> 注，無復容私。六年秋九月，移疾北還。冬十月，拜江南行御史臺
> 中丞，辭。明年，召至京師，拜資善大夫、中書左丞。時朱張氏得
> 罪，省臣率譴逐，惟左丞相、兩新平章，自公凡四人調爕政務。時
> 順德忠獻王答剌罕，與君同心輔政，選庶官，齊百度，罷斜封，汰
> 冗員，絕寶貨，約濫支，節淫費，量入制出。擇民牧，屏世守，定
> 贓律，綱正目舉，有中統、至元之風。〔註21〕

奉使宣撫條畫與贓罪十二章條格的頒布與實施，正是朝廷中央有哈剌哈孫答剌罕、木八剌沙、阿老瓦丁與尚文等四人廉明幹練的主導，所以成績突出而受人矚目，這也是哈剌哈孫建立儒治政府的重要一步。

當哈剌哈孫出任中書右丞相之同時，他亦兼任知樞密院事。中書省宰執是可以節制樞密院事務，節制的途徑有三種方式，一是以宰執參議院事；二是以宰執兼領院官；三是以宰執兼掌衛軍。宰相與樞密院之關係：忽必烈即位之初，並沒有馬上設立樞密院。一般性的軍務，皆統於中書省，遇有作戰行動，常以宰相統軍。至元七年（1270），有人建議將樞密院併入中書，許衡上疏表示反對。他說：

> 兵之於國，在古已重，在後世爲尤重。故樞密之設，特與中書對峙，
> 號稱二府，兵興則宰相主之，事寧則樞密任事。蓋宰相平章軍國，
> 兵事可知也，而兵之籍則不與；樞密兼總兵馬，兵籍可掌也，而兵
> 之符則不在。體統相維，無有偏失，制雖近代，而意實仿古。或者
> 謂樞密併於中書，爲合古冢宰總百官之意，殊不知古者冢宰只一人，
> 而今之爲宰輔者，動輒十數人，此而不古，而謂樞密者獨可以古邪？
> 國家切務，止在得人，人苟未得，徒紛更於此，無益也。〔註22〕

鐵穆耳即位後，江南三省請罷行樞密院。鐵穆耳請教伯顏，伯顏贊同罷行樞密院，認爲外而軍民分隸不便，但同時又強調內而省院各置爲宜。所以元朝一直是中書省與樞密院並立，有皇帝左右手之稱。元朝宰相總領軍國之務，可以節制樞密院事。節制途徑主要有兩條。一是以宰相身分參議院事，二是以宰相兼領院官。另外宰相統領衛軍，也是他們節制樞密院事的一種主要方

〔註21〕 孛朮魯翀，《孛朮魯翀文集・平章政事致仕尚公神道碑》收錄於《全元文》第
　　　　32 冊（南京：鳳凰出版社，2004 年），卷 1031，頁 341 之記載。
〔註22〕 許衡，《許文正公遺書》7〈論樞密不宜併中書疏〉收錄於《元代奏議集錄》（杭
　　　　州：浙江古籍出版社，1998 年），頁 101〜102 之記載。

式。〔註23〕

　　在忽必烈時期到鐵穆耳初期，大部分都是將宰執與樞密院官分開，有參議院事或兼領院官者很少，宰執雖有怯薛長出任，但掌衛軍者亦不多。哈剌哈孫擁有答剌罕這個榮譽又尊貴的頭銜，這又是一個可世襲的頭銜。自蒙古勃興，其號始貴。蒙古萬戶千戶之設，所以酬有功；而答剌罕之號，則專用以報私恩，大體對可汗本人或其子孫有救命之恩者，悉封以此號。其所享特殊之權利，中國所重視者，爲月脫、宿衛等禮儀。回教史料所樂道者，則免除賦稅等實惠。至於九罪弗罰，則東西史籍皆有記載。〔註24〕以答剌罕哈剌哈孫之名擔任中書右丞相，同時又被任命爲知樞密院事，表示鐵穆耳可汗絕對的信任。哈剌哈孫控制著樞密院，這是朝廷更政能進行且延續的第一要件。

　　御史臺一直是制衡中書省與樞密院的機關，這是世祖忽必烈所設計的原始用意。〔註25〕鐵穆耳時代，這個制衡仍繼續存在著，完澤首相可說是這個制度的直接受害者，因他與御史臺的關係始終沒搞好。〔註26〕哈剌哈孫進入中書省後，以尊崇儒術爲名，將以漢軍世侯及漢人儒臣爲主要構成份子的御史臺，納入自己的勢力範圍，在他主政期間，與御史臺始終維持良好關係，御史臺甚至幫哈剌哈孫打擊政敵。哈剌哈孫與御史臺維持良好的互動及互挺，這是朝廷更政能進行且延續的第二要件。

　　　　大德七年二月二十四日，中書省奏：「四怯薛裏怯薛歹人數明白有。
　　　　近年以來，內外城子裏的百姓內，回回、畏兀兒、漢兒、蠻子人等，
　　　　投充昔寶赤、阿察赤、怯怜口，各枝兒裏并諸王、駙馬、公主、妃

〔註23〕 張帆，《元代宰相制度研究》（北京：北京大學出版社，1997年），頁174之論述。

〔註24〕 韓儒林，〈蒙古答剌罕考〉，原載華西大學《中國文化研究所集刊》1940年第1卷第2期，後收錄於氏著《穹廬集》（石家莊：河北教育出版社，2000年），頁52之論述。

〔註25〕 趙承禧編輯，《憲臺通紀》，收錄於洪金富點校《元代臺憲文書匯編》（台北：中央研究院歷史語言研究所，2003年），第一部《憲臺通紀》5〈設立憲臺格例〉（1）彈劾中書省、樞密院、制國用使司等內外百官奸邪非違，肅清風俗，刷磨諸司案牘，並監察祭祀及出使之事。

〔註26〕 袁桷，《清容居士集》第34卷，〈有元開府儀同三司上卿輔成贊倫保運玄教大宗師張公家傳〉，收錄於李修生主編之《全元文》第23冊（南京：江蘇古籍出版社，2001年），卷731，頁549記載：「當至元歲末，成宗新嗣位時，宰不快於御史臺，成宗是其言，讓責中丞崔公彧。崔懼，問策安在，曰：『當見丞相，釋所以。』遂與俱詣相府，相怒霽。」

子位下投入去了的多有做了怯薛歹也。」麼道，支請錢糧、馬疋草料，此上多費耗了係官錢糧有。更似這般，壹、貳年不敷支持。在先曾有聖旨來：「到上都呵，木八剌沙根底不商量了，休教入去者，到大都呵，省官每根底不商量了，休交入去者。」有聖旨來。那言語不曾行。可憐見上位有嚴切聖旨呵，省、院、臺裏各枝兒裏，摘委著不覷面皮的人好生分間呵，多省減錢糧也者。商量來。奏呵，奉聖旨：「您說的是。那般行者。街市漢兒人每也投入去行。麼道，說有，委好人嚴切分間者。」欽此。〔註27〕

哈剌哈孫主持朝廷更政的主要班底為阿老瓦丁、八木剌沙、洪君祥與尚文等地方行省官員為多。曾任地方官員者，韌性較強，就算是離開中央回任地方行政工作，也會成為朝廷的助力，而非阻力。而且，像木八剌沙曾任上都留守，任職中書省，每年夏天可隨皇帝至上都辦理省事，這不僅是哈剌哈孫所需要的，也是朝廷更政能夠進行且延續的第三要件。

另一方面，哈剌哈孫身兼中書右丞相與知樞密院事二職，對政府組織的運作與官員的調配，皆以精簡、效率為首要考量，但也受到政治生態的影響，漢人始終無法進入決策高層。〔註28〕

二、相權與后權的結合與分裂

大德三年（1299）蒙元史上頗具政治才能的二位蒙古人，卜魯罕皇后與哈剌哈孫答剌罕同時登上元朝中央政治核心，大德七年（1303）哈剌哈孫首相在鐵穆耳與卜魯罕后的支持下，組成了新的中書省。

> 成宗承天下混一之後，垂拱而治，可謂善於守成者矣。惟其末年，連歲寢疾，凡國家政事，內則決於宮壺，外則委於宰臣，然其不致於廢墜者，則以去世祖未遠，成憲具在故也。〔註29〕

〔註27〕 見《通制條格》28〈分間怯薛〉之記載。
〔註28〕 見《元史》21〈成宗本紀〉4記載：「大德七年夏四月癸亥，徵藩臣陳天祥、張孔孫、郭筠至京師，以天祥、孔孫為集賢大學士，筠為昭文館大學士，皆同議中書省事。」同書卷168〈陳天祥傳〉記載：「七年，召拜集賢大學士，商議中書省事。八月，地震，河東尤甚，詔問弭災之道。天祥上章，極言陰陽不和，天地不位，皆人事失宜所致。執政者以其言切直，抑不以聞。天祥自被召還京，至是且一歲，未嘗得見帝言事，輸忠無地，常鬱鬱不自釋，又不欲苟縻廩祿，八年正月，移疾謝去。」
〔註29〕 見《元史》21〈成宗本紀〉，頁472之記載。

哈剌哈孫長期在南中國任職，所以這個中書省與卜魯罕皇后的中政院結合的核心集團，其基礎是建立在南中國的財富之上的，南宋末的鹽賊，同時也是海賊的朱清、張瑄的事例。他們在元朝征服江南時，曾出力效勞，元統一中國後，被任經營海運業，藉此而成大地主，並官至行省宰相，爲典型的豪民。他們於桑哥下臺後，也仍繼續受到朝廷的保護。大德八年（1304）失勢被殺後，財產也全被沒收。此事的背景，筆者認爲與海都亂後蒙古帝室的內紛有關。同時，由此推測出這個事件乃是以成宗皇后爲首的皇后卜魯罕一派，想利用他們的財產，鞏固在南中國的地位，而策劃出來的。從這個事例，可以明顯地看出南人政治勢力的強大與發展，及元朝對南中國統治的一端的。〔註30〕

> 可謂守成之令主矣。雖晚嬰末疾，政出中宮。而舉措無大過失，固
> 由委任賢相之效，亦未始非內助之得人也。〔註31〕

卜魯罕皇后與哈剌哈孫之間，原來是相互合作謀利的一個核心集團，尤其是在立德壽爲皇太子的時刻，雙方最爲團結融洽。

> 卜魯罕皇后，伯岳吾氏，駙馬脫里思之女。元貞初，立爲皇后。大
> 德三年十月，受冊寶。成宗多疾，后居中用事，信任相臣哈剌哈孫，
> 大德之政，人稱平允，皆后處決。〔註32〕

後來因德壽早薨，后相對皇位繼承問題漸行漸遠，終至分裂。雙方各有優勢與劣勢，哈剌哈孫是在闊復與不忽木的推薦下，進入了中書省，他是否一開始就回鍋擔任怯薛職務尚不清楚，但到了晚期，他一邊爲中書右丞相，一邊總宿衛。

> 七年，進中書右丞相。嘗言治道必先守令，近用多不得其人，於是
> 精加遴選，定官吏贓罪十二章及丁憂、婚聘、盜賊等制，禁獻戶及
> 山澤之利。每歲車駕幸上都，哈剌哈孫必留守京師。時帝弗豫，制
> 出中宮，羣邪黨附，哈剌哈孫以身匡之，天下晏然。〔註33〕

每年春季到秋季之間，鐵穆耳到上都時刻，哈剌哈孫並不隨之北巡，自任中

〔註30〕 植松正，〈元代江南の豪民朱清、張瑄について——その誅殺と財產官沒をめ
ぐって〉，載《東洋史研究》，第27卷，第3號（京都：東洋史研究會，1968
年）。後收錄於氏著《元代江南政治社會史研究》（東京：汲古書院，1997年），
頁297～335。摘要第5頁之論述。

〔註31〕 屠寄，《蒙兀兒史記》，頁463之論述。

〔註32〕 見《元史‧卜魯罕皇后傳》。

〔註33〕 見《元史》136〈哈剌哈孫傳〉，頁3293之記載。

書左丞相開始，即留在大都，而完澤、阿忽台則隨皇帝北巡。哈剌哈孫任中書右丞相，依然留守大都，且權兼中樞，並建構大都勢力。所以海山繼位後，在還沒返回大都前，哈剌哈孫即因功高震主，在上都即被調往漠北和林，大都勢力隨之瓦解。〔註34〕

> 大德六年九月行臺准，御史臺咨，奉中書省劄付蒙古文字譯該，中書省官人每根底，寶哥爲頭也可扎魯忽赤每言語，虎兒年正月二十二日，(也)可(扎)魯忽赤寶哥、禿忽魯由德怗里脫歡上位奏。在先蒙古重囚的勾當斷呵，欽依薛禪皇帝聖旨，月兒魯那顏、月赤察兒兩個根底商量了上位奏那奏呵，那般者，麼道，聖旨有來。……奏呵，那般者，麼道，聖旨了也，奏時分，速古兒赤馬哈某沙，阿塔赤燕忽兒的哈，借(昔)寶赤哈共等有來。〔註35〕

鐵穆耳雖無明顯地建立自己的核心集團，但在政務運作上，對於重大的刑事案件處分，仍以怯薛系統爲主。在忽必烈晚期，蒙古世勳玉昔帖木兒與月赤察兒最爲重要；鐵穆耳初期，則以完澤與阿忽台最重要。鐵穆耳晚期，則以哈剌哈孫最爲重要了。

哈剌哈孫於大德七年七月十日（1303.8.23）就任中書右丞相後，不到一個月的時間，也就是同年的八月六日（1303.9.17）傍晚，以山西太原、平陽兩路爲中心的地區發生巨大地震。這次地震相當強烈，而且餘震不已，延續數年，考驗著哈剌哈孫新政府的應變能力。〔註36〕

> 聖元一天下，雖荒陬遠郡往古之不能臣者，莫非政令之所及。故命宗室之近者王重地，以寧遠人。歲終朝覲往還，而霍郡適當其衝，於是以郡廨蹙爲行邸，且慮其隘陋不足以容，散處閭井以爲民病，故爲廣

〔註34〕有關大都作爲首都之功能與發展勢力較爲優勢的一面，參考杉山正明的《モンゴル帝國と大元ウルス》（京都：京都大學學術出版會，2004年），頁154～167〈大都はなんのために築かれたか〉有詳細分析。

〔註35〕見《元典章》39〈刑部〉，頁1464之記載。

〔註36〕見《元史》50〈五行志〉1記載：「大德七年八月辛卯夕，地震，太原、平陽尤甚，壞官民廬舍十萬計。平陽趙城縣范宣義郇堡徙十餘里。太原徐溝、祁縣及汾州平遙、介休、西河、孝義等縣地震成渠，泉涌黑沙。汾州北城陷，長一里，東城陷七十餘步。八年正月，平陽地震不止。九年四月己酉，大同路地震，有聲如雷，壞廬舍五千八百，壓死者一千四百餘人。懷仁縣地震，二所涌水盡黑，其一廣十八步，深十五丈，其一廣六十六步，深一丈。五月癸亥，以地震，改平陽路爲晉寧，太原路爲冀寧。十一月壬子，大同地震。十二月丙子，地震。十年正月，晉寧、冀寧地震不止。」

其堂室，多其廊廡以居之。迄大德七年秋仲六日，值地道失寧，民居官舍震撼摧壓，蕩然無遺。越明年秋，監州乞得不花、知州李伯淵、同知石思仁、州判趙拜要歹相為謀曰：「天變之後，民未寧處，雖吾輩之居僅足以容膝，但免於露，亦已多矣。惟是廨舍為理民之所，且宗室之過者寓焉，營建之務，孰急於此！」是故俾所隸三邑分集其事：正堂五楹，靈石治之；挾堂為舍，各三楹，趙城治之；霍邑治其兩廡，舊各十楹，今輒其五，俟其稔歲議之。命主靈石簿孟祐兼量其役。基構甫興，今監州失剌不花至郡，憾始謀之不及，蒞其事益勤。落成於大德九年夏四月，俾予記之。予忝居學職，不敢以拙陋辭，故為書其始末如此，使後之來者得以覽焉。〔註37〕

這次地震除了在《元史》的〈成宗本紀〉與〈五行志〉等中央官方文獻史料記載外，各種地方志有關此次地震的記載也相當多，而災後地方官也能配合中央迅速進行復建工作。關於此次地震詳細死傷人數，各種史料記載都約為二十餘萬左右，日本學者太田彌一郎則認為紀錄太過詳細，反而可能就不盡可靠了。〔註38〕

　　此次大地震，除了紙本文獻資料記載外，山西各地紀錄此次大地震的碑文亦相當多，其中以平陽路霍州趙城縣廟埠不僅記載著地震發生範圍廣大，而且皇帝亦遣近臣同地方官共同撫恤。〔註39〕

　　救災與善後的工作是元朝政府當時的重點，日本學者太田彌一郎在一篇

〔註37〕 王士貞，〈霍州創建公宇記〉，原載於清道光六年刊本《直隸霍州志》卷25，後收錄於《全元文》第36冊（南京：鳳凰出版社，2004年），卷1184，頁280之記載。

〔註38〕 閆黎明，〈大德七年平陽太原的地震〉，載於《元史論叢》第4輯（北京：中華書局，1992年），頁160論述：「撰於至正五年的平陽《會仙觀碑記》云：於時死者二十餘萬人；至大四年鄉寧縣尹霍章撰寫的《大帝廟碑》也載：大德癸卯秋八月六日，河東地震，壓殺者二十餘萬人；今日襄汾縣辛建村還有一通撰於清康熙三十四年的《重建三聖樓記》碑石，上記：考元之大德七年八月初六日戌時地震，本路一境房屋盡皆塌壞，壓死人口二十七萬有餘。」

〔註39〕 國家地震局地球物理研究所、復旦大學中國歷史地理研究所主編，《遠古至元時期中國歷史地震圖集》（北京：中國地圖出版社，1983年），頁156記載：「大德癸卯八月六日夜漏樓戌，郡國同時地震，河東為甚。天子特遣近臣並禱羣望，必闍赤塔的迷石、翰林直學士林元，欲齎御香、宮酒、異錦，幡合內帑銀、錠拉。平陽府寮、霍州趙城官屬，致祭于霍山中鎮崇德應靈王。越十月三日丁亥，三獻禮成，因剗諸石，庸誌歲月云。大德七年十月。」

討論此次大地震的文章中，以《元史》的〈成宗本紀〉爲中心的文獻史料，列出十三條元朝政府的救濟政策。

表 2-3　《元史・成宗本紀》所載山西大地震朝廷救濟政策〔註40〕

時　　間	內　　　　　容
大德七年八月辛卯	遣使分道賑濟，爲鈔九萬六千五百餘錠，仍免太原、平陽今年差稅，山場河泊，聽民採捕。
大德七年九月丙寅	以太原、平陽地震，禁諸王阿只吉、小薛所部擾民，仍減太原歲飼馬之半。
大德七年九月辛未	詔諭諸司，賑恤平陽、太原。
大德七年十月戊子	弛太原、平陽酒禁。
大德八年正月己未	以災異故，詔天下，恤民隱，省刑罰。……平陽、太原免差稅三年。隆興、延安及上都、大同、懷孟、衛輝、彰德、眞定、河南、安西等路被災人戶，免二年。大都、保定、河間路免一年。……仍弛山場河泊之禁，聽民採捕。
大德八年五月庚辰	以去歲平陽、太原地震，宮觀摧圮者千四百餘區，道士死傷者千餘人，命賑恤之。
大德八年九月癸酉	四川、雲南鎮戍軍家居太原、平陽被災者，給鈔有差。
大德八年十一月壬子	以平陽、太原去歲地大震，免其課歲一年。
大德九年二月丙午	平陽、太原地震，站戶被災，給鈔一萬二千五百錠。
大德九年五月癸亥	以晉寧、冀寧累歲被災，給鈔三萬五千錠。
大德九年七月乙巳	禁晉寧、冀寧、大同釀酒，蠲晉寧、冀寧今年商稅之半。
大德九年十一月丁未	以去年冀寧地震，站戶貧乏，詔諸王、駙馬，毋妄遣使乘驛。
大德九年十二月乙亥	賜冀寧路鈔萬錠、鹽引萬紙，以給歲費。

〔註40〕太田彌一郎，〈元大德七（1303）年山西大地震災始末──元朝衰亡への轉換點〉，載於《東北大學東洋史論集》第 10 輯（仙台：東北大學，2005 年），頁 272 之論述。

　　除了在上述《元史・成宗本紀》大德八年正月己未條之詔書項目外,《大元聖政國朝典章》中亦有相同救濟記載。

> 去歲地震,平陽、太原兩路災重去處,係官投下一切差發稅糧,自大德八年爲始,與免三年;隆興、延安兩路,與免二年;上都、大同、懷孟、衛輝、彰德、眞定、河南、安西等處被災人戶,亦免二年。〔註41〕

日本學者太田彌一郎統計出,大震災之後的救濟政策中,交鈔支給額明顯表示在史料中的總計約十四萬四千錠。而當時,整個元朝的交鈔歲入總額約三百六十五萬錠到四百萬錠之間,更由於地震,災區的科差、稅糧等直接稅,另外商稅及其他的間接稅都會減免而影響歲收,元朝政府的財政負擔絕對不輕。哈剌哈孫的新中書省剛成立不久,就必須面臨考驗,他一方面有對策;一方面派中樞大臣到災區賑恤。〔註42〕朝廷的賑恤行動,史料記載大都是以具體實物救濟爲主,例如交鈔或者是穀物皆爲實用物品。〔註43〕

> 七年,召拜中書參知政事,與右丞相答剌罕、左丞相尚文等同心佐理,機務大治,凜然有中統、至元之風焉。會河東地震,民多死傷,命公往振卹之。公躬自存問,大發屬郡藏粟以繼乏食,……還朝,大見獎異。〔註44〕

皇帝鐵穆耳與中書右丞相哈剌哈孫派遣大臣處置的情形,當時以中書參知政事董士珍最爲重要。董士珍乃眞定藁城出身的「漢人世侯」董俊之孫,在鐵穆耳可汗時期爲近侍怯薛兼以「服官政,出任使」而爲中書省參知政事。當時他與右丞相哈剌哈孫答剌罕、右丞尚文共同主持朝政。地震發生後,當時的中書省大臣只有董士珍被派遣爲賑濟使者。

> 居中書日,天子下議發兵討西南夷,臺臣力諫不納。公偶侍左右,承顧問,從容對曰:「臺臣言是」上意自解。〔註45〕

〔註41〕見《大元聖政國朝典章》第3卷〈聖政2・復租稅〉之記載。

〔註42〕太田彌一郎,引《山右石刻叢編》第31卷〈永澤廟堂記〉記載:「大德七年歲步癸卯八月六日夜,厚坤失載,動若浮舟,官舍民屋,率皆崩陷,廟堂與焉。朝廷爲之賑恤,更平陽曰晉寧,太原曰冀寧。震踰數年,不遑經始。」

〔註43〕太田彌一郎,引《山右石刻叢編》第30卷〈文水重建文廟記〉記載:「朝廷頒降錢米,賑濟邑民稍蘇。」

〔註44〕歐陽玄,《圭齋集》補遺,〈太傅趙國清獻公董士珍神道碑〉,收錄於《全元文》第34冊(南京:鳳凰出版社,2004年),卷1105,頁675之記載。

〔註45〕歐陽玄,《圭齋集》補遺,〈太傅趙國清獻公董士珍神道碑〉,收錄於《全元文》

長董士珍三歲的堂兄董士選，在當時雖也是有赫赫之功的御史臺大臣，惟因不像董士珍具有怯薛身分，因而無法擠身核心集團中。而董士珍卻因為有怯薛與中書省臣身份，更又為漢軍世侯之後，所以被派遣為賑災之欽命大臣是非常適當之人選。對於地方公共建築物的重建工作，除了霍州創建公宇外，鄭勝雄研究元代的地震應對措施，也引用很多地方史料作統計，從中可以看出地方政府頗能配合中央展開有效率的復建工作。〔註46〕

> 地震，上踈「咎在大臣」。明日，政府洪創舒、木八剌沙、阿老瓦丁
> 皆罷。逐臣賽典赤、八都馬辛等復召。〔註47〕

依據何瑋神道碑，為此次地震負責下臺的中書省大臣有三人，為洪君祥、木八剌沙、阿老瓦丁。但據元史宰相年表，此次被罷的三位大臣離開中書省的日期並不一致，木八剌沙最早為大德七年十二月，洪君祥第二為大德八年元月，阿老瓦丁最後為大德八年九月。實際上不止這三人，整個政府改組的程度很大。

表2-4　大德中期政府改組中書省大臣變動狀況〔註48〕

大德六年	大德七年	大德八年
中書右丞相完澤	中書右丞相哈剌哈孫	中書右丞相哈剌哈孫
中書左丞相哈剌哈孫	中書左丞相阿忽台	中書左丞相阿忽台
平章政事賽典赤伯顏	平章政事木八剌沙	平章政事賽典赤伯顏

第34冊（南京：鳳凰出版社，2004年），卷1105，頁675～676之記載。

〔註46〕 鄭勝雄，《元代地震的研究》（台北：東吳大學歷史學碩士論文，2006年），頁240論述：「大德七年八月辛卯，平陽、太原地震，重建公共建築物眾多，今舉主要者如下。例如洪洞縣《重建靈貺殿記》碑文寫道：上張村靈貺殿，伏自大德七年癸卯，經值地震，殿宇崩壞。於是本村眾社人等謹發誠心，鳩財聚力，分勞土木之工經營，於皇慶壬子之秋落成；靈石縣《重建潔惠侯廟記》記載：大德癸卯，厚坤失載，殿宇傾頹，鞠為茂草。迄至正庚寅秋，縣人是宜重建，僉應曰諾，於是鳩工於眾，其施金者有差分，備梓杇陶鍛之匠，各獻其技；蒲縣《重修東嶽廟記》載：元大德癸卯，心思不容，地遂以震，致宮一傾為瓦礫之場。父者視之，慨然興嘆。其後道流曹居義志其重葺，惝惝為惟役大費廣，是憂謀於眾，眾義之大儲者助財、多丁者助力。等等。」

〔註47〕 程鉅夫，《雪樓集》8〈梁國何文正公神道碑〉，收錄於《全元文》第16冊（南京：江蘇古籍出版社，2000年），卷537，頁372之記載。

〔註48〕 參見《元史》112〈宰相年表〉記載：「大德七年，木八剌沙，三月至十二月。大德八年，阿老瓦丁，正月至九月；洪雙叔，正月一月；董士珍，正月一月；伯顏，十月至十二月；阿里，十月至十二月；八都馬辛，十一月至十二月；迷兒火者，十月至十二月。」

平章政事梁德珪	平章政事阿老瓦丁	平章政事鐵哥
平章政事阿魯渾薩理		平章政事阿里
平章政事段貞		
中書右丞八都馬辛	中書右丞洪君祥	中書右丞塔思不花
中書右丞楊炎龍		中書右丞八都馬辛
中書左丞月古不花	中書左丞尚文	中書左丞尚文
中書左丞呂天麟		
參知政事迷兒火者	參知政事朶台	參知政事朶台
參知政事哈剌蠻子	參知政事董士珍	參知政事趙仁榮
參知政事張斯立		參知政事張祐

　　當時朝廷上下均以「陰陽不和，天地示警」來解釋這次地震，表面上天人感應觀點仍為主流。〔註49〕但事實上，卻是君臣之間利用地震來相互制約，尋求能夠以災異譴告論來達到高層人事變動的目的。〔註50〕

　　在大德七年（1303）三月的政府改組，賽典赤伯顏、梁德珪等中書省八大臣同日被罷黜；同年閏五月完澤病死，舊政府的勢力全部瓦解。在屠寄的《蒙兀兒史記》中，認為罷令出自中宮，也就是卜魯罕皇后所指使，借用朱清、張瑄的賄賂案，一方面打倒完澤、賽典赤伯顏等中書舊臣；一方面將朱清、張瑄所控制的龐大江南財賦納入中政院。因為當時鐵穆耳臥病，卜魯罕皇后有旨命宗正府、御史臺委官差發遣清瑄及其妻子來京師，仍封籍家貲，

〔註49〕鄭勝雄，《元代地震的研究》，頁 211 論述：「大德七年八月辛卯，平陽、太原二路爆發了元代最大的一場地震，死傷慘重，自然也引起朝廷上下的震憾。元成宗鐵穆耳連召集公卿，詔問地震之所由與弭災之道，集賢大學士陳天祥上章：極言陰陽不和，天地不位，皆人事失宜所致；問張孔孫弭災之道，張孔孫則：條對八事以告成宗；中奉大夫郭筠也認為：陰逼陽伏鬱不得發，天地中和之理失，故有是變。而當時的卜魯罕皇后也召見當時的平章政事愛薛，問他說：卿知天象，此非下民所致然耶？愛薛回答說：天地示警戒耳，民何與？願熟慮之。大德七年八月戊申夜，又發生地震，成宗再一次聚集大臣詔問致災之由，以及弭災之道。當時的曆官齊履謙依照春秋回答說：地為陰而主靜，妻道、臣道、子道也，三者失其道，則地為之弗寧。弭之之道，大臣當反躬責己，去專制之威，以答天變，不可徒為禳禱也。」

〔註50〕張建民，《災害歷史學》（長沙：湖南人民出版社，1998 年），頁 249 論述：「自己進言勸諫機會乃至藉口者有之；借災害異象為黨派人事鬥爭工具者有之；就是皇帝，因災下詔，罪己也好，求言也好，甚或因此進行政策調整、人事變動，也未必就是實心敬謹天借，檢討自己作為，改善政治。打下幌子、做個樣子者有，藉機打擊權臣、鞏固自己地位者也有。」

拘收其軍器海舶。完澤奉忽必烈之遺詔力爭之不得。朱清認為新任江浙平章脫脫覬覦家貲，但依據脫脫在元史本傳所述，則其拒金珠之賂，儼然是個廉正大臣。張瑄與其子張文虎，還有朱清之子朱虎，皆棄市。大德九年（1305）春天，訟之省臺，弗理。夏四月，鐵穆耳避暑上都，天麟拜伏輦道左，鐵穆耳命侍臣問狀，旨未得，又伏東華門涕泣陳情。尋敕中書省召還文龍，使董日本市舶。至大初，超遷都水監，仍督海運。〔註51〕

　　大德八年五月十日（1304.6.13），以所籍朱清、張瑄江南財產隸中政院。此時卜魯罕政權獲得財政權之掌控。依據日本學者植松正論著《元代江南政治社會史研究》中第二部第四章〈元代江南の豪民朱清、張瑄について〉有四節討論，其中有關卜魯罕皇后集團的論述頗為中肯。〔註52〕與之同時，蕭師啓慶在《劍橋中國遼西夏金元史》的〈元中期政治〉中，對於卜魯罕皇后掌控江南財賦也秉持著相同的看法。〔註53〕當然，也有不同意見者，對於卜魯罕皇后的權力擴展時間的早晚，還有哈剌哈孫聯合卜魯罕皇后打擊完澤之狀況，也有論者有不同的看法，李則芬即是持此議論者。〔註54〕

　　大德三年（1299）是哈剌哈孫與卜魯罕登上歷史舞台最重要的一年，因為他們同時被寄予厚望。次年，不忽木與闊闊真相繼去世後，中書省與中政院的聯盟態勢逐漸建立起來。大德七年（1303）朝廷更政的重要中書省、樞密院新進大臣官員，大部分都有著地方封疆大吏或理財經驗的幹練之才。經歷過山西大地震的洗禮，這些官僚雖然職務變動，仍舊在中央與地方擔任重

〔註51〕屠寄，《蒙兀兒史記》第 4 冊，卷 113〈朱清張瑄列傳〉（台北：鼎文書局，1994年），頁 2722～2724 之論述。

〔註52〕植松正，《元代江南政治社會史研究》（東京：汲古書院，1997 年），其〈摘要〉頁 5 之論述。

〔註53〕蕭啓慶英文原著，史衛民中譯，《劍橋中國遼西夏金元史》（北京：中國社會科學出版社，1998 年），頁 579 之論述。

〔註54〕李則芬，《元史新講》第 3 冊（台北：黎明文化事業公司，1978 年），頁 227～267 論述：「屠寄註云，所謂新進宰相指脫脫也。作者對於屠氏此說，不以為然。朱清所謂新進宰相，毋寧是指中書左丞相哈剌哈孫，因為中書省自右丞相完澤以下，幾乎都已被清瑄買通，唯一死對頭是哈剌哈孫。這裡有一點值得注意，皇后居中用事，是在大德七年哈剌哈孫為右丞相之後，應是指大德末年或成宗晚年之事，屠寄的朱清、張瑄傳，以為二人之獄，是皇后處決的，我不敢同意，因為事在完澤為右丞相期間，時間上已與后妃傳文意不符，而本紀上又充分表現出成宗的堅決態度。何況像一朝罷八相之事，皇后何敢作主？誠然，大德六年二月，有帝有疾一語，然並無嚴重現象。」

要工作，而其最重要職責仍是與江南財賦有著不可分割的關係。〔註55〕

鐵穆耳是個好酒好色之徒，雖然他的資質及領導力皆屬中上，但身體狀況卻是很差。可能是即位時他才二十九歲，或是他的兒子年齡尚幼，鐵穆耳到了大德晚期才立德壽爲皇太子。德壽的生母是誰，與他有無兄弟，各種史料記載說法不一，陳得芝認爲乃卜魯罕皇后所生。〔註56〕

> 膽巴師父者，河西僧也。大德閒朝廷事之，與帝師並駕。適德壽太
> 子病瘲而薨，不魯罕皇后遣使致言於師曰：「我夫婦以師事汝至矣，
> 止有一子，何不能保護耶？」師答曰：「佛法俾若燈籠，風雨至則可
> 蔽。若爾燭盡，則燈籠亦無如之何也。」可謂善於應對。〔註57〕

依據楊瑀的《山居新語》中所記載，德壽爲卜魯罕之子應無誤。大德九年六月一日（1305.6.23）鐵穆耳爲立皇太子，特遣中書右丞相答剌罕哈剌哈孫告昊天上帝，另遣御史大夫鐵古迭而告太廟。過了四天，也就是同年六月五日（1305.6.27）正式立皇子德壽爲皇太子，詔告天下。

> 大德九年六月□日，欽奉皇帝聖旨，惟我太祖聖武皇帝、世祖聖德
> 神功文武皇帝，規模宏遠，預建儲嗣，式與古合，朕恪遵祖宗成憲，
> 允恊昆弟僉言，立嫡子德壽爲皇太子，茲有日矣。比者，遠近宗親
> 復以爲請，又中書百司及諸老臣請授冊寶，昭示中外。朕俯從眾願
> 於今月五日授以皇太子寶，所有冊禮，其知常制屬茲盛舉宜布新恩
> （條畫見后聖政各類）於戲，慶衍無疆，既正名於國本，仁同一視，

〔註55〕哈剌哈孫曾於大德二年任江浙行省平章政事與左丞相；阿老瓦丁曾於元貞元年任江浙行省平章政事，並於大德十年復任之；洪君祥曾於大德三年奉使江浙，大德十年任江浙行省右丞；尚文曾於大德三年任江南行御史臺中丞；董士珍曾於大德五年任江浙行省參知政事。

〔註56〕陳得芝，〈耶律楚材、劉秉忠、李孟合論——蒙元時代制度轉變關頭的三位政治家〉載於《元史論叢》第 9 輯（北京：中國廣播電視出版社，2004 年），頁 20〔註 79〕論述：「元史宗室世系表載成宗僅德壽一子，早薨，無後。后妃傳謂德壽爲成宗元妃失憐答里所生，但史集鐵穆耳合罕紀則記載成宗大皇后卜魯罕生德壽太子，另有一子馬嘎柏琳，出於另一皇后。按高麗史載，忠烈王二十三年（大德元）十月，遣使如元，賀生皇子；二十五年三月，又遣使如元，賀生皇子。據此則史集所載成宗有二子當可信，但另一子可能早夭，故元史不載。又，失憐答里亡故於成宗即位之前（錢大昕《廿二史考異》卷 93 已考訂），若德壽爲其所出，則大德九年去世時至少有十三歲，似不得謂早薨，當從史集，以德壽爲卜魯罕皇后所生。」

〔註57〕楊瑀，《山居新語》卷 1，載於元明史料筆記（北京：中華書局，2006 年），頁 207 之記載。

尚均福於黎元，故茲昭示，想宜知悉。〔註58〕

哈剌哈孫在擁護德壽爲皇太子的立場是顯明的，他因此也獲得鐵穆耳與卜魯罕皇后的信任，取得了更大的權勢。

（大德九年冬十月）……乙未，帝諭中書省、樞密院、御史臺臣曰：「省中政事，聽右丞相哈剌哈孫答剌罕總裁，自今用人，非與答剌罕共議者，悉罷之。」〔註59〕

除了原來身兼中書右丞相、知樞密院事二個中樞省院最高官職外，還被授以總裁省中政事及共議用人等，有關財政庶務與人事銓選專責之權。關於擁立德壽爲皇太子一事，御史臺大臣也力贊此議，尤其是以維護儒家正統爲原則的漢軍世侯，時任御史中丞的何瑋。

太子德壽，成宗繼子也，公言於御史大夫禿赤：「公社稷大臣，盍亟言定大計？」禿赤尋卒。〔註60〕

何瑋（1245～1310），易州（今河北）人。父何伯祥與兄何瑛，均死於對宋戰爭。至元十一年（1274），丞相伯顏受命伐宋，何瑋爲帳前都鎮撫，頗有戰功。至元三十一年（1294），任中書參知政事；大德七年（1303），授御史中丞。〔註61〕

禿赤（Tuguci），玉昔帖木兒之弟，大德五年（1301），出任御史大夫，繼承其兄長期擔任之職位。當時，博爾朮家族是重要的一股勢力，爭取其支持，對於德壽的皇太子之路很有幫助。

大德五年春，詔贈宣忠同德弼亮功臣，依前太師、開府儀同三司、錄軍國重事、御史大夫，追封廣平王，諡曰貞憲。……女三人，曰失鄰，適太師興元忠憲王完澤之子中書右丞長壽；曰不蘭兮，適宣政使答失蠻之子泉府少卿不列禿；曰班真，在室。木剌忽年未及冠，詔選皇彌甥女八都馬妻之，仍襲萬夫長。復命公之介弟禿赤爲御史大夫。〔註62〕

禿赤從元貞二年（1296）到大德八年（1304），任御史大夫達九年之久。其間任

〔註58〕見《大元聖政國朝典章》第 1 卷〈詔令 1 立皇太子詔〉，頁 11～12 之記載。

〔註59〕見《元史》21〈成宗本紀〉，頁 466 之記載。

〔註60〕程鉅夫，《雪樓集》8〈梁國何文正公神道碑〉，收錄於《全元文》第 16 冊（南京：江蘇古籍出版社，2000 年），卷 537，頁 372 之記載。

〔註61〕見《元史》150〈何瑋傳〉，頁 3545 之記載。

〔註62〕閻復，《靜軒集》3〈太師廣平貞憲王碑〉收錄於《全元文》第 9 冊（南京：江蘇古籍出版社，1998 年），頁 260 之記載。

御史中丞者有崔彧、不忽木、董士選、何瑋等人，都是政壇上的實力派人物。

> 大德六年八月初三日本臺官禿赤大夫，朵歹侍御，扎忽完歹治書，
> 對火者歹藏吉孛夫奏過事內一件。〔註63〕

既然已經立德壽爲皇太子，以卜魯罕皇后爲核心，建立新的權力結構成爲當務之急。除了極力拉攏哈剌哈孫以外，還有兩件事必須盡快進行，第一是剷除對帝位繼承有潛在影響的皇室成員，如答剌麻八剌系統的宗王；

> （大德九年秋七月）……壬戌，以金千兩、銀七萬五千兩、鈔十三
> 萬錠，賜興聖太后及宿衛臣，出居懷州。復置懷寧王王府官。……
> 丁卯，以大司徒段貞、中書右丞八都馬辛並爲中書平章政事，參知
> 政事合剌蠻子爲右丞，參知政事迷而火者爲左丞，參議中書省事也
> 先伯爲參知政事。〔註64〕

第二，就是聚集或提升有行政經驗的幹練官僚組成新的勢力集團；如大德七年被罷黜的中書省大臣，大部分回到中書省任職。但當時梁德珪回任後不久即去世，賽典赤伯顏與八都馬辛等聲勢不若以往，他們倚靠的是當時的中書左丞相阿忽台。

> 大德六年九月行臺准，御史臺咨，奉中書省劄付蒙古文字譯該，中
> 書省官人每根底，寶哥爲頭也可扎魯忽赤每言語，……在先蒙古重
> 囚的勾當斷呵，欽依薛禪皇帝聖旨，月兒魯那顏、月赤察兒兩個根
> 底商量了上位奏來前者，月赤察兒被差之後，咱上位奏完澤、阿忽
> 歹兩個根底商量了，奏那奏呵，那般者，麼道，聖旨有來。〔註65〕

阿忽台在大德六年（1302）就是鐵穆耳身旁的重要怯薛，後來以知樞密院事身份與暗伯到河西整飭軍務。大德九年十二月十八日（1306.1.3）只當了半年皇太子的德壽薨逝，由於鐵穆耳並沒有明確從近系皇族中指定新的繼承人，導致整個大德十年處於皇位繼承危機的緊張局面。由於鐵穆耳繼承大位時，官僚已經成爲主導整個忽里爾臺的重要關鍵者，而那時官僚體系尚未完全成熟，而且擁護對象明確；此次在缺乏固定繼統法則的條件下，因政治利益和派系淵源而隱藏對立已久的各種政治勢力，在各自擁立自認爲合適的繼承人

〔註63〕見《元典章》6〈臺綱6 照刷、指卷照刷〉（北京：中國廣播電視出版社，1998年），頁174之記載。
〔註64〕見《元史》21〈成宗本紀〉，頁464～465之記載。
〔註65〕見《元典章》39〈刑部〉，頁1464之記載。

上產生尖銳的分歧，官僚體系將發揮自蒙元立國以來最能左右政局的關鍵力量。〔註66〕

　　卜魯罕皇后干政多年，本與哈剌哈孫首相組成后宰聯盟同理國政，但隨著德壽皇太子的早薨，卜魯罕皇后與哈剌哈孫首相卻漸行漸遠。卜魯罕皇后而轉而與時任左丞相的阿忽台相勾結，另外中書平章政事八都馬辛與前中書平章政事賽典赤伯顏等回回大臣亦加入。

> 鐵木耳無子，其皇后卜魯罕在鐵木耳末年頗有權，欲以忽必烈孫及
> 忙哥剌子阿難答承帝位。時阿難答鎮守唐兀之地，即陝西、土番與
> 四川一部分之地是已。鐵木耳有疾時，后密遣人至西安府召之入京
> 師。緣此后不欲以答剌麻八剌之二子海山、愛育黎拔力八達承帝位，
> 曾出愛育黎拔力八達及其母居懷州（瓦撒夫書云：皇后卜魯罕曾阻
> 止鐵木耳依蒙古俗納其兄答剌麻八剌之寡妃）。〔註67〕

這股新勢力找到了皈依伊斯蘭教的安西王阿難答，卜魯罕皇后打算內而操縱朝議，外而倚重阿難答手中的十五萬大軍，臨朝稱制，並起用阿難答輔國。而阿難答本人也因手中握有重兵，欲以世祖忽必烈嫡孫的身分爭奪皇位。

　　支持卜魯罕與阿難答的新勢力成員以中書省和中政院官員為主，他們會加入這個集團都有跡可循。中書左丞相阿忽台在大德初期曾任知樞密院事，並整飭河西軍務，他與阿難答屬於對抗海都的南路系統部隊，而海山與月赤察兒則屬北路系統部隊。

〔註66〕蕭功秦，〈論元代皇位繼承問題──對一種舊傳統在新的歷史條件下的蛻變之察〉載於《元史及北方民族史研究集刊》第 7 輯（南京：南京大學歷史系元史研究室，1983 年），頁 27 論述：「但是，元代中央集權的官僚政治結構的特點，決定了這場皇位危機中人們的活動方式與危機的解決方式，與大蒙古國時期完全不同。在大蒙古國時期，擁有獨立的封地經濟、軍事實力的諸王貴族是汗位競爭舞台的主角，行政官僚是沒有插足餘地的。元朝建立後，與中原農耕物質經濟條件相適應的，只能是皇帝控制的中央集權的自上而下的等級官僚結構。這種官僚控制結構的特點是：『立官府，置郡縣，各有其職，而上下相承，內外相維，聯屬貫通，以通功成務。丞相治中書以統之，上承天子，出政令於天下。較若劃一，莫敢逾焉。』在這種結構裏，皇帝必須依靠中樞機構──丞相執掌的中書省作為樞紐，來行使其對整個國家機器的控制權。這就決定了操縱中書省的行政官僚，在元代整個政治結構中，具有特殊的重要性。」

〔註67〕（瑞典）多桑著，馮承鈞譯，《多桑蒙古史》上冊（上海：上海書店出版社，2001 年），頁 338 之記載。

> （大德七年五月）……壬辰，以大德五年戰功，賞北師銀二十萬兩、
> 鈔二十萬錠、幣帛各五萬九千匹。賜皇姪海山及安西王阿難答，諸
> 王脫脫、八不沙，駙馬蠻子台等各金五十兩、銀珠錦幣等物有差。……
> 六月庚子，命阿伯、阿忽台等整飭河西軍事。……秋七月丁丑，都
> 哇、察八而、滅里鐵木而等遣使請息兵，帝命安西王慎飭軍士，安
> 置驛傳，以俟其來。〔註68〕

前後中書平章政事賽典赤伯顏與八都馬辛均為回回人，信奉伊斯蘭教，與阿難答宗教信仰相同。而中政使怯烈與道興，乃卜魯罕皇后的左右手，他們與上述中書省大臣共同組成了一個「卜魯罕──阿難答」接班集團。

> 大德十年五月十八日欽奉皇帝聖旨：朕自即位以來，累降詔旨，圖
> 治雖勤，績效未著。蓋司民政者，撫字乖方；居風憲者，彈劾失當。
> 不能副朕，愛恤元元之意。今命右丞相答剌罕、左丞相阿忽台、中
> 書省官，從新整治。其布告天下：凡在官司，自今以始，洗心易慮，
> 各盡乃職。貪污敗政者，責罰黜降。廉勤公正，治有成效者，特加
> 陞擢。期於政化流行，黎民安享和平之治。又一款：內外官吏，公
> 勤奉職，遵守累降詔條，撫安百姓。有效者，仰監察御史、廉訪司，
> 從公體察，具實跡，申臺復察。呈省，量加陞擢。其奸貪不法、蠹
> 政害民者，糾治。〔註69〕

哈剌哈孫在大德十年五月十八日（1306.6.29）接獲聖旨，詔命右丞相哈剌哈孫答剌罕、左丞相阿忽台等整飭庶務，凡銓選錢穀等事一聽中書裁決，百司勤怠者各以名聞。

　　表面上看起來與七個月前的大德九年十月二十二日（1305.11.9）鐵穆耳的口諭內容相同，實則有很大差異。去歲，德壽皇太子尚未薨逝，鐵穆耳親自口諭中書省、樞密院、御史臺，告知中書省一切政事皆由首相哈剌哈孫答剌罕總裁，而且其對包括省臺院中樞各機構的人事權皆可過問，等於是未來的顧命大臣；次年，德壽皇太子已逝，而以尊重儒術著稱的哈剌哈孫，是很難支持卜魯罕阿難答體制的，當時鐵穆耳可能已經無法親自面諭羣臣，所以只能用聖旨條畫來做宣示，而且將左丞相阿忽台列為權力支配者，中書省而非首相個人乃是整體為權力核心。從上述分析得知，此聖旨條畫乃為卜魯罕

〔註68〕見《元史》21〈成宗本紀〉，頁451～453之記載。
〔註69〕見《大元聖政國朝典章》第1章〈詔令1飭官吏〉，頁32之記載。

集團所爲。

　　大德十一年一月八日（1307.2.10）鐵穆耳駕崩，帝位繼承問題立即從檯面下轉而白熱化。經過大德十年一整年的分裂與整合，二派人馬壁壘分明，各佔著有利與不利的地位。卜魯罕皇后這一派較爲積極，以「臨朝稱制」爲手段；哈剌哈孫首相這一派較爲低調，以「支子不嗣」爲對抗。

> 成宗崩，安西王阿難答謀繼大統，成后爲之主，丞相、樞密同聲附
> 和。中書右丞相哈剌哈孫答剌罕密使來告，仁宗疑而未行。孟曰：「支
> 子不嗣，世祖之典訓也。」……既得知安西王即位有日，還告曰：「事
> 急矣！先發者制人，後發者制於人，不可不早圖之。」左右之人皆
> 不能決，惟曲出、伯鐵木兒勸其行。或曰：「皇后深居九重，八璽在
> 手，四衛之士，一呼而應者累萬；安西王府中從者如林。殿下侍衛
> 寡弱，不過數十人，兵仗不備，奮赤手而往，事未必濟。不如靜守，
> 以俟阿合之至，然後圖之，未晚也。」……孟曰：「羣邪違棄祖訓，
> 黨附中宮，欲立庶子，天命人心，必皆弗與。殿下入造內庭，以大
> 義責之，則凡知君臣之義者，無不捨彼爲殿下用，何求而弗獲！克
> 清宮禁，以迎大兄之至，不亦可乎！且安西既正位號，縱大太子至，
> 彼安肯兩手進璽，退就藩國。」……仁宗喜，振袖而起，乃共扶上
> 馬，孟及諸臣皆步從，入自延春門。哈剌哈孫自東掖來就之，至殿
> 廊，收首謀及同惡者，悉送都獄；奉御璽，北迎武宗，中外翕然，
> 隨以定。〔註70〕

鐵穆耳去世時沒有明確的繼承者，貴族和大臣立即分成了兩派，每一派支持一個帝位候選人。一派由卜魯罕皇后本人控制，得到了以中書省左丞相阿忽台爲首的一批中書省大臣和中政院官員的支持。他們企圖先以卜魯罕皇后攝政，然後推舉安西王阿難答即位。另一派以右丞相哈剌哈孫爲首，得到宗王禿剌（察合台重孫）和牙忽都（拖雷後人）的支持，他們謀求以答剌麻八剌的兒子海山和愛育黎拔力八達繼承帝位。兩派力量各有其有利的方面。按照蒙古帝國的傳統，卜魯罕在丈夫死後採取攝政行爲合乎蒙古政治傳統。

　　她提出的帝位繼承人阿難答是眞金弟忙哥剌之子、鐵穆耳汗的堂弟；阿難答作爲長輩在帝位繼承中佔據有利地位。但是，帝系問題一但提出，阿難答就處在弱勢地位了。海山和愛育黎拔力八達的支持者以旁系子孫不能繼承

─────────────

〔註70〕見《元史》175〈李孟傳〉，頁4085～4086之記載。

帝位爲由強烈反對阿難答，因爲阿難答是後忽必烈時代惟一的非眞金後人的帝位爭奪者。此外，雖然阿難答出鎮唐兀之地，統有一支大軍，並且在與海都和篤哇的戰爭中起過重要的作用，但他在京城是一個新客，缺乏當地大軍對他爭奪帝位的支持。阿難答是個虔誠的穆斯林，這同樣有損於他，當時元皇室中佛教徒居多，這使阿難答明顯處於不利的政治地位。另一派的不利方面是在鐵穆耳汗去世時沒有一個帝位候選人在京城。沒有哈剌哈孫的支持，他們不可能奪得帝位；哈剌哈孫不僅控制著中樞機構，還在鐵穆耳患病以後掌握著帝國衛軍。作爲右丞相，他能用暗中拖延的辦法拒絕副署卜魯罕皇后發出的詔旨，並且拒不讓卜魯罕一派使用所有的印信和動用國庫款項。〔註71〕

　　雖然哈剌哈孫與漢人儒臣、謀士紛紛提出帝位繼承理論，並且得到蒙古貴族中許多人的贊同，但實際上決定帝位誰屬，主要還是仍須依靠武力。

> 成宗崩，昭獻元聖太后與仁宗在懷州，太后召囊加歹、不憐吉歹、
> 脫因不花、八思台等諭之曰：「今宮車晏駕，皇后欲立安西王阿難答，
> 爾等當毋忘世祖、裕宗在天之靈，盡力奉二皇子。」囊加歹頓首曰：
> 「臣等雖碎身，不能仰報兩朝之恩，願效死力。」既至京師，仁宗
> 遣囊加歹與八思台詣諸王禿剌議事宜。時內外洶洶，猶豫莫敢言，
> 囊加歹獨贊禿剌，定計先發。歸白仁宗，意猶遲疑，固問可否，對
> 曰：「事貴速成，後將受制於人矣。」太后與仁宗意乃決。〔註72〕

當時哈剌哈孫因掌怯薛宿衛，武力略佔優勢，但爲避免戰事擴大，並讓愛育黎拔力八達建立功勳，所以採取「殿廊擒首」辦法，以哈剌哈孫、禿剌、阿沙不花、囊加台、八思台等怯薛宿衛與宗王貴族，用計在延春門與東掖門之間的皇宮殿廊埋伏，擒服阿難答親王與阿忽台丞相。而後，卜魯罕皇后一派自然瓦解。

　　此次帝位爭奪戰兩方人馬，雖有諸王、官僚等多人介入，然最重要的是決定勝負關鍵者仍爲怯薛宿衛，尤其是哈剌哈孫與阿沙不花二人，居功最大，阿沙不花也成爲當時最重要的怯薛首腦之一。

> 年十四，入侍世祖。帝大悅，更諭諸門衛聽其出入。命飭四宿衛兵
> 器，無敢或慢，復使掌門，無敢闌入。帝曰：「可用矣」。成宗崩，
> 安西王阿難答乘間謀繼大統，成宗后及丞相阿忽台、諸王迷里帖木

〔註71〕蕭啓慶，〈元中朝政治〉載于《劍橋中國遼西夏金元史》，頁580之論述。
〔註72〕見《元史》131〈囊加歹傳〉，頁3185～3186之記載。

兒皆陰爲之助。適武宗遣脫脫計事京師，丞相哈剌哈孫令急還報武
宗，而成后已密諭通政使只兒哈郎止其驛馬。阿沙不花知事急，與
同知通政院事察乃謀，作先日署文書給馬去。太后及仁宗既至京師，
有言安西王謀以三月三日僞賀仁宗千秋節，因以舉事者。阿沙不花
言之哈剌哈孫，且曰：「先人者勝，後人者敗。后一垂簾聽政，我等
皆受制於人矣，不若先事而起。」哈剌哈孫曰：「善」。乃前二日白
仁宗，詐稱武宗遣使召安西王計事，至即執送上都。盡誅丞相阿忽
台以下諸姦臣。與哈剌哈孫皆居禁中。〔註73〕

失敗的一方，雖然不知道卜魯罕皇后與阿忽台丞相的信仰，但他們對伊斯蘭
教徒都充滿著友善。阿難答親王，賽典赤伯顏與八都馬辛平章等，都是虔誠
的伊斯蘭教徒。這次的失敗，表示數次遭到鐵穆耳可汗壓制的伊斯蘭教大臣，
雖然因其理財能力高明而能續掌中書省，但在怯薛宿衛與在京諸王的聯合
下，終難逃離瓦解的命運。

　　阿里的下落不明。賽典赤伯顏的結局很悲慘。大德十一年正月，成宗鐵
穆耳崩逝，賽典赤伯顏與左丞相阿忽台、平章八都馬辛等謀推成宗皇后伯要
眞氏稱制，而以皈依伊斯蘭教的安西王阿難答輔政，實際是要擁載阿難答當
皇帝。這事被擁有實權的右丞相哈剌哈孫平息。三月，與謀者皆被殺，賽典
赤伯顏也成爲這次宮廷政變中的犧牲品，不但背上「姦臣乘隙，謀爲不軌」
罪名，連他在忽必烈末年和鐵穆耳在位期間的作爲也不免被史臣們歪曲或湮
沒。〔註74〕

　　在過去，歷史總是爲勝利者歌功頌德的。但如上面所說，賽典赤伯顏及
梁德珪一班人，還是做了一些對國有利、對民無損的宏大事業。通過他們的
建議和指施，節約了政府的開支，增加了稅收，緩和了財政危機，這就是成
宗鐵穆耳對他們重用的原因。〔註75〕

表2-5　大德年間幾個重要勢力集團的瓦解

核 心 集 團	時　　間	成　　員	瓦 解 原 因
資深近侍怯薛集團	大德三年	答失蠻、脫因納、亦黑迷失、愛薛、鐵哥、伯顏察兒	中賣寶貨珍寶欺詐案

〔註73〕　見《元史》136〈阿沙不花傳〉，頁3298之記載。
〔註74〕　見《元史》22〈武宗本紀〉，頁479之記載。
〔註75〕　楊志玖，《元代回族史稿》（天津：南開大學出版社，2003年），頁207之論述。

隆福宮太子府舊臣	大德七年	完澤、張九思、王慶端	八百媳婦國遠征事件
漢軍世侯儒臣集團	大德七年	董士選及其儒士吳澄、元明善、虞集等	回任江浙行省右丞
賽梁秉政中書集團	大德七年	賽典赤伯顏、梁暗都剌	朱清、張瑄賄賂案
朝政更新中書集團	大德八年	木八剌沙、阿老瓦丁、洪雙叔、尚文、董士珍	平陽、太原大地震
立皇太子后相集團	大德十年	卜魯罕、哈剌哈孫	德壽皇太子薨
皇太后稱制新集團	大德十一年	卜魯罕、阿忽台、賽典赤伯顏、八都馬辛	奪權政變失敗

第二節　海山的大蒙古國世界

武宗海山之政權統治元朝的時間僅有四年，但此期間前後在元朝權力上顯出非常明顯的變化。最突出的變化爲統治勢力之重編和統治體制的修正。其中前者是忽必烈建立元朝以來，否認忽必烈正統性的許多西北的諸王和王族，編入爲元朝中心的蒙古帝國秩序中；後者則是原來由於漢法的官僚體制而無法接近統治機構的蒙古、色目軍事貴族和具有實務能力的各種出身之人才，使之能大量進入官僚機構等非常大的變化。〔註76〕

一、兩個不同的世界觀

大德三年（1299）蒙元政權新的核心集團開始萌芽，主宰未來八年朝廷的二個最重要人物卜魯罕與哈剌哈孫丞相，同年登上中央政治舞台。哈剌哈孫在完澤政府下，以重儒術及清廉以別於其他中書大臣。在完澤去世後，他登上中書右丞相的位置。受到鐵穆耳可汗與卜魯罕皇后的倚重，哈剌哈孫建立了一個精緻型的大都政府，並且是一個實力強大的首相。

> 大德戊戌九月，朝成宗皇帝于上都。帝嘉其績，授光祿大夫、左丞
> 相，行省江浙。視政凡七日，綱舉七十餘事，民風吏習翕然爲變。
> 入爲中書左丞相，……王既當鈞軸，益以天下自任。……凡議論，
> 先以國典，參以古制，揆以時宜，必當而後已。其可否事，猶元化
> 之運，順無留滯。惟不言利，不喜變更，一以節用愛民，重名爵爲

〔註76〕李玠奭，〈元朝中期統治體制的重編和其構造——以統治勢力的重編爲中心〉收錄於《慶北史學》第20輯（大邱：慶北史學會，1997年8月），頁79～152之論述。

務。〔註77〕

哈剌哈孫（Qara Qas，1257～1308），蒙古斡剌納兒氏。他是世勳家族、怯薛宿衛出身，曾任大宗正扎魯忽赤，又任湖廣、江浙行省平章政事與左丞相，政治實務經驗豐富，是一位精明幹練的軍政專才，施政以有效率著稱。

　　大都政府的強勢首相，在先後扶持監國的愛育黎拔力八達，與漠北元帥海山之後，因為權勢功高震主，在三宮協和之下，首相職位被取代了。新皇帝海山先建立了一個擴張式的新政府，以拉攏蒙古諸王、世勳與色目將領，但不久他即恢復哈剌哈孫的精緻政府方式，準備建立一個包括理財在內精緻型的新機構，並以其曾祖父忽必烈二度成立的「尚書省」為名。起先，時機尚未成熟，這個新機構被延遲了一段時間。

> 初仁宗之入也，阿忽台有勇力，人莫敢近，諸王禿剌實手縛之，以功封越王，三宮盡幸其第，賜與甚厚，以慶元路為其食邑。哈剌哈孫力爭之，曰：「祖宗之制，非親王不得加一字之封。禿剌疏屬豈得以一日之功廢萬世之制哉。」帝不聽。禿剌因譖於帝曰：「方安西王謀干大統，哈剌哈孫亦嘗署文書。」由是罷相出鎮北邊。詔曰：「和林為北邊重鎮，今諸部降者又百餘萬，非重臣不足以鎮之，念無以易哈剌哈孫者。」〔註78〕

沒有哈剌哈孫答剌罕的支持，海山是不可能坐上皇帝寶座的。但海山在大德十一年五月二十一日（1307.6.21）即位於上都大安閣，不到二個月，在同年的七月十一日（1307.8.9）新皇帝與舊首相還沒回到大都，舊首相就被調到漠北新設的和林行省擔任左丞相新職。雖然《元史》本傳以「禿剌封一字王遭哈剌哈孫反對事」與「漠北需要重臣坐鎮」為原因，然這是表面上的理由。實際上，牽涉著君權與相權之消長。

　　海山是典型的蒙古皇帝，他從十九歲到二十七歲整整八年的時間，都在漠北作戰或屏障帝國的安全。由於長期擔任前線指揮官，對蒙元內部對立各方的恩怨情仇，他都有著深刻的體會。所以論功勞，論血統，或者論氣魄，海山都是最有資格成為蒙元的統治者。他的統治思考是以整個蒙古帝國為一

〔註77〕劉敏中《中庵先生劉文簡公文集》4〈敕賜太傅右丞相贈太師順德忠獻王碑〉，收錄於《全元文》第 11 冊（南京：江蘇古籍出版社，1999 年），卷 397，頁540 之記載。
〔註78〕見《元史》136〈哈剌哈孫傳〉，頁 3294 之記載。

個世界模式，這與大都政權的務實認知是有相當的差距。

海山在成宗鐵穆耳時代的大部分時間，都是擔任阿爾泰山前線大元兀魯思軍的統帥。蒙元對海都之戰，三大王國中的北方王國、中央王國、安西王國總力布陣，海山爲全軍之指揮。海都死後，東西終於實現停戰協定。鐵穆耳崩逝，海山在故都哈剌和林獲得西北諸王、勳戚的擁戴；在上都即位時刻，海山對全蒙古帝國作最大的整體褒賞、賜予。海山要實現東西和合，建立亞洲陸路與海路循環交通網，開展一個以大元兀魯思爲中心的亞洲大交易圈構想。〔註79〕

韓國學者李玠奭認爲當代文人（元代張養浩、劉敏中，以及明初之元史編纂者）或後代學者（周采赫、蕭啓慶）以海山統治時代作爲元朝轉向衰退的重要分水嶺（或理解爲決定性的指標而作爲時代劃分）。而此批判和評價，雖基本上受漢文史料之限制，但他們大致以具有中國觀念和基準爲出發的特徵。與此相反，上述日本學者杉山正明強調：海山的統治有著積極性，其統治型態之布置，有著連忽必烈都無法夢想的全蒙古之統合。李玠奭同意杉山正明的主張，認爲漢族史家的固定觀念，使得對海山時期的作爲是一種負面的歷史評價。〔註80〕

海山能夠奪得帝位，除了依靠他掌握了漠北精銳軍團外，沒有他的弟弟愛育黎拔力八達與哈剌哈孫的行政中樞結合，建立新的皇權控制系統，那海山的帝王之路就無法那麼順利了。在愛育黎拔力達不大甘願的讓出帝位後，海山發覺沒有軍事實力的愛育黎拔力八達並非目前最大的競爭者，中書右丞相哈剌哈孫才是權力系統最大的干預者，如何與愛育黎拔力八達妥協成爲當務之急。

哈剌哈孫首相成功而巧妙地阻止了卜魯罕皇后通過行政中樞發號司令。卜魯罕指使中書左丞相阿忽台召集群臣，商議皇后臨朝稱制事，卻沒有得到廷臣的支持。阿忽台除了厲聲威嚇外，在群臣面前也是無所作爲。幾經猶豫的愛育黎拔力八達，聽信卜者預先安排好的卜辭後，振袖而起，直趨大都，依靠著僞裝成醫官的李孟，建立了與哈剌哈孫的秘密聯絡。

終於在卜魯罕皇后臨朝稱制前二天，詐稱海山遣使到京，誘引阿難答、

〔註79〕 杉山正明，〈大元ウルスの三大王國——カイシャンの奪權とその前後——（上）〉載於《京都大學文學部研究紀要》第34期（京都：京都大學文學部，1995年），頁102～112之論述。

〔註80〕 李玠奭，〈漠北統合與武宗之「創治改法」〉，首爾大學校東洋史學研究室編《近世東亞之國家和社會》（首爾：知識產業社，1998年12月），頁135～136之論述。

卜魯罕前來議事，把他們一舉捕捉，大功告成，建立起事實上的皇權控制系統。流血政變勝利之後，愛育黎拔力八達卻沒有登上他用生命冒險奪取的寶座。他謙恭地虛位以待，等待著漠北的兄長海山來佔有它。造成這一點的原因固然是與海山較愛育黎拔力八達「次序居長」的資格有關，但更重要的是，海山作爲漠北最高軍事統帥所擁有的武裝實力和威懾力量。如果說，大都政變以前，僅有九十名隨從的愛育黎拔力八達，在奪位以前，經過了三次猶豫。那麼，擁有數萬雄獅精兵的海山，得到同樣消息之後的反應是立即率軍直趨大都。在兄長的剛勇強項和弟弟的優柔寡斷的氣質背後，還聳立著軍事實力的懸殊差別。〔註81〕

　　爲了獲取未來的機會與更大的利益，愛育黎拔力八達必須與其兄長妥協。哈剌哈孫在大都的勢力，也讓海山兄弟有所顧忌，所以兄弟結盟與調動哈剌哈孫職務必須在上都進行。

　　　　六月癸巳朔，詔立母弟愛育黎拔力八達爲皇太子，受金寶。……己
　　　　亥，御史大夫脫脫、翰林學士承旨三寶奴言：「舊制，皇太子官屬，
　　　　省、臺參用。請以羅羅思宣慰使幹羅思任之中書。」詔以爲中書右
　　　　丞。班朝諸司，聽皇太子各置一人。……壬寅，塔剌海加太保、錄
　　　　軍國重事、太子太師。癸卯，置詹事院。……乙巳，以金二千七百
　　　　五十兩、銀十二萬九千二百兩、鈔萬錠、幣帛二萬二千二百八十匹
　　　　奉興聖宮，賜皇太子亦如之。……戊午，……置皇太子家令司、府
　　　　正司、延慶司、典寶署、典膳署。……秋七月丙寅，以中書參知政
　　　　事趙仁榮爲太子詹事。……己巳，置宮師府，設太子太師、少師、
　　　　太傅、少傅、太保、少保，賓客，左、右諭德，贊善，庶子，洗馬，
　　　　率更令、丞，中允，文學，通事舍人，校書，正字等官。壬申，……
　　　　以安西、平江、吉州三路爲皇太子分地。……癸酉，罷和林宣慰司，
　　　　置行中書省及稱海等處宣慰司都元帥府、和林總管府。以太師月赤
　　　　察兒爲和林行省右丞相，中書右丞相哈剌哈孫答剌罕爲和林行省左
　　　　丞相，依前太傅、錄軍國重事。〔註82〕

〔註81〕蕭功秦，〈論元代皇位繼承問題——對一種舊傳統在新的歷史條件下的蛻變之
　　　　考察〉載於《元史及北方民族史研究集刊》第 7 輯（南京：南京大學歷史系
　　　　元史研究室，1983 年），頁 28 之論述。
〔註82〕見《元史》22〈武宗本紀〉，頁 480～484 之記載。

大德十一年五月二十一日（1307.6.21）海山即位於上都大安閣，九天後的六月一日（1307.6.30）愛育黎拔力八達即被立為皇太子，皇太子的官署、部屬與各種利益相繼設置完備，康里脫脫與三寶奴二人為雙方結盟見證代表。四十天後的七月十一日（1307.8.9）哈剌哈孫即被罷除中書右丞相職務，調往漠北新成立的和林行省，擔任左丞相職務。

哈剌哈孫答剌罕被罷除中書右丞相，調往漠北擔任新設置的和林行省左丞相後四天，塔剌海被提拔成為中書右丞相。當時整個中樞政府也隨之全面改組，而且改組是在上都進行，海山確實地掌控了中央政權。另在還沒回大都之前，海山以太師月赤察兒為和林行省右丞相，中書右丞相哈剌哈孫答剌罕為和林行省左丞相，依前太傅、錄軍國重事。另以江浙行省平章政事塔失海牙、知樞密院事床兀兒，並為中書平章政事。〔註83〕

不久，封太師月赤察兒為淇陽王。加平章政事脫虎脫太尉。以中書左丞相塔剌海為中書右丞相、監修國史，御史大夫塔思不花為中書左丞相、江浙行省平章政事教化、河南江北行省平章政事法忽魯丁並為中書平章政事，平章政事鐵木迭兒為江西行省平章政事；以集賢院使別不花為中書平章政事；以御史中丞只兒合郎為御史大夫。

> 右丞相塔剌海、左丞相塔思不花言：「中書庶務，同僚一二近侍，往往不俟公議，即以上聞，非便。今後事無大小，請共議而後奏。」
> 帝曰：「卿等言是。自今庶政，非公議者勿奏。」置行工部於旺兀察都。〔註84〕

哈剌哈孫出撫漠北，改任和林行省左丞相，仍一本其公正平允的施政理念與務實嚴謹的鐵腕作風，漠北因而大治。歷經湖廣、江浙、大都、和林等帝國中央與地方之經營治理，均有非凡成就，哈剌哈孫可謂蒙元史上行政能力最強的政治人物，況且他是一位不懂漢語又尊重儒術的蒙古「國人」。

> 至鎮，斬為盜者一人。分遣使者賑降戶。奏出鈔帛易牛羊以給之，近水者教取魚食。會大雪，民無取得食，命諸部置傳車，相去各三百里，凡十傳，轉米數萬石以飼饑民，不足則益以牛羊。又度地置內倉，積粟以待來者。浚古渠，溉田數千頃。治稱海屯田，教部落雜耕其間，歲得米二十餘萬。北邊大治。至大元年，賜大帳，如諸

〔註83〕見《元史》22〈武宗本紀〉，頁483～484之記載。
〔註84〕見《元史》22〈武宗本紀〉，頁484之記載。

王諸藩禮。閏十一月，寢疾，語其屬曰：「吾不復能佐理國事矣。行
省之務，汝曹勉之，毋貽朝廷憂。」薨，年五十二。帝聞之，驚悼
曰：「喪我賢相」賻鈔二萬五千貫。詔歸葬昌平，追贈推誠履政佐運
功臣、太師、開府儀同三司、上柱國，追封順德王，諡忠獻。〔註85〕

但哈剌哈孫心中仍頗覺遺憾，以其經國才能與不世功業，竟被排擠出中央權
力結構之外，苦悶之情無法釋懷，於至大元年閏十一月二十九日（1309.1.11）
病逝，享年五十二歲。

二、權力重編與統治勢力構成

　　海山能夠拔除一代權臣哈剌哈孫在大都的勢力，除了三宮協和外，最大
的依靠乃是淇陽王家族月赤察兒父子的協助。哈剌哈孫乃月赤察兒所推薦，
而最後也是月赤察兒才能收服他；月赤察兒之子塔剌海跟隨哈剌哈孫，最後
則取代哈剌哈孫，成為中書省右丞相。

　　月赤察兒（Ocicar，1249～1311），蒙古許兀慎氏。這個家族乃蒙古著名
四大家族之一，從成吉思汗的四傑之一博爾忽掌第一千戶、第一怯薛開始，
這個家族就與蒙元王朝有著緊密而不可分解的關係。

太祖功臣博爾忽、博爾朮、木華黎、赤老溫，時號啜里班・曲律，
猶言四傑也。太祖命其世領四怯薛。凡宿衛，每三日一更。申酉戌
日，博爾忽領之，為第一怯薛，即也可怯薛。博爾忽早絕，太祖命
以別速部代之，而非四傑功臣之類，故太祖以自名領之。其名也可
者，言天子自領故也。巳午未日，赤老溫領之，為第四怯薛，赤老
溫後絕，其後常以右丞相領之。〔註86〕

雖然博爾忽在討伐森林中部落時，因中埋伏被殺，以致功業未能大顯，但他
的長子脫歡與次子塔察兒，都擔任著千戶或兵馬都元帥職務。以後則脫歡之
子失烈門與塔察兒之子別里虎台，相繼世襲萬戶或副萬戶職務。

王自幼事世祖，初與今太師淇陽王伊徹察喇同掌奏記，後獨掌第一
宿衛奏記。〔註87〕

〔註85〕見《元史》136〈哈剌哈孫傳〉，頁 3294～3295 之記載。

〔註86〕見《元史》99〈兵志〉，頁 2524 之記載。

〔註87〕姚燧，《牧庵集》13〈皇元高昌忠惠王神道碑銘〉收錄於《全元文》第 9 冊（南
　　　京：江蘇古籍出版社，1998 年），卷 312，頁 549～550 之記載。

月赤察兒爲失烈門之子，至元元年（1264）以世勳子弟入直怯薛，忽必烈追念其父失烈門從征而死，召入朝，見其容貌英偉，舉止端重，奏對詳明，非常高興，即命爲怯薛執事官，首先擔任重要的寶兒赤，當年他才十六歲。到了至元十七年（1280），月赤察兒以三十二歲之齡長一怯薛，這是繼其曾祖博爾忽以來，其家族再度擔任怯薛長職務。〔註88〕

> 王性仁厚儉勤，資貌英偉，望之如神。世祖皇帝雅聞其賢，年十六召見，容止端重，奏對詳明。上驚喜曰：「失烈門有子矣」。即命領四怯薛太官。怯薛者，國制，分宿衛供奉之士爲四番，番三晝夜，凡上之起居飲食諸服御之政令，怯薛之長總焉。至元十七年，長一怯薛。明年詔曰：「月赤察兒秉心忠實，執事敬愼，知無不言，言無不盡，曉暢朝章，用輒稱旨。不可以其年小而遲其官，可代線眞爲宣徽使。」尚書平章政事也速荅兒，王之太官屬也，潛以事告王。王奮然奏劾，桑葛伏誅。上曰：「月赤察兒口伐大姦，發其蒙蔽。」桑葛既敗，上以湖廣行省西連番洞諸蠻，南接交趾島夷，延袤數千里，其聞土沃而人夥，畬丁溪子，善驚好鬥，非賢方伯不能撫安。王舉合剌合孫荅剌罕，以爲其省平章政事。凡八年，威德交孚，飛聲海外，入爲丞相，天下稱賢。〔註89〕

月赤察兒擔任怯薛長，不僅盡忠於忽必烈，他對蒙古世勳子弟也有著一份濃濃的感情，希望蒙古人中也有出類拔萃的人才，所以他所提拔或推薦過的部屬很多，他們對月赤察兒都有著一份兄長或父親的情感。由於哈剌哈孫之出

〔註88〕 蕭啓慶，〈元代四大蒙古家族〉收錄於氏著《元代史新探》（台北：新文豐出版公司，1983年），頁168～169之論述。另參見洪金富，〈元朝怯薛輪值史料攷釋〉載於《中央研究院歷史語言研究所集刊》第74本第2分（台北：中央研究院歷史語言研究所，2003年），頁337～340論述：「察察爾怯薛史料四條，四條具出自《廟學典禮》，與〈四怯薛〉所載，輪值日次具不符，且察察爾所領怯薛，既有第四怯薛，又有第三怯薛，更有第一怯薛，尤其可疑。十六歲蒙忽必烈汗召見，即命領四怯薛太官，意即受任爲太官令，掌管御膳，時約當至元元年。碑、傳又云，至元十七年，長一怯薛。前揭月赤察兒碑傳內『長一怯薛』云云，不太可能是『長第一怯薛』的脫誤。據《元史‧食貨志三‧歲賜篇》，至元二十一年分撥到江南戶鈔的名單，『也可怯薛』之後依序是『忽都荅兒怯薛』『帖古迭兒怯薛』『月赤察兒怯薛』，可知月赤察兒在至元二十一年時爲第四怯薛長。」

〔註89〕 元明善，《清河集》2〈太師淇師忠武王碑〉收錄於《全元文》第24冊（南京：江蘇古籍出版社，2001年），卷759，頁333～334之記載。

任湖廣行省平章政事，乃是月赤察兒所舉薦，所以新置和林行省，既然以月赤察兒任右丞相，而調哈剌哈孫為左丞相，此舉之高明，讓哈剌哈孫是無法拒絕的。

　　月赤察兒一直擔任漠北軍團的指揮官，屏障著帝國的安全，是海山在北方防線的支柱；其長子塔剌海則在中央擔任中書省右丞相，主持中樞政務，是海山的中央支柱。父子兩人負責帝國軍政大業，顯赫家族無以為最。惟塔剌海由於兼職過多，庶務繁冗，以致操勞過度，在其擔任首相不到一年，於至大元年四月二十四日（1308.5.14）病逝懷來，竟然比其父親月赤察兒早死。真可謂弼亮國朝、鞠躬盡瘁的國之大臣，後贈太師，追封淇陽王。

> 出入帷幄，在人十能，而己則千；討謀廟堂，為相一年，而疾居半。竟邦家之殄瘁，宜王禮以追崇。具官某，維昔開國之遺苗，乃今太師之元嗣。由爾世胄，為我親臣。事世祖至今也凡三朝，職食官而久者非一日。灼其廉明而忠亮，與夫恭遜而溫文。眷茲中書，出庶政之原，居以右相，絕百僚之席。使加中政，機總六軍。善調護而長宮師，監纂修以成國史。如此重責，皆所裕為。一德可以寬鄙夫，片言奚止簡繁務。思過榮之可懼，視倖利以不貪。同縮銀艾者十人，爾先辭免其太尉；均受錫田以萬畝，爾獨還致于司空。觀父子之之并相一門，求聖賢與尚友千古。改為改作，緇衣何賴乎武桓；拜後拜前，赤舄未慙於周魯。方歌功於清廟，倏委魄於玄扃。豈意少者殁而老者存，益信神難明而理難測。憐乃公獨傷於漠北，誓爾後均胙乎淇陽。於戲！何但上下牀，盡餘子可束之高閣；如失左右手，慨正人不作於下泉。咨爾靈明，歆朕休命。可特贈封謚為懷忠昭德佐治功臣、開府儀同三司、太師、上柱國、淇陽惠穆王。〔註90〕

海山即位後，拉攏皇太子愛育黎拔力八達與太師月赤察兒父子，將一代權相哈剌哈孫貶至漠北。而且，在一年半內，最佳內朝大臣塔剌海與最佳外朝宰相哈剌哈孫殞命於不適當的職位上。整個大都勢力瓦解，海山的漠北潛邸勢力成為蒙元權力結構中的核心集團。

　　從此次帝位遞嬗中政治生態的演變，也可看出官僚與其所組成的中央政府在權力轉換中的重要性。哈剌哈孫本人，這位政變中的真正靈魂和主角，

〔註90〕姚燧，《牧庵集》1〈中書右丞相塔喇台追封淇陽王制〉，收錄於《全元文》第9冊（南京：江蘇古籍出版社，1998年），卷299，頁335之記載。

這位事實上的選君者，卻由於受到傾軋，被海山貶謫到寒遠的和林去充當那兒的行省左丞相，並病死在那兒。

> 故中書右丞相哈剌哈孫答剌罕，嶽瀆英靈，乾坤間氣。執德弘而信道篤，褆身正而格物深。判宗寺兼示恩威，奠藩封於磐石之固；坐廟堂不動聲色，措天下於泰山之安。位不以内外爲輕重，事不以險夷爲去就。〔註91〕

值得注意的是在他死後，朝廷對他以臣僚身分主動選擇繼位人的行動，作出的褒獎和肯定評價。這種褒獎和肯定評價的意義遠遠超出了這一事件本身。

> 成宗上仙，回邪禱張，勢挾中闈，構謀非常，王翊潛龍，置彼斧版。伊霍之重，賴其骨匡。武皇嘉之，康錫三接。朔方既撫，有聞赫赫。
>
> 〔註92〕

哈剌哈孫死後，海山在《丞相答剌罕贈諡制》中，大爲稱讚了哈剌哈孫作爲外臣對帝王家事的干預：海山死後，仁宗愛育黎拔力八達下詔贈與的《順德忠獻王碑》也對哈剌哈孫作出讚賞。中央集權君主制下的行政官僚在皇位繼承問題上的越軌行爲，被海山和愛育黎拔力八達堂而皇之地加以肯定和讚揚。這樣，就爲未來權臣干預皇位問題，無疑溝通了一條渠道。這樣元代中央集權君主制下行政官僚參與皇位繼承鬥爭，主動選擇在外諸王爲皇帝的行動，卻巧妙地與歷史上的蒙古貴族選君傳統聯繫在一起了。這種傾向在中央集權君主制下更爲危險，因爲皇帝對全國的控制，是依靠中樞官僚來進行的。在這種情況下，中書者，機務之關津，天門之鎖匙。因此，中樞官僚選君的傾向之發展，有可能與封建君權旁落的過程相結合，進一步加速統治秩序的混亂性。〔註93〕

> 三月丙寅，帝率衛士入内，召阿忽台等責以亂祖宗家法，命執之，鞫問辭服。戊辰，伏誅。諸王闊闊出、牙忽都等曰：「今罪人斯得，太子實世祖之孫，宜早正天位。」帝曰：「王何出此言也！彼惡潛結

〔註91〕 王構，〈丞相答剌罕贈諡制〉，收錄於《全元文》第 13 冊，卷 449，頁 128 之記載。

〔註92〕 劉敏中《中庵先生劉文簡公文集》4〈敕賜太傅右丞相贈太師順德忠獻王碑〉，收錄於《全元文》第 11 冊（南京：江蘇古籍出版社，1999 年），卷 397，頁 543 之記載。

〔註93〕 蕭功秦，〈論元代皇位繼承問題——對一種舊傳統在新的歷史條件下的蛻變過程的考察〉收錄於《元史及北方民族史研究集刊》（南京：南京大學歷史系元史研究室，1983 年），頁 29～30 之論述。

> 宮壺，搆亂我家，故誅之，豈欲作威覬望神器耶！懷寧王吾兄也，
> 正位爲宜。」乃遣使迎武宗於北邊。〔註94〕

從大德十一年三月四日（1307.4.6）阿忽台、賽典赤伯顏、八都馬辛等中書省大臣及怯烈、道興等中政院官員伏誅之後，到同年五月二十一日（1307.6.21）海山可汗當上皇帝爲止，大約二個半月的時間，元朝的中央政府由哈剌哈孫所支持的愛育黎拔力八達監國政權所控制。此期間，在京諸王紛紛鼓動愛育黎拔力八達登上九五之尊的皇帝寶座，可能是哈剌哈孫與阿沙不花等怯薛大臣沒有表態，愛育黎拔力八達並不敢有積極動作。

> 先是，太后以兩太子星命付陰陽家推算，問所宜立，對曰：「重光大
> 荒落有災，旃蒙作噩長久。」重光爲武宗生年，旃蒙爲仁宗生年。
> 太后頗惑其言，遣近臣朶耳諭旨武宗曰：「汝兄弟二人，皆我所出，
> 豈有親疏。陰陽家所言，運祚修短，不容不思也。」武宗聞之漠然，
> 進康里脫脫而言曰：「我捍北邊十年，又胤次居長，太后以星命爲言，
> 茫昧難信。使我設施合於天心民望，雖一日之短，亦足垂名萬世。
> 何可以陰陽家言，而乖祖宗之託哉！」脫脫以聞，太后愕然曰：「修
> 短之說，雖出術家，吾爲太子遠慮，所以深愛太子也。太子既如是
> 言，今當速來耳。」〔註95〕

除了諸王勸進外，海山與愛育黎拔力八達的生母答己，未來的皇太后，卻有著驚人動作。她以當年闊闊眞太子妃支持幼子鐵穆耳繼位方式，認爲只要獲得怯薛大臣力量的支持，並靠著其懷孟集團的實力，可以讓海山像當年的甘麻剌一樣繼續固守北疆。但由於怯薛將領態度不若當年玉昔帖木兒、伯顏等權臣一面倒的擁護，所以答己的陰陽家講法，根本無法撼動海山的決心。

> 三十一年，成宗皇帝臨御，首命詢訪先朝聖政，以備史臣之紀述。
> 公過關中，陝西行省因俾公與諸儒討論，彙次成編，馳乘傳以進。
> 時武宗、仁宗俱未出閣，徵仁裕聖皇后求名儒職輔導，公首當其選。
> 大德元年，武宗撫軍北邊，仁宗持留宮中，公日陳善言正道，從容
> 啓沃，多所禆益。受知於成宗，特旨除太常少卿。當國者以公不及
> 其門，沮格不行。改禮部侍郎，命亦中寢。昭獻元聖皇后幸覃懷，
> 公以宮僚從，戢衛卒無敢侵奪民居。在覃懷四年，夷險一節，信任

〔註94〕見《元史》24〈仁宗本紀〉，頁536之記載。
〔註95〕見《元史》116〈順宗昭獻元聖皇后答己傳〉，頁2900～2901之記載。

益專。十一年春，成宗陟遐，神器暫虛，宗王大臣密謀搆變，國勢危疑，人情洶洶。公從兩宮還京師，遂與丞相哈剌哈遜達爾罕等，力贊仁宗，削平內難，中外晏然。定策迎武宗入正大統。仁宗即承制，以公爲中書參知政事。公久在民間，於閭閻之幽隱靡不究知，損益庶務，悉中其利病，遠近無不悅服。然以抑絕僥倖，羣小多不樂，公不爲之少自撓也。居亡何，言于仁宗曰：「執政大臣宜出於嗣天子親擢。今鑾輿在道，臣未見顔色，誠不感冒當重寄。」仁宗不許，則逃之許昌，築室於陘山溳水間，若將終身焉。〔註96〕

愛育黎拔力八達監國期間，懷孟集團是其最重要的政治支柱。這個跟隨著答己母子在南方隱忍不發的潛邸集團，這次終於有了展現實力的機會。他們包括了漢儒李孟知幾位忠貞的色目臣僚，在宮廷政變中，李孟表現最爲顯眼，但他也是唯一在海山可汗即位前自動請辭遠避的「靖難功臣」，其餘成員則繼續在「三宮協和」後，跟隨愛育黎拔力八達轉進皇太子府，繼續盡忠效力。

曲樞七歲失怙恃。既壯，沉密靜專，爲徽仁裕聖皇太后宮臣。仁宗幼時，以曲樞可任保傅，左右擁翼。曲樞入則佐視食飲，出則抱負游行，鞠躬盡力，夙夜匪懈。大德三年，武宗總戎北邊。九年，讒入亂國。仁宗侍皇太后之國于懷，未幾，復入雲中，連年奔走不暇。曲樞櫛風沐雨，跋涉艱險，無倦色。成宗崩，仁宗奉太后入朝，殲姦黨，迎武宗即皇帝位，仁宗爲皇太子，天下以安。子二人，長伯都，大德十一年特授翰林學士、嘉議大夫，遷中奉大夫、典寶監卿，加資德大夫、治書侍御史。〔註97〕

曲樞（Gucu，？～1322），又譯作曲出，色目人哈剌魯氏。在忽必烈時期，曲樞爲眞金太子妃闊闊眞的宮臣，後爲其孫愛育黎拔力八達的保傅。對於愛育黎拔力八達來說，與曲樞的親密關係更甚於李孟。曲樞有二子，長子伯都與次子伯帖木兒都跟隨父親爲懷孟集團的重要支柱。

王諱柏鐵木兒，其先出於西域哈兒魯氏。至元二十二年，王甫四歲，從太保事仁宗。每侍宴，未嘗有童心。日進膳羞必先主而後己，尊

〔註96〕黃溍，《金華黃先生文集》23〈元故翰林學士承旨中書平章政事贈舊學同德翊戴輔治功臣太保儀同三司上柱國追封魏國公諡文忠李公行狀〉，收錄於《全元文》第30冊（南京：鳳凰出版社，2004年），卷962，頁41之記載。

〔註97〕見《元史》137〈曲樞傳〉，頁3312～3313之記載。

卑之分肅如也。比長，寡言笑，威重不撓，爲同列所敬憚。仁宗春
秋日富，倚爲腹心。大德九年，從之懷孟，尋之雲中，負羈紲，屬
鞾鞭，冒雨雪，凌險阻，衣不解帶，脅不霑席，自夜達旦，未嘗輒
去左右。太保持大體以總綱維，王則奮智略以應機變，兩宮恃之以
安。十一年，仁宗在懷孟，聞國恤而內難將作，夜幸王寓舍，密與
之謀。王對曰：「此事間不容髮。正名舉義，實在今日。必先人有奪
人之心可也。」遂決策北行。質明，王從太保，簡車徒，環甲冑，
整部伍，扈兩宮，倍道疾驅。既至京師，直入禁中，都人以爲自天
而下。王父子與一二大臣，佐仁宗掃除姦兇，廓清宮闕。武宗之入
正大統，王之功居多。〔註98〕

伯帖木兒（Beg Temur，1282～1326），又譯伯鐵木兒。色目人哈剌魯氏，信奉
伊斯蘭教。伯帖木兒是曲樞次子，幼從曲樞事愛育黎拔力八達，最受寵信，
乃爲腹心之臣。大德九年（1305）跟隨愛育黎拔力八達就國懷孟、雲中，未
嘗離身。大德十一年（1307）春，參與宮廷政變，忠貞又富謀略，伯帖木兒
可說是愛育黎拔力八達最得力的近侍怯薛。

阿禮海牙，畏吾氏，集賢大學士脫列之子也。兄野納，事仁宗於潛
邸。大德九年，仁宗奉興聖太后出居懷州。從者單弱，多懷去計。
野納獨無所畏難。成宗崩，權臣阿附中宮，不遣使告哀宗藩。仁宗
有聞，將自懷州入京，宮臣或持不可。野納屏人密啓曰：「天子晏駕
而皇子已早卒，天下無主，邪謀方興。懷寧王及殿下，世祖、裕皇
賢孫，人心所屬久矣。宜急奉太母入定大計，邪謀必正。迎立懷寧
王以正神器，在此行矣。」仁宗即白太后，以二月至京師，遂誅柄
臣二人，遣使迎武宗。野納之在臺及侍禁中，於國家事有不便，輒
言之，言無不納。然韜晦惡盈，不泄於外。阿禮海牙亦早事武宗、
仁宗，爲宿衛，以清愼通敏與父兄並見信任。十餘年間，入侍帷幄，
出踐省闥，廷無間言。〔註99〕

野訥，畏吾兒氏，集賢大學士脫列之子，與弟阿禮海牙皆爲愛育黎拔力八達
之潛邸宿衛。野納韜晦惡盈；阿禮海牙清愼通敏，兄弟二人均允文允武，乃

〔註98〕黃溍，《金華黃先生文集》42〈太傅文安忠憲王家傳〉，收錄於《全元文》第
　　　　30冊（南京：鳳凰出版社，2004年），卷962，頁26之記載。
〔註99〕見《元史》137〈阿禮海牙傳〉，頁3313～3314之記載。

愛育黎拔力八達根基懷孟集團的中堅份子。不僅是大德九年（1305）的跟隨者；更是大德十一年（1307）的謀事者。但野納兄弟與曲樞父子都屬務實派，主張由懷寧王海山先當皇帝。

> 公名朵兒只，姓楊氏，世居河西寧夏。公少孤，與其兄始韜亂，知自植立，語言儀觀，已如成人。兄弟相勵以勳業，當時固以大器期之。事仁宗于藩邸，甚見倚重。大德丁未，從在懷孟，聞朝廷有變，將北還。命公與李孟先之京師，與右丞相答剌罕定議，迎武宗于北藩。仁宗還京師，譏察禁衛，密致警戒。仁宗感焉，至親解所服帶以賜。〔註100〕

楊朵兒只（1279～1320），河西寧夏唐兀氏。為愛育黎拔力八達潛邸宿衛，也是懷孟集團的重要成員，與伯帖木兒、野納、阿禮海牙同為年輕近臣，而楊朵兒只更有積極冒險精神。大德十一年春，皇帝駕崩，朝廷有變，楊朵兒只奉命與李孟先行至大都，與哈剌哈孫首相密議，並負責安排愛育黎拔力八達警衛事宜。

> 十一年春，聞成宗崩，三月，自按台山至於和林。諸王勳戚畢會，皆曰今阿難答、明里鐵木兒等熒惑中宮，潛有異議；諸王也只里昔嘗與叛王通，今亦預謀。既辭服伏諸，乃因閭辭勸進。帝謝曰：「吾母、吾弟在大都，俟宗親畢會，議之。」〔註101〕

當海山在大德十一年五月二十一日（1307.6.21）即位于上都之前，情勢並不明朗，大都與和林都有諸王勳戚勸進之舉，海山與愛育黎拔力八達兄弟之間存在著相當緊張的對峙態勢。雖然各有諸王勳戚之擁戴勸進，但實際上決定勝負者乃在武力。

> 大德十一年三月戊辰，諸王闊闊出、牙忽都等曰：「今罪人斯得，太子實世祖之孫，宜早正天位。」〔註102〕

海山總兵北邊數年，和林方面雖擁精兵數萬，雖其補給仍須靠中央支援，但軍力明顯勝過大都。愛育黎拔力八達監國政權雖有太后、諸王支持，惟大都方面官僚及怯薛作戰意志並不高昂。

〔註100〕虞集，《雍虞先生道園類稿》40〈楊襄愍公神道碑〉，收錄於《全元文》第27冊（南京：鳳凰出版社，2004年），卷874，頁274之記載。
〔註101〕見《元史》22〈武宗本紀〉，頁478之記載。
〔註102〕見《元史》24〈仁宗本紀〉，頁536之記載。

武宗時為懷寧王，總軍漠北，問：「今日才可大用者為誰？」對曰：
「母弟脫脫將相才也，無以易之。」遂命從行，後果為名臣。……
仁宗以太子監國，遣使北迎武宗，而武宗遲迴不進，遣使還報太后
曰：「非阿沙不花往不可。」乃遣奉衣帽、尚醞以往，至野馬川，見
武宗，備道兩宮意，及陳安西王謀變始末，且言：「太子監國所以備
他變，以待陛下，臣萬死保無其他。」武宗大悅，解衣衣之，拜中
書平章政事，軍國大事並聽裁決。因奏平內難之有功者燕只哥以下
十人為兵馬指揮、為直省舍人。詔先奉蒲萄酒及錦綺還報兩宮。仁
宗即日率羣臣出迎。〔註103〕

最後由實力派怯薛將領阿沙不花、康里脫脫兄弟穿梭其間，彌縫兩造，暫時
中止對立，海山得以即位上都。

先是，太后以武宗遲迴不至，已遣阿沙不花往道諸王羣臣推戴之意。
及是脫脫繼往，行至旺古察，武宗在馬轎中望見其來，趣使疾馳，
與之共載。脫脫具致太后、仁宗之語，武宗乃大感悟，釋然無疑。
遂遣阿沙不花還報。仁宗即日命駕奉迎于上都。武宗正位宸極，尊
太后為皇太后，立仁宗為皇太子，三宮協和，脫脫兄弟之力為多。
〔註104〕

海山在朝廷中，尤其是大都官僚集團裏，缺乏支持的力量，政權的主要班底
主要是他從漠北帶來蒙古、色目將領和勳臣子弟。為了建構新的權力核心，
爭取統治階層的廣泛支持成為當務之急。從即位以後的二個月內，其任命重
要大臣的情形來看，以漠北戰將先行進入樞密院與中書省，與大都陣營中的
中立派為形成南北聯合共治的狀況，為海山建構新政府的初步政策。

朵兒朵海（Dogtoqa）又譯為朵兒答哈、朵魯朵海，蒙古畏馬忽惕氏。幼
為阿里不哥宿衛，阿里不哥爭帝位失敗後，朵兒朵海為忽必烈可汗所用，稱
丞相。先後與皇子北安王那木罕、宗王闊闊出、皇孫鐵穆耳總軍北邊。至元
末，與宗王玉木忽兒（阿里不哥子）、兀魯思不花（昔里吉子）降海都。元貞
二年（1296）又與玉木忽兒、兀魯思不花歸附朝廷，仍駐漠北。

洪惟皇祖，於鑠武功。厥有禦侮之臣，備著捍邊之績。用疏卹典，
式表殊恩。故具官某，起自世家，奮為名將。前無堅敵，既累奏於

〔註103〕見《元史》136〈阿沙不花傳〉，頁3297～3298之記載。
〔註104〕見《元史》138〈康里脫脫傳〉，頁3323之記載。

> 膚公；願爲忠臣，遂益堅於大節。究觀終始，盡備哀榮。賜諡表勳，
> 增制超爵。於戲！國家之恩侔天地，無間顯幽；君臣之義昭日月，
> 惟殫忠孝。尚迪來裔，欽承寵嘉。可。〔註105〕

大德二年（1298），朵兒朵海大敗察合台汗國篤哇軍隊。大德四年（1300），朵兒朵海成爲皇侄海山的左右手，連續重挫海都與篤哇聯軍。

> 大德三年，武宗以皇子撫軍北鄙，脫脫從行。五年，叛王海都犯邊，
> 脫脫從武宗討之。師次杭海，進擊海都，大破其眾，脫脫手斷一士
> 之首，連背胛以獻，武宗壯之。兵之始交也，武宗銳欲出戰，脫脫
> 執轡力諫，武宗怒，揮鞭抶其手，不退，乃止。已而武宗與大將朵
> 兒答哈語及之，朵兒答哈曰：「太子在軍中，如身有首，如衣有領，
> 脫有不虞，眾安所附？脫脫之諫可謂忠矣。」武宗深然之。〔註106〕

朵兒朵海是資格、威望均高的漠北戰將，在海山可汗登基後的第九日，也就是大德十一年五月二十九日（1307.6.29）首批新政府官員宣命中，朵兒朵海排序最先，並以太傅榮銜，位在哈剌哈孫之上。代表著海山可汗的新政府，是以漠北藩臣爲政權之核心。惟此後，朵兒朵海在政壇上並無其他顯赫紀錄。

> 謹按欽察之先武平，北折連川按答罕山部族也。後遷西北，即玉黎
> 北里之山居焉。土風剛悍，其人勇而善戰，有曲年者，乃號其國曰
> 欽察，爲之主兒統之。中統初元，討阿里不哥之亂，班都察與其子
> 土土哈皆有功。班都察卒，土土哈領其父事。海都之叛，皇子北平
> 王帥諸王之師，鎮祖宗龍興之故地。至元十四年，叛王脫脫木、失
> 列吉入寇，諸部曲見掠，先朝大武帳亡焉。土土哈憤之，誓請決戰。
> 八月，又敗之於斡歡河。得所亡大帳，還諸部之眾於北平。我師北伐，
> 詔欽察驍騎千人以從。二十三年，置欽察衛，遂兼其親軍都指揮使，
> 聽以族人將吏備官屬。六月，海都兵入寇，奉詔，與大將朵兒朵懷
> 禦之。二十四年，諸王乃顏叛於東藩，陰遣使來結也不干、勝剌哈。
> 王獲諜者，得其情，密以聞諸朝，請召勝剌哈以離之。他日，勝剌
> 哈爲宴會，邀二大將。朵兒朵懷將往，王曰：「事不可測」遂不往。

〔註105〕程鉅夫，《雪樓集》3〈故知樞密院事達勒達哈贈效誠正義安遠功臣某官追封某諡某制〉，收錄於《全元文》第16冊（南京：江蘇古籍出版社，2000年），卷524，頁54之記載。

〔註106〕見《元史》138〈康里脫脫傳〉，頁3321～3322之記載。

康里欽察之人，先隸諸叛王者，悉來歸，置哈剌魯萬戶府。是歲，
王子創兀兒奉詔，從太師月兒律在軍，戰於百搭山。有功，拜昭勇
大將軍，左衛親軍都指揮使，賜金虎符。〔註107〕

床兀兒（Songqur，1260～1322），又譯爲牀兀兒，爲突厥種的色目欽察人。名
將班都察之孫，土土哈之子，襲欽察親軍都指揮使。班都察與土土哈在中統
初年曾參與討伐阿里不哥之亂，立功受賞；而後土土哈在至元年間曾參與平
定叛王脫脫木、失列吉叛亂戰役，功勳卓著。至元二十三年（1286），設欽察
衛，土土哈以樞密副使兼都指揮使。同年六月，土土哈奉命與大將朶兒朶海
共同抵禦海都入寇。是以，朶兒朶海爲床兀兒之父執輩。

牀兀兒初以大臣子奉詔從太師月兒魯行軍，戰於百搭山，有功，拜昭
勇大將軍、左衛親軍都指揮使。大德元年，襲父職，領征北諸軍帥師
諭金山，攻八鄰之地。二年，北邊諸王都哇、徹徹禿等潛師襲火兒哈
禿之地。其地亦有山甚高，敵兵據之。牀兀兒選勇而善步者，持挺刃
四面上，奮擊，盡覆其軍。三年，入朝，成宗親解御衣賜之，慰勞優
渥，拜鎮國上將軍、僉樞密院事、欽察親軍都指揮使、太僕少卿。復
還邊。是時武宗在潛邸，領軍朔方，軍事必諮於牀兀兒。及戰，牀兀
兒嘗爲先。武宗親視其戰，乃嘆曰：「何其壯也！力戰未有如此者。」
事聞，詔遣御史大夫禿只等即赤訥思之地集諸王軍將問戰勝功狀，咸
稱牀兀兒功第一。九年，諸王都哇、察八兒、明里帖木兒等相聚而謀
曰：「昔我太祖艱難以成帝業，奄有天下，我子孫乃弗克靖恭，以安
享其成，連年搆兵，以相殘殺，是自隳祖宗之業也。今撫軍鎮邊者，
皆吾世祖之嫡孫，吾與誰爭哉？且前與土土哈戰既弗能勝，今與其子
牀兀兒戰又無功，惟天惟祖宗意可見矣。不若遣使請命罷兵，通一家
之好，使吾士民老者得以養，少者得以長，傷殘疲憊者得以休息，則
亦無負太祖之所望於我子孫者矣。」使至，帝許之。成宗崩，武宗時
在渾麻出之海上，牀兀兒請疾歸定大業，以副天下之望。武宗納其言，
即日南還。及即位，賜以先朝所御大武帳等物，加拜平章政事，仍兼
樞密、欽察左衛、太僕。還邊。〔註108〕

〔註107〕虞集，《雍虞先生道園類稿》38〈句容郡王世績碑〉，收錄於《全元文》第27
　　　　冊（南京：鳳凰出版社，2004年），卷871，頁229之記載。
〔註108〕見《元史》128〈牀兀兒傳〉，頁3135～3137之記載。

床兀兒不僅戰功彪炳，而且對海山忠心耿耿，是海山部隊的參謀總長兼先鋒大將。當帝位繼承問題尚未明朗之際，床兀兒力勸海山迅速回朝，爭奪皇位。並與海山、諸王按灰各領一軍，朝京師前進。床兀兒在海山的新政府中擔任中書平章政事、知樞密院事，其意義和朵兒朵海一樣，皆是象徵意義大於實質意義，代表這個新政府是海山皇帝的政府。

大德晚期，卜魯罕皇后與阿忽台丞相掌控了中書省大部分官僚，所以新政府除了哈剌哈孫答剌罕仍爲中書右丞相以外，以仍在西北督師的月赤察兒之子塔剌海爲中書左丞相，取代阿忽台職務。

> 子男七人，曰塔剌海，夫人赤鄰所生。端良剛毅，有古大臣風。至元三十年，佩金虎符，特授昭勇大將軍、左都威衛使。大德元年三月，加階昭武。七月，遷榮祿大夫、徽政使，仍左都威衛使。四年，兼樞密副使。六年，遷同知樞密院事。八年，兼宣徽使。十年閏正月，加光祿大夫。七月，遷知樞密院事。〔註 109〕

塔剌海（Taraqai）蒙古許兀愼氏，太師月赤察兒之長子。因爲月赤察兒在世祖晚期有推賢除惡的大功勳，所以塔剌海在至元三十年（1293）就擔任左都威衛使職務，並佩金虎符，授昭勇大將軍。父子兩人在鐵穆耳的繼位過程中也有很大功勞，所以塔剌海在鐵穆耳時代一路從徽政使、樞密副使、同知樞密院事、宣徽使，最後任知樞密院事，一直是核心集團的重要成員。

> 武宗即位之歲五月，詔曰：「卿事裕宗皇帝、裕聖皇后，爲善則多，不善則不聞也。卿其相朕。」奏曰：「中書，大政所出，細而金穀銓選，臣國人也，素未嘗學。樞密、宣徽、徽政三使，所領已繁，又長怯薛，及春秋隨駕蒐獮，誠不敢舍是以奸大政。」固辭。制曰：「卿元勳賢嗣，舍卿復孰爲相？其勿辭。」拜銀青榮祿大夫、中書左丞相，仍領餘職。〔註 110〕

塔剌海和傳統蒙古勳貴一樣，乃負責怯薛宿衛甚或提供決策意見之人才，並非綜理庶務之幹才。所以，海山任命他爲中書左丞相的原因，乃是和任用朵兒朵海、床兀兒一樣，以其父子在帝國的威望，作爲新政府的宣示作用，並

〔註 109〕元明善，《清河集》2〈太師淇師忠武王碑〉，收錄於《全元文》第 24 冊（南京：江蘇古籍出版社，2001 年），卷 759，頁 336 之記載。

〔註 110〕元明善，《清河集》2〈太師淇師忠武王碑〉，收錄於《全元文》第 24 冊，卷759，頁 336 之記載。

可上下壓制哈剌哈孫的震主氣焰。

> 大德十一年五月壬辰，中書右丞、行御史中丞塔思不花爲御史大夫；
> 特授脫脫御史大夫。六月乙巳，中書省臣言：「中書宰臣十四員，御
> 史大夫四員，前制所無。」詔與翰林、集賢諸老臣議擬以聞。丙辰，
> 御史大夫塔思不花言：「殿中司所職：中書而下奏事者，必使隨之以
> 入；不在奏事之列者，聽其引退；班朝百官朝會失儀者，得糾劾；
> 病故者，必以告。請如舊制。」又言：「舊制，內外風憲官有所彈劾，
> 諸人勿預。而近有受賕爲監察御史所劾者，獄具，夤緣奏請，託言
> 事入覲，以避其罪。臣等以爲今後有罪者，勿聽至京，待其對辨事
> 竟，果有所言，方許奏陳。」皆從之。塔思不花又言：「皇太子有旨：
> 有司贓罪，不須刑部定議，受敕者從廉訪司處決，省、臺遣人檢覈
> 廉訪司文案，則私意沮格。非便。」平章阿沙不花因言：「此省、臺
> 同議之事，臺臣不宜獨奏。」帝曰：「此御史臺事，阿沙不花勿妄言。
> 臺臣言是也，如所奏行之。」塔思不花、脫脫並遙授左丞相。庚申，
> 遙授左丞相，行御史大夫塔思不花右丞相。〔註111〕

塔思不花（Tas Buqa）可能是蒙古宗室，宗王別勒古台之後裔。大德八年（1304）春由御史中丞、太僕卿除中書右丞，仍行御史中丞。塔思不花所以被任命爲御史大夫，除借重他在御史臺與中書省的經驗外，主要是塔思不花正直敢言，且爲愛育黎拔力八達推薦，所以與鐵古迭兒、康里脫脫等四人並爲御史大夫。塔思不花則前後另加授左、右丞相銜。

除了重用漠北將領與大都勳貴以外，曾在江南擔任行省或宣慰司的官員也同時被任命爲中書省大臣，這也表示海山穩定其政權的第一步，是朝擴張型政府演進，試圖建立一個包括漠北、大都、江南各地勢力所組成的聯合政府。新政府的大臣、官員不僅人數超額，且多有「遙授」之銜。

海山在位期間，官員虛授相銜達到空前氾濫的程度。加相銜多帶有「遙授」之稱，關於遙授一詞的涵義，成書於鐵穆耳大德年間的《吏學指南·除授》門記載：「遙授，不釐公務之官也，俗云虛職。」〔註112〕

根據目前見到的材料，忽必烈在位時，加官帶遙授之稱者，還只限於加授官銜與實際職事不在一地的情況。自鐵穆耳時起，即使加授官銜與實際職事同

〔註111〕見《元史》22〈武宗本紀〉，頁480～483之記載。
〔註112〕見《吏學指南》（杭州：浙江古籍出版社，1988年），頁27之記載。

在一地，有時也稱爲遙授。海山以前，宰相名號用於加銜的，以平章政事、右丞相爲多，丞相十分罕見。海山則不然，僅據《元史‧武宗紀》所提到的事例進行統計結果，加右丞相銜者即有五人，加左丞相銜者則達十一人，還有籠統言丞相者二人。實任宰相的大臣，有時也加授更高一級的宰相頭銜。〔註113〕

在大德十一年（1307）五月至七月間，遙授官員即有遙授中書左丞欽察，遙授平章政事馬謀沙，遙授左丞相塔思不花、脫脫，遙授右丞相塔思不花，遙授宣政使肥兒牙兒迷的里等多位。

> （大德十一年六月）……乙巳，中書省臣言：「中書宰臣十四員，御史大夫四員，前制所無。」……至大元年秋七月癸未，樞密院臣言：「世祖時樞密臣六員，成宗時增至十三員。今署事者三十二員，乞省之。」〔註114〕

海山入繼大統後，朝廷中樞用人，大約分成兩類，第一類，主要是由西北從征的蒙古、色目將領出任；第二類，則是舊朝廷中的蒙古、色目大臣。爲了容納大批新近大臣，中書省、樞密院和御史臺這三個最重要的中樞機構員額大增。中書省宰執大臣原定爲八員，增至十四員；樞密院大臣從世祖朝六員、成宗朝十三員增至三十二員；御史臺首長大夫原置二員，增至四位。

> 而近年以來，稽厥廟謨，無一不與世祖皇帝時異者，豈陛下欲自成一代之典，以祖宗爲不必法與？世祖皇帝時，任人必循格，今則破選法以爵之；世祖皇帝時，省臺各異選，今則侵其官而代之。……三曰名爵太輕。伏睹陛下正位宸極，皇太子冊號東宮以來，由大事初定，神器再寧，喜激於中，故於左右之人，往往爵之太高，祿之太重。微至優伶、屠沽、僧道，有授左丞、平章、參政者。其他因修造而進秩，以伎藝而得官，曰國公、曰司徒、曰丞相者，相望於朝。自有國以來，名器之輕，無甚今日。我世祖皇帝朝，伯顏丞相負平宋大勳，官止金紫光祿大夫。今朝廷諸臣，臣不知有何勳何戚，無一不階開府儀同三司者。使其有伯顏丞相之功，則不知復以何官與之？伏望自今普加沙汰，其有夙嘗近侍，立功漠北，奉特命而官者，聽其仍舊。以貢獻，以請謁，如墨勅斜封之類，下有司拘拔，已授者滿日黜降，未授者一

〔註113〕張帆，《元代宰相制度研究》（北京：北京大學出版社，1997年），頁56～58之論述。

〔註114〕見《元史》22〈武宗本紀〉，頁481、501之記載。

遵選格。差除如此，則僥倖者無隙可乘，朝廷尊而名爵有所勸矣。……
五曰土木太盛。今聞創城中都，崇建南寺。唐太宗欲脩洛陽宮以備巡
幸，張元素以百姓瘡痍未復，太宗遂罷其役。……七曰倖門太多。雖
親且貴，要皆人臣，事無專制，義無獨行。臣見厥今藩王宗室、左右
大臣侈肆尤甚。伏望朝廷自今待宗藩以恩而濟之以義，遇群臣以禮而
輔之以嚴。……十曰取相之術太寬。期廷近年命相，多結罪入狀，自
求進焉。自古豈有入狀而爲宰相之理。〔註115〕

海山的擴張型政府爲時人與後世所嚴厲批判，除了官僚機構的高層明顯迅速
擴大外，濫賞爵號與近侍給官，達到令人驚駭的程度；另外，中都的興建代
表著新政府回歸游牧社會的企圖心。但這些舉動在漢儒看起來，皆是不可思
議之行爲，而且與精緻政府的理念是背道而馳的。

　　海山濫賞爵號與近侍給官的行爲，其實是游牧封建社會的常態。在「王
號授與」方面，最爲人所提起者爲「一字王」的封授。在之前的忽必烈可汗
與鐵穆耳可汗比較謹愼，除了嫡子不輕授一字王。海山則爲了論功行賞與政
治懷柔，不僅宗王多人受封一字王，連駙馬也封一字王，這是蒙元政權的回
歸游牧社會最標準的一個模式。

　　海山朝一字王號受封者，明顯的與以前專從眞金長子甘麻剌系統選擇的
觀點大不相同。拖雷系統的牙忽都封楚王，要木忽兒封定王；世祖系統的也
先帖木兒封營王，闊闊出封寧王；東方諸弟系統的八不沙封齊王，朶列納封
濟王，乃蠻歹封壽王；察合台系統的禿剌封越王，出伯封豳王；窩闊台系統
的火郎撒則受封隴王；駙馬則有阿不歹封魯王，拙忽難封鄃王，主忽封趙王，
阿失封昌王。武宗期封一字王分爲論功行賞與政治懷柔二方面，兩者都含有
對當時政治的思惑、慰撫、慮配等部份考量。〔註116〕

〔註115〕張養浩，《張文忠公文集》第 11 卷，〈時政書〉，收錄於《全元文》第 24 冊（南
　　　　京：江蘇古籍出版社，2001 年），卷 770，頁 564 之記載。
〔註116〕野口周一，〈元代世祖・成宗期の王号授与について〉載於《中国史における
　　　　乱の構図》（東京：雄山閣出版社，1986 年），頁 314〜315 之論述。另野口周
　　　　一，〈元代武宗朝の王号授与について〉載於《アジア諸民族における社会と
　　　　文化──岡本敬二先生退官紀念論集》（東京：国書刊行会，1984 年），頁 277
　　　　〜288 之論述：「大德十一年，1. 禿剌（越王），太祖次子察合台四世孫；2. 也
　　　　先帖木兒（營王），雲南王忽哥赤之子；3. 闊闊出（寧王），世祖之第八子；
　　　　4. 八不沙（齊王），太祖之弟合撒兒之子孫；5. 牙忽都（楚王），睿宗庶子揆
　　　　緯之孫；6. 出伯（豳王），察合台系諸王；7. 朶列納（濟王），太祖之弟哈赤

　　官僚系統封王者較少，僅月赤察兒封淇陽王，但是官僚封為三公或國公者為數眾多。三公是太師、太傅、太保，另有說是太尉、司徒、司空為三公。〔註117〕這些職務，在世祖忽必烈時期很少設置，到了成宗鐵穆耳以後，封拜者就漸漸多了起來。〔註118〕海山即位，對於沒法封王的官僚、將領，當然就以三公或國公尊銜賜給他們，作為擁護海山政權的報答。〔註119〕

　　海山創治改法的新政府，雖然官僚員額增加，官職榮銜越尊，官署衙門

温之子孫；8. 阿不歹駙馬（魯王），成宗皇姑魯國大長公主適特薛禪嫡統。至大元年，9. 拙忽難駙馬（鄃王），高唐王闊里吉思之弟；10. 要木忽爾（定王），阿里不哥之長子；11. 火郎撒（隴王），窩闊台家的合丹大王之孫；12. 主忽駙馬（趙王），汪古駙馬家之家系；13. 阿失駙馬（昌王），弘吉剌族集團分枝亦乞列思氏；14. 乃蠻歹（壽王），太祖之弟鐵木哥斡赤斤之系統。至大三年，15. 完澤（衛王），憲宗第三子玉龍答失大王之子；16. 買住韓（兗王），特薛禪家族其姊眞哥為武宗皇后。年次不明，17. 阿木哥（魏王），武宗之異母弟。」

〔註117〕張帆，《元代宰相制度研究》，頁168論述：「忽必烈即位以後，改行漢族官制。但三公制度的形成，也歷經了一段比較長的時間。《元史‧三公表》序稱：元初以太師、太傅、太保為三公，此言並不確切。金制：太師、太傅、太保各一人，師範一人，儀刑四海，為三師；太尉、司徒、司空各一人，論道經邦，燮理陰陽，為三公。元朝前期，仍然沿襲了這種稱呼。《元史》卷84〈選舉志四‧考課〉：至元三十一年，省議：三師僚屬，依都省設置。《元典章》卷7〈吏部一‧官制一‧職品‧內外文武職品〉：正一品，三師。《藏春集》卷6〈拜光祿大夫太保參領中書省事制〉：宜從師位，兼總政績。可見，元前期確有三師之稱，並且三師就是指太師、太傅、太保。而當時如果提到三公，通常仍指太尉、司徒、司空。直到元朝中期，泰定帝即位後，御史上疏還說：太尉、司徒、司空，三公之職。」

〔註118〕屠寄，《蒙兀兒史記》第6冊〈三公表〉論述：「古者三公之職，寅亮天地，燮理陰陽，論道經邦者也。蒙兀初入中原，設太師、太傅、太保為三公。然終元之世，頗不輕授人，猶有愛惜名器之意。其下太尉、大司徒、司徒、司空，大德以前，不常置。置者，又有開府不開府，賜印不賜印之分。」另參見《元史》175〈李孟傳〉記載：「司空、司徒、太尉，古之三公，自大德以來，封拜繁多。」

〔註119〕李玠奭，〈漢北統合與武宗的創治改法〉載於《近世東亞之國家與社會》（首爾：漢城大學東洋史學研究室，1998年），頁166～171論述：「爵位官職之濫授，封太師、太傅、太保者有月赤察兒、哈剌哈孫、塔剌海、阿剌不花（脫兒赤顏）、乞台普濟、三寶奴、朵兒朵海、脫虎脫；另封太尉、大司徒、司徒者有脫虎脫、乞台普濟、床兀兒、別不花、塔海、塔剌海、塔思不花、教化；封國公者有燕家奴（皇太子乳母夫，壽國公）、脫脫（秦國公）、床兀兒（容國公）、鐵古迭兒（鄆國公）、阿沙不花（康國公）、張興材（嗣漢天師‧留國公）、三寶奴（渤國公）、香山（賓國公）、教化（魏國公）、曲出（應國公）、迷不韻子（西僧‧寧國公）、樂實（齊國公）、三寶奴（再楚國公）、亦憐眞乞烈思（僧，文國公）、脫虎脫（義國公）等。」

亦增設不少，並且舊有的官署幾乎皆陞格，但是這些都只是表象，也就是說
這是海山有意如此的作法。〔註120〕

> 大德十一年十二月□（庚申）日，欽奉皇帝聖旨：仰惟祖宗應天撫運，
> 肇啓疆宇，華夏一統，罔不率從。逮朕嗣服丕圖，纘膺景命，遵承詒
> 訓，恪慕洪規，祇惕畏兢，未知攸濟。永思創業艱難之始，煢然軫念；
> 而守成萬事之統，在予一人。故自即位以來，溥從寬大，量能授官，
> 俾勤乃職，夙夜以永康兆民爲急務。間者，歲比不登，流民未還，官
> 吏並緣侵漁，上下因循，和氣乖戾。是以責任股肱耳目大臣，思所以
> 盡瘁贊襄嘉猷，朝夕入告，朕命惟允，庶事克諧，樂與率土之民，共
> 享治安之化，邇寧遠肅，顧不韙歟。可改大德十二年爲至大元年。誕
> 布惟新之令，式孚永固之休。畫一事宜，開頒于后。於戲！建元立極，
> 然正始於王春；經世裕民，尚仰成於臺輔。庶幾中外，同底和平。咨
> 爾多方，體予至意。故茲詔示，想宜知悉。〔註121〕

海山的新政府，最大的特點就是「中央已無哈剌哈孫答剌罕」，也就是新政府
雖然有首相（中書省右丞相），但政權核心集團實際上沒有官僚首腦。在成宗
鐵穆耳時期，完澤與哈剌哈孫都被賦予總裁政務大權，哈剌哈孫更是權勢大
到可以選立新君的地步。在海山的心裏，這嚴重地侵犯了皇權。而哈剌哈孫
在海山賞賜諸王、大臣時，以財政拮据或違反祖制爲由，出言反對皇帝的聖
諭。所以壓制相權，成爲海山的首要課題。

〔註120〕李則芬，《元史新講》第3冊（台北：黎明文化事業公司，1978年），頁353
～354論述：「各官署，特別是屬於內府的官署，不但新立的很多，原有的官
署幾乎都陞了格。單是大德十一年秋七月，到至大元年春三月，九個月之內，
無故陞格的官署就有如下十六個之多（含改名並陞格的）：大德十一年七月，
陞利用監爲利用院，秩從二品；八月，陞詹事院從一品；陞闌遺監秩三品；
九月，改太常寺爲太常禮儀院，秩正一品；陞侍儀司秩正三品；十月，陞典
寶署爲典寶監，秩正三品；陞典瑞監爲典瑞院，秩從二品；陞集賢院秩從一
品；陞將作院秩從二品；十一月，陞太僕院秩從二品；十二月，陞行泉府司
爲泉府院，秩正二品；陞皇太子典醫監，秩正三品；至大元年正月，陞中尚
監爲中尚院，秩從二品；二月，陞尚舍監爲尚舍寺，秩正三品；立鷹房爲仁
虞院，秩正一品；三月，陞太史院秩從二品；陞司天臺秩正四品。另，鎮國
寺提點所陞隆禧院；會福總管府陞會福院；普慶寺總管府陞崇祥院；尚乘寺
陞尚乘院；長信寺陞長信院；度支監陞度支院；章佩監陞章佩院。」
〔註121〕見《大元聖政國朝典章》1〈詔令・至大改元詔〉，頁14～15之記載；另見《元
史》22〈武宗本紀〉，頁493之記載。

至大元年七月，欽奉皇帝聖旨：中書，政本也。軍國之務，大小由之。
朕自即位以來，勵精求治，爰立輔相，以總中書，期年於茲，大效未
著。豈選用之未當歟？何萬機之猶繁，而羣生之寡遂也。今特命左丞
相搭思不花爲中書右丞相，太保乞台普濟爲中書左丞相，統百官，平
庶政，便者舉行，弊者革去，一新條理。諸內外大小事務，並聽中書
省區處奏聞，違者論罪。又一款：刑名糧儲造作，軍民站赤差發，金
銀茶鹽鐵冶，諸項課程，並聽中書省節制施行。諸王、公主、駙馬，
不以是何勢要人等，毋得攪擾沮壞。近侍人員及內外諸衙門，毋得隔
越輒便聞奏。其有必合上聞事理，亦須先行計稟中書省聞奏。……至
大元年七月，欽奉立左丞相：詔書內一款：內外大小官員人等，廉勤
材幹盡心奉職者，中書省舉明旌擢；貪饕慵懶擾民敗事者，中書省照
依累降聖旨條格，斷罪黜降，重者奏裁。〔註122〕

塔剌海在哈剌哈孫北調和林後，由中書左丞相進位右丞相；塔思不花由御史
大夫進爲中書左丞相。塔剌海去世後，塔思不花進位右丞相，而以乞台普濟
爲中書左丞相，代表漠北潛邸之臣與大都蒙古勳貴同掌中書位列丞相，但實
際上卻是產生南北官僚集體領導模式，首相權勢也大打折扣。

第三節　尚書省與創治改法

　　海山擴大政治組織與編制，濫封濫賞諸王與官僚榮銜，看似不可思議的
作爲背後，其目的只爲了去除權相哈剌哈孫，建立一個屬於自己可以控制的
政府。在大封官僚的同時，海山已經在悄悄地籌畫設立尚書省，這是繼忽必
烈兩度設置尚書省後的第三度設置，也是中國史上最後的尚書省。關於尚書
省再設置原因，日本學者青山公亮認爲是爲了蒙古人利益而設。〔註123〕

〔註122〕見《大元聖政國朝典章》2〈聖政·振朝綱、飭官吏〉，頁 24～25、32～33
　　　　之記載。
〔註123〕青山公亮，〈元朝尚書省考〉，載於《明治大學文學部研究報告東洋史第一冊》
　　　　（東京：明治大學，1951 年），頁 1～69 論述：「第一章，制國用使司之開設。
　　　　《元史·世祖本紀》，至元三年春正月壬子，立制國用使司，以阿合馬爲使。《大
　　　　元聖政國朝典章》，如有冤抑，民經左右部，軍戶經樞密院，錢穀經制國用使
　　　　司。第二章，尚書省之創建。《元史·世祖本紀》，至元七年春正月丙午，立尚
　　　　書省，罷制國用使司，以制國用使阿合馬爲平章尚書省事。至元九年春正月甲
　　　　子，併尚書省入中書省。第三章，尚書·中書兩省合併與阿合馬之擅權。《元

　　鐵穆耳雖然壓制了怯薛與官僚，但他始終沒有建立自己的新怯薛系統。海山則以自己的潛邸近侍與理財官僚組成尚書省核心集團，而老怯薛與官僚卻以中書省、樞密院、御史臺為基地，投入愛育黎拔力八達陣營。在海山生前，尚書省的勢力達到歷史頂點；海山死後，尚書省迅速瓦解。

　　韓國學者李玠奭認為：以尚書省為中心的「創治改法」，可說是在十四世紀初展開元朝歷史的局面轉換，和伴隨著政治勢力的大規模交替而展開的政治和制度的改革。李氏認為海山的創治改法在元朝史中，無論多含蓄的說法，其仍有很重要的意義。但因為有漢法的視角，傳統史家對其評價均埋沒於此。別說是專題討論，就連認真檢討也沒有進行過。〔註 124〕

一、尚書省的籌設與挫折

　　海山即位以後，對整個權力結構作一個全面性的調整。中書省、樞密院與御史臺重要官僚，漠北將領與京城勳貴並用之。首先，聯合皇太子將哈剌哈孫的勢力拔除；接著，準備設立尚書省，除將財政大權獨立於軍政之外，並可置皇太子於權力邊緣。海山雖在文治方面頗顯幼稚，但對其弟倒是戒心常存的。特別是在用人方面，對愛育黎拔力八達的重臣或與之政見相同的大臣，嚴格控制使用。

　　海山兄弟間的矛盾與鬥爭，最集中地反映在尚書省的廢位上。雖然尚書

史‧王盤傳》，阿合馬諷大臣，請合中書、尚書兩省為一，拜右丞相安童為三公，陰欲奪其政柄。第四章，尚書省之再設。《元史‧世祖本紀》，至元二十四年閏二月乙丑，麥朮丁言：自制國用使司改尚書省，頗有成效，今仍分兩省為便。詔從之。各設官六員，其尚書以桑哥、鐵木兒平章政事，阿魯渾撒里右丞，葉李左丞，馬紹參知政事。餘一員，議選回回人充。中書宜設丞相二員，平章政事二員，參知政事二員。至元二十八年五月癸丑，罷尚書省，事皆入中書。第五章，武宗之政事與尚書省的廢置。當代政事的特色是未脫遊牧民族之特性，上層結構以蒙古人之福利為中心之展開。《元史‧武宗本紀》，大德十一年九月甲中，詔立尚書省，分理財用。命塔剌海、塔思不花，仍領中書；以脫虎脫、教化、法忽魯丁任尚書省，仍俾其自舉官屬，命鑄尚書省印。至大二年八月癸酉，立尚書省，以乞台普濟為太傅右丞相，脫虎脫為左丞相，三寶奴、樂實為平章政事，保八為右丞，忙哥鐵木兒為左丞，王羆為參知政事。至大四年春正月庚辰，武宗崩；壬午，罷尚書省。仁宗所謂反正之治，就是將武宗時代的財政政策停罷、新政廢止，以恢復世祖朝舊制為目標。」

〔註 124〕李玠奭，〈漠北之統合與武宗之「創治改法」〉，首爾大學校東洋史學研究室編《近世東亞之國家和社會》（首爾：知識產業社，1998 年 12 月），頁 136～137之論述。

省之設立主要是爲了解決經濟問題，但也有著深刻的政治原因。愛育黎拔力八達受過系統的儒家思想的教育與薰染，他能夠較多地約束自己的行爲，使之符合統治階級長遠的、整體的利益。而他所寶唯賢，生民膏血，不可輕耗的見解，與儒家民爲邦本的思想如出一轍，因而深受一班儒士們的歡迎，難免使武宗有一種大權旁落之感。〔註125〕

　　大德十一年九月二十三日（1307.10.19），當海山可汗首度以皇帝身分回到大都之後的第二十天，就詔立尙書省，命鑄尙書省印。並任命的三位尙書省官員脫虎脫、敎化、法忽魯丁，這三位可以說都是海山推行新政的能臣。

> 畏兀氏族，武宗即位，以潛藩之舊，授宣政院使。是年九年，詔立
> 尙書省，分理財用。以脫虎脫、敎化、法忽魯丁三人任省事，令其
> 自舉官屬。帝曰：「卿良言是，脫虎脫等願任其事，姑聽之。」既而
> 詔：脫虎脫仍爲宣政使，敎化留京師，其餘尙書省官，各任以職，
> 事遂中格。至大二年，遷中書左丞。議請立尙書省，舊事從中書，
> 新政從尙書。請以乞台普濟、脫虎脫爲尙書丞相；三寶奴、樂實爲
> 平章；保八爲右丞；王羆參知政事，帝並從之。塔思不花言：此大
> 事，乞與老臣詳議，不聽。八月癸酉，遂立尙書省，以脫虎脫爲左
> 丞相。是月，命脫虎脫兼領右衛率府事。三年，遷右丞相，定說課
> 法及稅課官等第，以歷代銅錢與至大錢並用。六月，加太師。詔興
> 三寶奴總理百司庶務。十一月，加錄軍國重事，封義國公。〔註126〕

脫虎脫（Togto），畏吾兒人，一說女眞人，乃海山可汗的潛邸老侍從。曾任宣政院使、江西行省平章政事等職。但從大德十一年九月籌設尙書省，到至大二年九月尙書省正式設立運作，脫虎脫都是尙書省最重要的大臣。〔註127〕

　　敎化（Giyalqa），又譯嘉琿。色目人唐兀族，祖父昔里鈐部，爲千戶。父愛魯，雲南行省右丞。敎化自成宗大德初，即爲江浙行省平章政事，後入爲中書省平章政事，爲海山政權的重要幹部。〔註128〕

〔註125〕陳一鳴，〈論元代的太子參政問題〉載於《內蒙古社會科學》文史哲版（呼和
　　　　浩特：內蒙古社會科學院，1992年），頁84之論述。

〔註126〕柯劭忞，《新元史》199〈脫虎脫傳〉（台北：臺灣開明書店，1962年），頁395
　　　　之論述。

〔註127〕杉山正明，〈大元ウルスの三大王國〉，頁116之論述：「脫虎脫，依據ウァッ
　　　　サ——フ史之記載，乃女眞族人。」

〔註128〕屠寄，《蒙兀兒史記》第3冊（台北：鼎文書局，1994年），卷47〈昔里鈐部
　　　　傳〉，頁1338之論述：「昔里鈐部，其先以沙陀部長歸唐。遂爲河西人，七世

元良毓德，羽翼之寄非輕；丞弼均勞，股肱之義無間。肆予遍列，
亶有世臣。宜兼命數之隆，式示眷懷之渥。具官某，忠勤而明濟，
侃直而惠和。由閥閱之茂勳，為邦家之偉器。薦更中外，練達古今。
屬當代邸之迎，功參平、勃；繼頂漢廷之拜，位次蕭、曹。方有賴
於協恭，豈遽宜於勇退。茲用進登亞傅，光輔前星。兵民之要務是
咨，祖禰之名封并紹。中階掌武，仍視秉鈞。蔚居柱石之間，雍容
廊廟之上。於戲！入承儲極，保身體者望之深；出侑政機，關軍國
者任之重。益充令譽，佇徯嘉猷。可。〔註129〕

教化因立尚書省遭到挫折，有意引退，海山特慰留京師。並於至大元年四月
十五日（1308.5.5）加授平章政事教化為太子太保、太尉、平章軍國重事，並
封魏國公。

法忽魯丁（Quaqaladin），回回人，為一財經專家。大德十一年（1307），
鐵穆耳駕崩，海山即位，法忽魯丁以河南江北平章政事升遷為中書省平章政
事，其身分與過程猶如至元晚期的賽典赤伯顏，旋即籌備設立尚書省。〔註130〕

仕西夏為大官。鈐部遂帥其屬自拔來歸，成吉思使隸嗣國王孛魯麾下，從征
羌落，戰輒有功。戊戌冬十一月，回師攻阿速，其城蔑怯思，負山面海，險
固不下。明年正月，鈐部一夕伺守陴者怠，帥敢死士十人，躡雲梯潛登，殺
十一人，大呼曰：城破矣，諸軍議堞而上，遂拔之。阿速平，論功第一。明
年，班師東歸，擢千戶。愛魯，始襲父職，佩虎符，大名路總管府荅魯合臣。
至元四年，以盜用官錢，與總管張弘範同免職。十一年，平章賽典赤行省雲
南，命愛魯疆理永昌，定其田賦。十六年，拜愛魯同知雲南諸路宣慰司副都
元帥。明年，行省復立，改拜參知政事。二十二年，烏蒙阿謀殺宣撫使以叛，
偕右丞拜荅兒討之。明年，進右丞，階資德大夫。愛魯使相西南二十一年，
在軍不右賞賚，故能得士死力，所向有功，未嘗敗衄，為一時名將。子教化，
孝友有蘊藉，臨事精覈。累官江淛行省平章政事，中書平章政事，特開府儀
同三司，上柱國，太子太保，太尉，平章軍國重事，魏國公。」

〔註129〕 程鉅夫，《雪樓集》2〈特進平章政事嘉璋特加開府儀同三司太子太保太尉平
章軍國重事上柱國封魏國公制〉，收錄於《全元文》第16冊（南京：江蘇古
籍出版社，2000年），頁25之記載。

〔註130〕 見《元史》20、21〈成宗本紀〉3、4之記載：「大德六年冬十月甲子，罷軍
儲所，立屯儲軍民總管萬戶府，設官六員，仍以軍儲所宣慰使法忽魯丁掌之。
大德七年六月庚子，西京道宣慰使法忽魯丁以瑟瑟二千五百餘斤鬻于官，為
鈔一萬一千九百餘錠。有旨除御榻所用外，餘未用著，宜悉還之。八月庚子，
中書省臣言：『法忽魯丁輸運和林軍糧，其負欠計二十五萬餘石。近監察御史
亦言其侵匿官錢十三萬餘錠。臣等議：遣官徵之，不足，則籍沒其財產。』
從之。」同書〈武宗本紀〉1記載：「大德十一年秋七月丁丑，加平章政事脫
虎脫太尉。以中書左丞相塔剌海為中書右丞相、監修國史，御史大夫塔思不

　　大德十一年九月二十三日（1307.10.19），哈剌哈孫離開上都前往和林；
而塔剌海接任中書右丞相不過二個半月，海山已經下詔立尚書省。但是，這
次的設置規劃遭到挫折，御史臺的帶頭激烈反對，雖是最主要的原因；而部
分親信重臣的不予支持，更是海山心中的痛。

　　大德十一年（1307）九月，海山回到大都後不久，就下詔準備設立尚書省，
以分理財用。命塔剌海、塔思不花仍領中書省。而以脫虎脫、教化、法忽魯丁
任任尚書省，仍俾其自舉官屬，並下令鑄尚書省印。不久，御史臺臣曾上言：

> 御史臺臣言：「至元中阿合馬綜理財用，立尚書省，三載併入中書。
> 其後桑哥用事，復立尚書省，事敗又併入中書。粵自大德五年以來，
> 四方地震水災，歲仍不登，百姓重困，便民之政，正在今日。頃又
> 聞爲總理財用立尚書省，如是則必增置所司，濫設官吏，殆非益民
> 之事也。且綜理財用，在人爲之，若止命中書整飭，未見不可。臣
> 等隱而不言，懼將獲罪。」帝曰：「卿言良是。此三臣願任其事，姑
> 聽其行焉。」〔註131〕

對於尚書省的設立，御史臺的立場仍是反對。但海山爲了加強南北地理和人
種的統合，燃起了忽必烈時代舊法中的非漢法路線，重置非漢法統治機構的
尚書省，並以此爲中心，實行一連串改革措施，即實施了創治與改法。

> 丁卯，……闊兒伯牙里言：「更用銀鈔、銅錢，便。」命中書與樞密
> 院、御史臺、集賢、翰林諸老臣集議以聞。己巳，中書省臣阿沙不
> 花、李羅鐵木兒言：「臣等與闊兒伯牙里而論，折銀鈔、銅錢，非便。」
> 有旨：「卿等以爲不便，勿行可也。」詔：「中書省臣十二員，脫虎
> 脫仍領宣政院，教化留京師，其餘各任以職。」〔註132〕

協助海山登基的阿沙不花與康里脫脫兄弟，在成立尚書省的過程中，不僅沒
有積極支持，甚至消極反對。而阿沙不花兄弟在海山政權初期，對政局卻有
著相當大的影響力。至大元年（1308）七月，設立廣武康里侍衛親軍都指揮
使司，以中書平章政事阿沙不花爲都指揮使。〔註133〕

> 俄復平章政事、錄軍國重事，兼廣武〔康里〕侍衛親軍都指揮使，

花爲中書左丞相，江浙行省平章政事教化、河南江北行省平章政事法忽魯丁
並爲中書平章政事。」
〔註131〕見《元史》22〈武宗本紀〉，頁488之記載。
〔註132〕見《元史》22〈武宗本紀〉，頁490之記載。
〔註133〕見《元史》22〈武宗本紀〉，頁499～500之記載。

> 封康國公。有以左道惑眾者，諸世臣大家多信趨之，竟置于法。遷
> 知樞密院事。以至大二年十月薨于位，年四十七。〔註134〕

阿沙不花領康里衛，成為中書省臣中最具實力的將領，且阿沙不花也是海山的重要怯薛，對尚書省的成立頗具壓制力。

> 繼海都而王者曰察八兒，素服武宗威名，至是率諸王內附，詔特設
> 宴於大庭。故事，凡大宴，必命近臣敷宣王度，以為告戒。脫脫薦
> 只兒哈忽，令具其言以進，果稱旨。武宗歎曰：「博爾忽、博爾朮前
> 朝人傑，脫脫今世人傑也。」即以所進之言受脫脫。及諸王大臣被
> 宴服就列，脫脫即席陳西北諸藩始終離合之由、去逆效順之義，辭
> 旨明暢，聽者傾服。自同知樞密院事進中書平章政事，拜御史大夫。
> 遷江南行臺御史大夫。尋召拜錄軍國重事、中書左丞相。脫脫知無
> 不言，言無不行，中外翕然稱為賢相。〔註135〕

康里脫脫則不僅是重要怯薛，還在短期內歷任省院臺大臣，也是當時實力派人物，其對尚書省的成立亦不同意。

> 至大元年七月，欽奉皇帝聖旨：中書政本也，軍國之務，大小由之。
> 朕自即位以來，歷精求治，爰立輔相，以總中書。期年于茲，大效
> 未著，豈選用之未當歟！何萬機之猶繁，而羣生之寡遂也。今特命
> 左丞相塔思不花為中書右丞相；太保乞台普濟為中書左丞相，統百
> 官、平庶政，便者奉行，弊者革去，一新條理。諸內外大小事務，
> 並聽中書省區處奏聞，違者論罪。〔註136〕

在尚書省未成立前，中書省仍為最高行政機構。在塔剌海去世後，原來的左丞相塔思不花升任右丞相，而代表北方勢力的乞台普濟出任左丞相。

> 公夏人，史姓。祖考拉吉爾威，宿衛太祖，贈服勤翊衛功臣。考算
> 智爾威，入侍世祖潛藩，贈推誠翊運功臣。七子，同出五人，公次
> 居二，以奇塔特布濟克名行。至元丙寅，選侍裕宗于東宮，將二十
> 年，敬畏益加，無少懈忒。逮順考生皇上儲皇，詔公保育鞠視之。
> 大德二年，成宗詔皇上撫軍漠北，曰：「是昔大帝授朕者，今以付汝，
> 且以輔導扈從。」壹是軍務，悉聽于公，宿衛諸將，皆父事之。十

〔註134〕見《元史》136〈阿沙不花傳〉，頁3299之記載。
〔註135〕見《元史》138〈康里脫脫傳〉，頁3323～3324之記載。
〔註136〕見《大元聖政國朝典章》2〈聖政‧振朝綱〉，頁24～25之記載。

一年，成宗賓天，使至，皇上欲棄大軍入主居憂。公曰：「是使之來，
惟以告哀。且彼事宜，難以遙度，須召赴使皇太后儲皇。」隨以削
平內難見告，且促其來，即日假公平章政事。五月，皇上立極，真
授榮祿大夫、中書平章政事。蓋公雖歷事世祖、裕、順、成三宗，
其貴有位，則始乎今。踰月，儲皇入陳疇昔調護之勞，制亦曰：「非
夫人之力，安及此！」加銀青，封慶國公；妻庫庫楞同封慶國夫人。
七月，進儀同三司、太子太保。九月，加開府、太子太傅。明年，
至大之元二月，拜中書左丞相，復以為太子太保，加上柱國。四月，
拜太保。六月，進太子太傅，再進太子太師。七月，加錄軍國重事。
十一月，中書右丞相。〔註137〕

乞台普濟（Kitai Bugi），色目唐兀人，姓史氏。乞台普濟的父祖當過成吉思汗
與忽必烈的怯薛歹，而其本人則在至元三年（1266），充任皇子燕王真金的怯
薛宿衛，後奉真金妃闊闊真之命保育海山兄弟。大德二年（1298），更奉鐵穆
耳命扈從海山總兵北邊。大德十一年（1307），海山即位，特授中書平章政事，
並加太尉銜，封慶國公。至大元年（1308）二月，任中書左丞相。

二、尚書省的大政府功能

經過將近二年的籌畫，海山終於在至大二年（1309）的秋天，於上都下
詔立尚書省。反對的聲音仍是很強烈，但海山意志堅定，並且各種配套措施
及重要大臣人選皆已選定，而尚書省官員大部分是從海山近侍怯薛轉任而來。

（至大二年三月）庚寅，車駕幸上都。……六月甲戌，以宿衛之士
比多冗雜，尊舊制，存蒙古、色目之有閥閱者，餘皆革去。……秋
七月乙未，樂實言鈔法大壞，請更鈔法，圖新鈔式以進，又與保八
議立尚書省，詔與乞台普濟、塔思不花、赤因鐵木兒、脫虎脫集議
以聞。……乙巳，保八言：「臣與塔思不花、乞台普濟等集議立尚書
省事，臣今竊自思之，政事得失，皆前日中書省臣所為，今欲舉正，
彼懼有累，孰願行者。臣今不言，誠以大事為懼。陛下若矜憐保八、
樂實所議，請立尚書省，舊事從中書，新政從尚書。尚書，請以乞

〔註137〕姚燧，《牧庵集》26〈開府儀同三司太尉太保太子太師中書右丞相史公先德碑〉
收錄於《全元文》第9冊（南京：江蘇古籍出版社，1998年），頁500～504
之記載。

台普濟、脫虎脫為丞相，三寶奴、樂實為平章，保八為右丞，王羆
參知政事。姓江者畫鈔式，以為印鈔庫大使。」並從之。塔思不花
言：「此大事，遽爾更張，乞與老臣更議。」帝不從。〔註138〕

為了避免大德十一年大都立尚書省失敗的重現，至大二年，海山選在上都宣
布成立尚書省。而且，先以中書省左丞相乞台普濟為尚書省右丞相，這樣在
官僚系統的倫理上較講得過去，也較能壓的住陣腳。

八月癸丑，立尚書省，以乞台普濟為太傅、右丞相，脫虎脫為左丞
相，三寶奴、樂實為平章政事，保八為右丞，忙哥鐵木兒為左丞，
王羆為參知政事，中書左丞劉楫授尚書左丞、商議尚書省事，詔告
天下。己卯，三寶奴言：「尚書省立，更新庶政，變易鈔法，用官六
十四員，其中宿衛之士有之，品秩未至者有之，未歷仕者有之。此
皆素習於事，既已任之，乞勿拘例，授以宣敕。」制可。詔天下，
敢有沮撓尚書省事者，罪之。〔註139〕

乞台普濟本身對於另設立一個尚書省，沒有甚麼意見。脫虎脫等人之所以奉
他當尚書省右丞相，正如海山以皇太子愛育黎拔力八達出任尚書令一樣，借
重他們的聲望，以達到尚書省設立成功的目的。

己未，立皇太子右衛率府，秩正三品，命尚書右丞相脫虎脫、御史
大夫不里牙敦並領右衛率府事。……冬十月庚戌朔，以皇太子為尚
書令詔天下。……辛亥，皇太子言：「舊制，百官宣敕散官皆歸中書，
以臣為中書令故也。自今敕牒宜令尚書省給降，宣命仍委中書。」
制可。〔註140〕

脫虎脫仍擔任尚書省左丞相，而上次籌備尚書省的另外二位大臣，教化與法
忽魯丁，這次都沒有進尚書省，教化尚且因貪污遭到追奪爵位。

至大二年九月壬午，江南行臺劾：「平章政事教化，詐言家貧，冒受
賜貨物，折鈔二萬錠。且其人素行，無一善可稱。魏國公尊爵也，
豈宜輕授。請追奪為宜。」制可。〔註141〕

原先，想效法哈剌哈孫以行省平章政事入朝的魏國公教化，其再創精緻政府

〔註138〕見《元史》23〈武宗本紀〉，頁513之記載。
〔註139〕見《元史》23〈武宗本紀〉，頁514之記載。
〔註140〕見《元史》23〈武宗本紀〉，頁514～516之記載。
〔註141〕見《元史》23〈武宗本紀〉，頁515之記載。

的希望破滅，海山另以具才華，並通理財之策的近侍，共同建立新的尚書省。其中，三寶奴、樂實、保八三位爲此核心集團之支柱。

> 篤近舉遠，蓋有國之宏規；崇德象賢，乃爲臣之盛美。雖巳班於宰路，猶未究於寵章。洊錫殊榮，於昭異眷。具官某，名家令器，治世通材。知無不爲，將順之忠夙著；行思可樂，顯揚之孝彌彰。肆予臨御之初，與有翊服之績。爰躋迺列，仍掌禁林。念旦夕承辟之孔勤，信夙夜在公而無忝。克循先烈，亶謂世勞。用啓誓於山河，併申名於柱石。服茲新命，踐厥舊官。於戲！日磾之侍漢宮，遂留芳於七葉；伯同之爲周正，因託譽於百篇。罔俾前修，獨專往牒。可。〔註142〕

三寶奴（Salbuliu），畏吾兒人，尚書省的靈魂人物。雖然他的職位一直在脫虎脫之下，品德亦有瑕疵。〔註143〕但是三寶奴的組織能力與領導統馭之術，都可說是尚書省推行新政核心成員裏傑出的人物。三寶奴原擔任中政使，後出任翰林學士承旨，三宮協和之協調，三寶奴奉命和御史大夫脫脫共同負責海山兄弟間帝位繼承默契之協調，因此，前後加封渤國公、答剌罕、楚國公等榮銜。

樂實，高麗人，寄居萊州（治今山東萊州）。初爲世祖忽必烈侍衛，後出任山東宣慰使，開膠萊海道，置運糧萬戶府。至元二十九年（1292），以盜庫鈔等事被解職。至大二年（1309），進言鈔法大壞，請更鈔法，圖新鈔式以進。並議立尚書省，任平章政事。建言江南富室歲收糧五萬石以上者，令每石輸二升於官府，仍質一子爲軍。至大三年（1310）二月，加尚書左丞相，封齊國公。〔註144〕

〔註142〕程鉅夫，《雪樓集》2〈榮祿大夫遙授平章政事中政使翰林學士承旨兼修國史三寶奴特授金紫光祿大夫上柱國遙授中書左丞相封蒲國公餘如故制〉收錄於《全元文》第16冊（南京：江蘇古籍出版社，2000年），卷523，頁29之記載。

〔註143〕見《元史》23〈武宗本紀〉，頁519～520之記載：「至大二年十二月乙卯，武昌婦人劉氏，詣御史臺訴三寶奴奪其所進亡宋玉璽一、金椅一、夜明珠二。奉旨，令尚書省臣及御史中丞冀德方、也可手魯忽赤別鐵木兒、中政使搠只等雜問。劉氏稱故翟萬戶妻，三寶奴謫武昌時，與劉往來，及三寶奴貴，劉託以追逃婢來京師，謁三寶奴於其家，不答，入其西廊，見榻上有逃婢所竊寶鞍及其手繼錦帕，以問，三寶奴不答。忿恨而出，即求書狀人喬瑜爲狀，乃因尹榮往見察院吏李節，入訴於臺。獄成，以劉氏爲妄。有旨，斬喬瑜，笞李節，杖劉氏及尹榮，歸之元籍。」

〔註144〕見《元史》131〈忙兀台傳〉記載：「至元二十二年，脫忽思、樂實傳旨中書省，令悉代江浙省臣。中書復奏，帝曰：『朕安得此言，傳者妄也，如忙兀台

元統三年五月。右齊國武敏公樂實碑。翰林侍講學士虞集撰文。元
史武宗紀：至大二年八月立尚書省，以樂實爲平章政事。三年二月，
樂實爲尚書左丞相、駙馬都尉，封齊國公。碑以八月爲十月，二月
爲三月。史所書者，除授之日，碑所紀者，到官之日，皆非誤也。
碑云：「加開府儀同三司、尚書左丞相、行平章政事。」武宗之世，
名爵濫而遙授之官眾。此「左丞相」亦遙授，非眞拜，故宰相表祇
列于平章政事，是其證也。本紀不書行平章政事，又不云遙授，殆
誤以爲眞相矣。元制，諸王之女皆稱公主，其婿即稱駙馬。樂實尚
宗女者四：曰唆台公主、曰著思蠻公主、曰完者台公主，皆埜先帖
木兒王之女。曰朮赤罕公主，忽都帖木兒王之女。故有「駙馬都尉」
之授也。埜先帖木兒，據碑爲移相哥王之子，而元史宗室世系表不
列其名，是以知表之所失載者多矣。此文道園學古錄與類稿俱無之，
然立言有體，其出伯生之手無疑。學古錄出於門人編輯，故李本有
「泰山一毫芒」之歎。若此碑者，洵可補文集之闕也。〔註145〕

樂實身爲尚書省大臣，並成爲核心集團重要成員，在當時當權大臣與諸王互
結姻親情形下，因娶宗王移相哥子埜仙帖木兒三女及忽都帖木兒之女，當時
又被封爲駙馬都尉。

　　保八（Baoba），從姓名看可能是色目人。尚書省最後能成立，保八所言是
關鍵。至大二年七月十五日（1309.8.20），樂實以新鈔樣式進呈，建言變更鈔法；
並偕保八進言設立尚書省事。海山見時機成熟，命保八、樂實與中書省大臣塔

之通曉政事，亦可代耶？』」；另同書 15〈世祖本紀〉12 記載：「至元二十六
年春正月壬寅，海船萬戶府言：『山東宣慰使樂實所運江南米，陸負至淮安，
易閘者七，然後入海，歲止二十萬石。若由江陰入江至直沽倉，民無陸負之
苦，且米石省運估八貫有奇。乞罷膠萊海道運糧萬戶府，而以漕事責臣，當
歲運三十萬石。』詔許之。」；另同書 168〈何榮祖傳〉記載：「時宣慰使樂
實、姚演開膠州海道，有制禁戰諸人沮撓，糧舶遇風暴多漂覆。樂實弗信，
督諸漕卒償之，搒掠慘毒，自殺者相繼。」；另同書 17〈世祖本紀〉14 記載：
「至元二十九年九月辛酉，山東東西道廉訪司劾：『宣慰使樂實盜庫鈔百二十
錠，買庫銀九百五十兩，官局私造弓勒等物，受屯田鈔百八十錠，樂實宜解
職。』從之。」；另同書 23〈武宗本紀〉2 記載：「至大三年二月壬申，樂實
爲尚書左丞相、駙馬都尉，封齊國公。」

〔註145〕錢大昕，《潛研堂金石文跋尾》第 19 卷〈齊國武敏公樂實碑〉收錄於錢大昕
所著《嘉定錢大昕全集》第 6 冊（南京：江蘇古籍出版社，1997 年），頁 524
～525 之論述。

思不花、乞台普濟、赤因鐵木兒，宣政院使脫虎脫等集議以聞。〔註146〕

此次「集議」，在十天之後，由保八對「集議」結果上奏，建請設立尚書省並將大臣名單正式開列。爲此舉並無獲得參與「集議」的中書右丞相塔思不花的同意，可見「集議」尚在進行中，並未有結果，而保八即上言設置，並獲得海山可汗之許可，這使得「百官集議」的決策型態有所改變。

> 朝廷大事，有疑似未決者，當下百官集議。方今品式未完，法制未定，事有可行而疑似者，宜遵漢故事，五品以上官集議闕下，各具所見以聞。〔註147〕

所謂「百官集議」，指遇有重大軍國政務，由皇帝下詔召集朝廷大臣共同討論商議，最後由皇帝裁斷的決策制度。照往例，這種議事程序，包括下詔、議事和上奏三個過程。大部分皇帝在下詔前就有自己的主張，所以召開「集議」，與其說是尋求決策的參考意見，不如說是爲了尋求對自己政策的支持與參與。

百官集議，由朝廷官員（不僅僅是宰相機構官員）共同討論、商議國家政務，最後由皇帝最後裁斷。宰相主持集議，也是他們輔助決策職能的重要表現。百官集議由宰相主持，皇帝一般不出席，集議結果由宰相報告皇帝。〔註148〕

以往爲了使參加集議的官員意見一致，對不同政見必須上報皇帝，由皇帝召集爭論各方在御前就施政方略等陳訴己見，論辯是非，最後由皇帝裁斷。在此次尚書省設立過程中，海山並沒有讓塔思不花反對設立尚書省一方再議，尚未廷辯，即以裁斷。如此決斷，削弱了「百官集議」的實質功能。

從海山朝起，廷辯很少見於記載，百官集議的採用頻率也明顯減少。忽必烈時爲解決財政困難，也曾設立過尚書省，但當時這一機構尚不敢過分弄權，而海山時尚書省則借助於管理國家收入來抬高自己，侵犯其他機構職權，從而眞正做到總司百治。

至大年間所設尚書省隨著愛育黎拔力八達的登基而被鏟除，但其職權則爲以後的中書省所繼承。海山時代尚書省的短暫設立，可說是元朝中書省地位抬高的關鍵一步。此後，中書省凌駕於其他機構之上，包括御史臺。從海

〔註146〕見《元史》112〈宰相年表〉，頁2814之記載：「塔思不花於至大元年九月始任中書右丞相；乞台普濟則於至大元年閏十一月升任中書右丞相；赤因帖木兒於至大元年閏十一月出任中書平章政事。」

〔註147〕有關「百官集議」首見王惲，《秋澗集》第86卷〈論百官集議事狀〉之記載。

〔註148〕張帆，《元代宰相制度研究》（北京：北京大學出版社，1997年），頁116之論述。

山設立尙書省開始，元朝的決策更多依靠尙書、中書的決斷，百官集議則很少舉行，且多爲關於典禮和災異等急務的泛泛而談。元朝前朝，官員上疏奏事所陳內容大多要經省、院、臺等官員集議後再實行，而元中期則多直接下中書省處理。元代皇權的削弱是從武宗朝開始的。這位在大德年間與西北藩王的幾次硬杖中戰功卓著的蒙古君王，對中原王朝式政治實在不在行。隨著尙書（中書）省地位的上升，加上元中期諸帝的私人目的，如仁宗欲背毀武仁授受之盟約，而改立己子爲儲君，泰定帝卻保住自己皇位等，元中期的皇權被權臣分割。集議雖繼續舉行，但結果多是些不痛不癢的議論。〔註149〕

在皇太子愛育黎拔力八達應允擔任尙書令之後，總算使得尙書省之設立塵埃落定。但在力邀月赤察兒的次子觚頭（脫兒赤顏）出任尙書省大丞相一事，則是沒有成功，也使得尙書省的前景蒙上一絲陰影。

> 曰觚頭，抹開公主所生。六歲時，裕聖皇后命侍武宗。武宗出撫北軍，年十八。今上淵潛時，領府中四大怯薛官，服奉御。是年六月，特授榮祿大夫、宣徽使。九月，加儀同三司、右丞相。至大元年二月，加階開府，兼尙服使。九月，加中政使。十月，拜太師，兼前衛親軍都指揮使、阿速衛指揮使、左都威衛使，丞相、宣徽、尙服、中政等使如故。二年，兼知樞密院事。三年二月，加錄軍國重事。十月，上命爲尙書省大丞相。秦曰：「尙書省銓選刑名，非臣所諧，乞請新命。」王悅其誠，聽焉。今上之初，詔曰：「公輔先帝，盡忠無隱，廉介貞白。今命公嗣父掌怯薛。」皇慶改元正月，佩父印，嗣淇陽王。〔註150〕

雖然中書省還應處理政府的主要事務，而尙書省只應負責與財政改革有關的各項政策；但是新建的尙書省很快就剝奪了中書省理財、用人和司法等最重要的權力，並被賦予更大範圍的決定權。所有的行中書省都被改名爲行尙書省，尙書省的觸角通過它們直達全國各地。尙書省的主要官員是左丞相脫虎脫，平章三寶奴和樂實、右丞保八。脫虎脫和三寶奴二人都是海山的老侍從。樂實是忽必烈朝的官員，曾因貪污而被撤職。保八在此之前的經歷不詳，估

〔註149〕屈文軍，〈元代的百官集議〉收錄於《中國史研究》第 86 期（北京，中國社會科學院歷史研究所，2000 年），頁 127～134 之論述。
〔註150〕元明善，《清河集》2〈太師淇師忠武王碑〉收錄於《全元文》第 24 冊（南京：江蘇古籍出版社，2001 年），頁 337～338 之記載。

計是因為他有理財經驗而被委以重任。〔註151〕

　　元朝第三度的尚書省於武宗至大二年八月成立，起因乃是因為比起成宗時代更加嚴重的財政赤字，為了消除海山浪費的政策性癖好，累積了二百萬錠巨額的赤字之結果，因而乘機設立。和忽必烈時代的尚書省比較，權限更為擴大。尚書省的首長尚書令由皇太子兼任，以下由脫虎脫、三寶奴任尚書左右丞相，是一個完全異於中書省的官廳。表面上敕牒仍由中書省，宣命由尚書省，實際上職權可能全部掌握在尚書省的手裏。〔註152〕

表 2-6　脫虎脫重要史事紀錄

時間（至大）	《元史》史料內容	頁
二・八・乙未	立皇太子右衛率府，秩正三品，命尚書右丞相脫虎脫、御史大夫不里牙敦並領右衛率府事。	514
二・九・癸未	以大都城南建佛寺，立行工部，領行工部事三人，行工部尚書二人，仍令尚書右丞相脫虎脫兼領之。	516
二・十一・丁酉	太尉、尚書右丞相脫虎脫監修國史。	519
三・一・辛卯	立皇后弘吉剌氏，遣脫虎脫攝太尉持節授玉冊、玉寶。	521
三・六・丁未	詔太尉、尚書右丞相脫虎脫，太保、尚書左丞相三寶奴總治百司庶務，並從尚書省奏行。	524
三・六・壬申	賜脫虎脫、三寶奴珠衣。	525
三・十一・辛巳	加脫虎脫為太師、錄軍國重事，封義國公。	529

　　脫虎脫領右衛率府事與工部事，並監修國史，總治百司，而且持節授皇后玉冊與玉寶，尚書省已經完全取代中書省的政府功能。

表 2-7　三寶奴重要史事紀錄

時間（至大）	《元史》史料內容	頁
二・八・己卯	三寶奴言：「尚書省立，更新庶政，變易鈔法，用官六十四員，其中宿衛之士有之，品秩未至者有之，未歷仕者有之。此皆素習於事，既已任之，乞勿拘例，授以宣敕。」制可。	514
二・九・癸巳	三寶奴言：「冀寧、大同、保定、真定以五臺建寺，所須皆直取於民，宜免今年租稅。」從之。	516

〔註151〕蕭啟慶，〈元中期政治〉載於《劍橋中國遼西夏金元史》，頁586之論述。
〔註152〕村上正二，〈元朝の統治形態〉，收錄於和田清所編之《支那官制發達史》（東京：汲古書院，1942年），頁326之論述。

二・九・丁未	三寶奴言養豹者害民爲甚，有旨禁之，有復犯者，雖貴幸亦加罪。	517
二・十二・乙卯	武昌婦人劉氏，詣御史臺訴三寶奴奪其所進亡宋玉璽一。	519
三・二・己巳	三寶奴賜號答刺罕，以闊闊出食邑清州賜之，自達魯花赤而下，並聽舉用。	523
三・六・丁未	詔太尉、尙書右丞相脫虎脫，太保、尙書左丞相三寶奴總治百司庶務，並從尙書省奏行。	524
三・六・壬申	賜脫虎脫、三寶奴珠衣。封三寶奴爲楚國公，以常州路爲分地。	525
三・九・壬寅	詔諭三寶奴等：「去歲中書省奏，諸司官員遵大德十年定制，濫者汰之。今聞員冗如故，有不以聞而徑之任者。有旨不奏而擅令之任及之任者，並逮捕之，朕不輕釋。」	527
三・十・丙午	三寶奴及司徒田忠良等言：「曩奉旨舉行南郊配位從祀，北郊方丘、朝日夕月典禮。臣等議，欲祀北郊，必先南郊。今歲冬至，祀圜丘，尊太祖皇帝配享，來歲夏至，祀方丘，尊世祖皇帝配享，春秋朝日夕月，實合祀典。」	527
三・十・庚申	三寶奴言省部官不肯勤恪署事，敕：「自今晨集暮退，苟或怠弛，不必以聞，便宜罪之。其到任或一再月辭以病者，杖罷不敘。」	528

三寶奴雖然地位在脫虎脫之下，但對於尙書省的內部與外部的控制力，卻是有著一份「勤事」之心。其對於「政府」功能的擴大，頗有積極之作爲。

表2-8　樂實重要史事紀錄

時間（至大）	《元史》史料內容	頁
二・七・乙未	樂實言鈔法大壞，請更鈔法，圖新鈔式以進，又與保八議立尙書省，詔與乞台普濟、塔思不花、赤因鐵木兒、脫虎脫集議以聞。	513
二・十・丙辰	樂實言：「江南平垂四十年，其民止輸地稅、商稅，餘皆無與。其富室有蔽占王民奴使之者，動輒百千家，有多至萬家者，其力可知。乞自今有歲收糧滿五萬石以上者，令石輸二升於官，仍質一子而軍之。其所輸之糧，移其半入京師以養御士，半留於彼備凶年。富國安民，無善於此。」帝曰：「如樂實言行之」	517
三・二・壬申	樂實爲尙書左丞相、駙馬都尉，封齊國公。	523

樂實的專業在財政，尤其對於江南富室多徵其糧，等於要富有者多繳稅；並保留蒙古「質子」傳統，使政府功能擴大。

表 2-9　保八重要史事紀錄

時間（至大）	《元史》史料內容	頁
二・七・乙未	又與保八議立尚書省	513
二・七・乙巳	保八言：「臣與塔思不花、乞台普濟等集議立尚書省事，臣今竊自思之，政事得失，皆前日中書省臣所爲，今欲舉正，彼懼有累，孰願行者。臣今不言，誠以大事爲懼。陛下若矜憐保八、樂實所議，請立尚書省，舊事從中書，新政從尚書。」	513
三・九・丙戌	車駕至大都，保八遙授平章政事。	526

　　保八的記載事蹟較少，惟從其立尚書省所言，保八對於「政府」的執行範疇與步驟，有著精審的作法，所以其與脫虎脫、三寶奴、樂實等四人，成爲尚書省的「政府改造」關鍵人物。

表 2-10　尚書省臣綜合言事

時間（至大）	主事臣	內　　容	備註
二・七・乙未	樂　實	樂實言鈔法大壞，請更鈔法，圖新鈔式以進。	財政
二・七・乙巳	保　八	請立尚書省，舊事從中書，新政從尚書。	行政
二・八・己未	脫虎脫	立皇太子右衛率府，命尚書右丞相脫虎脫、御史大夫不里牙敦並領右衛率府事。	軍隊
二・八・己未	尚書臣	中書省尚有逋欠錢糧應追理者，宜存斷事官十人，餘皆併入尚書省。	人事
二・八・己未	尚書臣	往者大辟獄具，尚書省議定，令中書省裁酌以聞，宜依舊制。	司法
二・八・己卯	三寶奴	尚書省立，更新庶政，變易鈔法，用官六十四員，其中宿衛之士有之，品秩未至者有之，未歷仕者有之。此皆素習於事，既已任之，乞勿拘例，授以宣敕。	人事
二・九・癸未	尚書臣	古者設官分職，各有攸司。方今地大民眾，事益繁冗，若使省臣總挈綱領，庶官各盡厥職，其事豈有不治。頃歲省務壅塞，朝夕惟署文案，事皆廢弛。天災民困，職此之由。自今以始，省部一切，皆令從宜處置，大事或須上請，得旨即行，用成至治，上順天道，下安民心。國家地廣民眾，古所未有。累朝格例前後不一，執法之吏輕重任意，請自太祖以來所行政令九千餘條，刪除繁冗，使歸於一，編爲定制。	制度
二・九・戊子	尚書臣	翰林國史院，先朝御容、實錄皆在其中，鄉置之南省。今尚書省復立，倉卒不及營建，請買大第徙之。	營建
二・九・己亥	尚書臣	今國用需中統鈔五百萬錠，前者嘗借支鈔本至千六十萬三千一百餘錠，今乞罷中統鈔，以至大銀鈔爲母，至元鈔爲子，仍撥至元鈔本百萬錠，以給國用。	財政

二・九・己亥	尚書臣	三宮內降之旨，曩中書省奏請勿行，臣等謂宜仍舊行之。儻於大事有害，則復奏請。	制度
二・九・己亥	尚書臣	中書之務，乞以盡歸臣等。至元二十四年，凡宣敕亦尚書省掌之。今臣等議，乞從尚書省任人，而以宣敕散官委之中書。	人事
二・九・甲辰	尚書臣	每歲芻粟費鈔五十萬錠，請廢孛可孫，立度支院，秩二品，設使、同知、僉院、僉判各二員。	財政
二・十・辛酉	尚書省	以錢穀繁劇，增戶部侍郎、員外郎各一員；右增禮部侍郎、郎中各一員，凡言時政者屬之。	人事
二・十・癸酉	尚書臣	比來束汰冗官之故，百官俸至今未給，乞如大德十年所設員數給之，餘弗給。	人事

　　尚書省的第三度設立，其最重要的意義並非理財，理財只是手段，終極目的是建立一個總挈綱領，綜理一切庶務，變成一個權力完整的政府機構。從史料記載，可以看出脫虎脫、三寶奴、樂實、保八等尚書省大臣一步步將尚書省建構成國家行政的首腦部門。

　　海山以自己的近侍怯薛掌控官僚系統，加上從征色目將領爲怯薛大臣，其目的應是回到忽必烈時代，將官僚集團與怯薛集團分開，都由皇帝親自掌握。加上中書右丞相僅爲怯薛首腦，而無法領導官僚集團，糾正自完澤、哈剌哈孫以來首相權勢過大之趨勢，三層制的權力結構又回到二層制的格局。

　　尚書省原只應負責與財政改革有關的政策，但從尚書省臣的作爲看，其權力伸展到人事、司法、制度各方面。鐵穆耳、海山兩代，元朝統治大體上是在忽必烈時期奠定的漢法，蒙古法和回回法三種成分微妙平衡的基本格局下實現的。當時和後世的儒臣文人忌惡海山信任的斂財之臣，斷言忽必烈的祖制在至大年間稍有變更。實際上，海山的尚書省幾乎是照搬至元年間尚書省的各種措施，執行時還溫和得多。所以事實上，海山的惟新，其實還是力圖在不改動前代制度體系的基礎上，去緩和逐漸加劇的社會和經濟危機。但尚書省本身，雖然脫虎脫與三寶奴皆爲海山近侍怯薛，又擁有一支衛軍，似乎較桑哥的政府更有力量，但遇到怯薛集團的反撲，亦無法走出失敗的命運。